*manual*

**Niksova Diana (Hg.)**



# Casebook Arbeitsrecht und Sozialrecht

## Gelöste und ungelöste Übungsfälle, Hausarbeits- und Seminarfälle

**12., überarbeitete Auflage**

Wien 2024

**facultas**

**Autor:innen:**
*Mag. Philipp Bertsch*, RAA bei Engelbrecht Rechtsanwälte
*ao. Univ.-Prof. Dr. Wolfgang Brodil*, Universität Wien
*Univ.-Ass. Mag. Dr. Thomas Dullinger*, Wirtschaftsuniversität Wien
*Univ.-Ass. Mag. André Flatscher*, Universität Salzburg
*ao. Univ.-Prof. Dr. Martin Gruber-Risak*, Universität Wien
*Hon.-Prof. Dr. Stefan Köck*, Honorarprofessor an der Universität Wien
*Sen.-Präs. i. R. Hon.-Prof. Dr. Gerhard Kuras*, Honorarprofessor an der Universität Wien, Senatspräsident i. R. am OGH
*Ass.-Prof. Mag. Dr. Thomas Mathy*, Universität Innsbruck
*Univ.-Prof. Dr. Wolfgang Mazal*, Universität Wien
*Univ.-Prof. MMag.ª Dr.in Diana Niksova*, Universität Innsbruck
*Univ.-Ass. Mag. Dr. Sascha Obrecht*, Universität Wien
*Prof. (FH) Priv.-Doz. Dr. Harun Pacic*, FH des BFI
*Ass.-Prof. Mag. Dr. Thomas Pfalz*, Universität Klagenfurt
*Stud.-Ass. Lisa Pichler*, Universität Innsbruck
*emer. o. Univ.-Prof. Dr. Walter Schrammel*, Universität Wien
*Univ.-Ass. Mag.ª Helene Schnabl*, Universität Wien
*Univ.-Ass. Mag.ª Dr.in Sophie Schwertner*, Universität Salzburg
*Univ.-Ass. Mag. Dr. Johannes Warter*, Universität Salzburg
*Univ.-Prof. MMag.ª Dr.in Michaela Windisch-Graetz*, Universität Wien

Bibliografische Information Der Deutschen Nationalbibliothek

Die Deutsche Nationalbibliothek verzeichnet diese Publikation in der Deutschen Nationalbibliografie; detaillierte bibliografische Daten sind im Internet über http://dnb.d-nb.de abrufbar.



12. Auflage 2024

Satz: Wandl Multimedia-Agentur
Druck: Facultas Verlags- und Buchhandels AG
Printed in Austria
ISBN 978-3-7089-2552-3

# VORWORT

*Univ.-Prof. Dr. Wolfgang Mazal*, der das Casebook Arbeits- und Sozialrecht seit der 1. Auflage betreut hat, hat die Herausgeberschaft aufgrund seiner absehbaren Pensionierung ab der 12. Auflage an *Univ.-Prof. MMag.a Dr.in Diana Niksova*, Professorin für Arbeitsrecht und Sozialrecht an der Universität Innsbruck, übertragen. Dies ist zugleich mit einigen Änderungen ab der 12. Auflage verbunden.

Zunächst wurde das Autor:innen-Team über die Mitglieder des Instituts für Arbeits- und Sozialrecht der Universität Wien hinaus auch auf Wissenschafter:innen im Arbeitsrecht und Sozialrecht von anderen Universitäten ausgeweitet. Insbesondere sind neben der Universität Wien nunmehr auch Autor:innen von der Universität Salzburg (*Univ.-Ass. Mag. Dr. Johannes Warter*, *Univ.-Ass. Mag. André Flatscher* und zwar aus Wien kommend, aber nunmehr auch der Universität Salzburg zuzuordnen *Univ.-Ass. Mag.a Dr.in Sophie Schwertner*), der Universität Klagenfurt (*Ass.-Prof. Mag. Dr. Thomas Pfalz*) und der Universität Innsbruck (*Ass.-Prof. Mag. Dr. Thomas Mathy*, *Stud.-Ass. Lisa Pichler* und *Univ.-Prof. MMag.a Dr.in Diana Niksova*) vertreten. *Univ.-Ass. Mag.a Helene Schnabl* ist als neue Autorin von der Universität Wien hinzugekommen; *Univ.-Ass. Mag. Dr. Thomas Dullinger* vertritt als Autor nunmehr die Wirtschaftsuniversität Wien. Damit wurde der Autor:innenkreis auf Wunsch von *Univ.-Prof. Dr. Wolfgang Mazal* auf fast ganz Österreich ausgeweitet.

Die Zielsetzung des von *Univ.-Prof. Dr. Wolfgang Mazal* initiierten Casebooks bleibt aber gleich. Es wendet sich an Studierende, die sich mit dem Arbeitsrecht und Sozialrecht befassen und ermöglicht ihnen, ihr theoretisches Wissen, das sie sich aus Lehrbüchern angeeignet haben, zu vertiefen und anhand von konkreten, praktischen Fällen zu üben. Zu diesem Zweck bietet das Casebook Studierenden Musterlösungen für konkrete Fälle, wie sie sich in der Praxis stellen, um ihnen die Technik der Falllösung näherzubringen. Zugleich dient es als Unterstützung zur Prüfungsvorbereitung, um zu überprüfen, ob das Fachwissen aus den Lehrbüchern nicht nur auswendig gelernt, sondern auch wirklich verstanden wurde und an konkreten Fällen zu klassischen prüfungsrelevanten Themen entsprechend angewendet werden kann. Mit dieser Idee hat *Univ.-Prof. Dr. Wolfgang Mazal* einen oft von Studierenden geäußerten Wunsch aufgegriffen, der sich unter den Studierenden bislang bewährt hat und deshalb auch weiter fortgeführt werden soll.

Inhaltlich wurden die Fälle in der 12. Auflage überarbeitet und aktualisiert, um den Änderungen im Arbeitsrecht und Sozialrecht auf gesetzlicher Ebene sowie aktueller Rechtsprechung Rechnung zu tragen. Überdies wurden auch ganz neue Fälle zu aktuellen Themen im Arbeitsrecht und Sozialrecht aufgenommen, etwa zur Digitalisierung der Arbeitswelt (Plattformarbeit), zum Homeoffice/Telearbeit, zum Datenschutzrecht oder zum HinweisgeberInnenschutzgesetz. Ergänzt wurden zudem neue Fälle zum Sozialrecht, etwa zur Arbeitslosenversicherung oder zum Dienstgeberhaftungsprivileg, weil sich bei Prüfungen immer wieder zeigt, dass das Sozialrecht Studierenden häufig erhebliche (Verständnis-)Probleme beim Lernen bereitet. Der grundsätzliche Aufbau des Werks wurde aber auch in der 12. Auflage beibehalten: Enthalten sind nach wie vor sowohl gelöste als auch ungelöste Fälle. Zusätzlich werden neben jenen Fällen, die als klassische Übungsfälle zu prüfungsrelevanten Themen zu sehen sind, auch komplexere Fälle behandelt, die Hausarbeiten und Seminararbeiten entsprechen. Geringfügig geändert hat sich die Gliederung bei den gelösten Fällen, die nunmehr dem klassischen Aufbau im Arbeitsrecht und Sozialrecht in (A.) Arbeitsrecht und (B.) Sozialrecht folgt, wobei das Arbeitsrecht in (1.) Individualarbeitsrecht und (2.) Kollektivarbeitsrecht unterteilt wird. Ganz stringent lässt sich diese Gliederung im Casebook jedoch nicht durchhalten, zumal viele Fälle – wie auch in der Praxis üblich – sowohl individual- als auch kollektivarbeitsrechtliche oder zusätzlich auch sozialrechtliche Aspekte enthalten. Aus diesem Grund ist im Inhaltsverzeichnis bei jedem Fall konkret angegeben, welche Aspekte in einem Fall behandelt werden.

Ich danke *Wolfgang Mazal* für das Vertrauen, sein Werk fortzuführen und hoffe, dass die in der 12. Auflage vorgenommenen Änderungen und Aktualisierungen auch in seinem Interesse sind, insbesondere was die Erweiterung des Autor:innenkreises über die Universität Wien hinaus und die Verbreitung auf anderen Universitäten betrifft. Mein Dank gebührt des Weiteren allen Autor:innen für ihre Bereitschaft, an diesem Casebook (weiterhin) mitzuwirken und vor allem für die Einhaltung von sehr kurzfristig angesetzten Deadlines, damit das Werk rechtzeitig zum Beginn des WS 2024/25 erscheinen kann. Ferner danke ich meiner Assistentin, Frau *Stud.-Ass. Lisa Pichler* von der Universität Innsbruck, die den Band bei der Neuauflage betreut hat, für ihren Einsatz und ihre hervorragende Arbeit. Schließlich möchte ich mich bei Frau *Mag.ª Katharina Echerer* vom *facultas* Verlag für die vorbildliche Betreuung und unkomplizierte Zusammenarbeit bedanken.

Ich wünsche allen Studierenden viel Spaß beim Üben und freue mich über Wünsche und Anregungen, die in der 13. Auflage sehr gerne berücksichtigt werden!

Innsbruck, 12. August 2024 Diana Niksova

# INHALTSVERZEICHNIS

## Teil III: Hausarbeitsfälle und Seminarfälle

# EINFÜHRUNG

## 1 Ziele

Das Casebook gibt einen umfassenden Überblick über unterschiedliche Themenbereiche des Arbeitsrechts und Sozialrechts. Es wendet sich an Studierende, die sich mit dem Arbeitsrecht und Sozialrecht befassen und ermöglicht ihnen, ihr Fachwissen, das sie sich aus Lehrbüchern angeeignet haben, zu vertiefen und anhand von konkreten, praktischen Fällen zu üben. Durch eine Vielzahl an gelösten Fällen zu unterschiedlichen prüfungsrelevanten Aspekten des Arbeitsrechts und Sozialrechts erhalten Studierende Musterlösungen, die ihnen die Technik der Falllösung näherbringen sollen. Falsch wäre es aber, in diesen „Musterlösungen" gleichermaßen „der Weisheit letzten Schluss" zu sehen, oder gar auf den Gedanken zu verfallen, derartige Lösungen, wie bei unverstandenen Mathematikbeispielen, auswendig zu lernen. Vielmehr beanspruchen diese Falllösungen insofern Mustercharakter, als sie den Studierenden demonstrieren sollen, mit welchem sprachlichen Material einfache juristische Argumentation bewältigt werden kann. Zudem erheben sie den Anspruch, auf der Grundlage gängiger und herrschender Auffassungen Antworten auf praxisnahe Fragestellungen zu geben. Dies bedeutet freilich nicht, dass andere Lösungen nicht ebenfalls vertretbar, richtig, konsequent oder überzeugend wären: Gute Jurist:innen vermögen einen Sachverhalt aus einer Vielzahl unterschiedlicher Perspektiven zu sehen, darzustellen, juristisch zu durchdringen und auch gegensätzliche Positionen argumentativ überzeugend zu vertreten. Entscheidend ist, dass Studierende das Kernproblem erkennen und Argumente für die Lösung des Problems vorbringen. Ob sie sich etwa bei der Abwägung im Zusammenhang mit dem beweglichen System beim Arbeitnehmer:innen-Begriff letztlich für das eine oder andere Ergebnis entscheiden, ist für die Beurteilung weniger relevant als das Erkennen des Problems und die argumentative Auseinandersetzung damit. Die Richtigkeit einer juristischen Argumentation ist, so betrachtet, immer im Rahmen einer mehr oder minder großen Bandbreite zu sehen.

Neben gelösten Fällen enthält das Casebook auch ungelöste Fälle, durch die Studierende mit einer Fülle typischer Konstellationen im betrieblichen Alltag konfrontiert werden sollen, um das Arbeitsleben, soweit sie Einblicke auch im Familien-, Freundes- und Bekanntenkreis erfahren, „mit der Brille" des Arbeitsrechts und Sozialrechts zu sehen. Zudem sollen ungelöste Fälle Studierenden die Möglichkeit bieten, ihr aus den Lehrbüchern angeeignetes Wissen darauf hin zu überprüfen, ob der Lehrstoff auch wirklich verstanden und nicht bloß auswendig gelernt wurde.

Während gelöste und ungelöste Fälle insbesondere auf die Übung aus Arbeitsrecht und Sozialrecht als Lehrveranstaltungstyp zugeschnitten sind, wurden auch komplexere Hausarbeits- oder Seminararbeitsfälle ins Casebook aufgenommen, die in anderen Lehrveranstaltungen, etwa in Seminaren, verwendet werden können.

Fälle zur mündlichen Fach-/Modulprüfung sind in der 12. Auflage nicht mehr enthalten, zumal diese von Universität zu Universität und von Prüfer:in zu Prüfer:in variiert, sodass sich ein einheitliches Bild im Casebook, das für alle Universitäten und Prüfer:innen gelten würde, nicht darstellen lässt. Studierenden sei empfohlen, die Lehrveranstaltungen des:der konkreten Prüfers:in zu besuchen und sich, sofern vorhanden, an seinem:ihrem Prüfungskatalog zu orientieren, wenngleich Prüfungskataloge keinesfalls als abschließend zu sehen sind und man nicht überrascht sein sollte, wenn bei der mündlichen Fach-/

Modulprüfung auch andere Fragen, die im Prüfungskatalog nicht enthalten sind, gestellt werden!

# 2 Zum Aufbau des Buches

In der 12. Auflage folgen die Fälle der im Arbeitsrecht und Sozialrecht üblichen Gliederung in Individualarbeitsrecht, Kollektivarbeitsrecht und Sozialrecht. Ganz stringent lässt sich diese Gliederung im Casebook jedoch nicht durchhalten, weil viele Fälle sowohl individual- als auch kollektivarbeitsrechtliche oder zusätzlich auch sozialrechtliche Aspekte enthalten. Aus diesem Grund ist im Inhaltsverzeichnis bei jedem Fall genauer angegeben, welche Materien in einem Fall angesprochen sind. Beim Fall selbst sind diese Angaben nicht abgedruckt, damit die entsprechende Seite gleichsam als Angabe für den eigenen Lösungsversuch verwendet werden kann, ohne dass auf die Kernfragen hingewiesen wird.

Im Anschluss an gelöste Fälle sind ungelöste Fälle abgedruckt, bei denen man „freischwimmend" eine Lösung erarbeiten kann. Dies soll Studierende in eine Prüfungssituation versetzen, bei der weder das Kernproblem noch die Lösung vorgegeben werden, sondern Studierende den Fall ganz selbständig lösen müssen.

Die Hausarbeits- und Seminararbeitsfälle sind vor dem Hintergrund der an einigen Fakultäten geübten Praxis zu sehen, die im Rahmen von Übungen geforderten schriftlichen Leistungen auch in Form einer Seminar- oder Hausarbeit nachzuweisen. So können bei Haus- oder Seminararbeiten auch Arbeiten zu komplexeren Fällen geschrieben werden, die Studierende eigenständig und vertieft zu lösen haben. Dabei wird der Schwerpunkt der Beurteilung auf die Stringenz und Logik des Aufbaus der Falllösung sowie auf die Fähigkeit zu argumentativer Auseinandersetzung und die sprachliche Beherrschung unterschiedlicher Lehrmeinungen und Judikatur gelegt.

# 3 Zur Technik der Falllösung

## *3.1 Das Problem*

Die Vermittlung der Fähigkeit, Rechtsfälle in wissenschaftlicher Manier lösen zu können, ist ein wesentliches Ziel der gesamten juristischen Ausbildung. Diese Fähigkeit wird naturgemäß sukzessive erworben, wobei die Ausbildung abhängig von den Lehrenden und der Tradition des jeweiligen Fachgebietes nicht immer sämtliche denkbaren Aspekte der Kunst der Falllösung aufgreifen wird.

Jede rechtliche Falllösung ist grundsätzlich am Anspruch orientiert: Letztlich manifestiert sich das Recht im konkreten Fall anhand von Ansprüchen, wobei Sachverhalte rechtlichen Normen subsumiert werden. Dazu werden von manchen mehr oder weniger starre Falllösungsschemata offeriert; sie lassen sich naturgemäß nicht auf alle Fächer und Fälle übertragen. Dennoch lassen sich einige allgemeine Aussagen über die Technik der Falllösung machen, die für jede fallorientierte juristische Arbeit gelten. Dabei ist es sinnvoll, den Vorgang der Falllösung in zwei Einzelschritte zu zerlegen: das Erfassen des Falles und die Darstellung der Falllösung. Zu den beiden Schritten sollen im Folgenden einige Anmerkungen gemacht werden.

### *3.2 Erfassen des Falles*

Der Vorgang des Erfassens des Falles zählt zu den am meisten komplexen und zugleich spezifischen Vorgängen juristischer Tätigkeit. In einem Casebook ist Ausgangspunkt dieses Vorgangs die genaue Lektüre des Sachverhalts. Eine Sachverhaltsschilderung enthält im Allgemeinen – wie es in der Praxis ebenfalls geschieht – nicht ausschließlich juristisch relevante Angaben. Größte Schwierigkeiten bereitet es erfahrungsgemäß bereits, den Fall in seinen juristischen Dimensionen zu erfassen. Dabei sind mehrere Gesichtspunkte zu bedenken.

Als Grundregel gilt dabei, nicht jenen primären Assoziationen verhaftet zu bleiben, die beim erstmaligen Lesen des Sachverhalts entstehen. Persönliche Erinnerungen, Erfahrungen usw, die die Schilderung eines Sachverhaltes zwangsläufig weckt, sind ebenso auszublenden, wie es nicht angeht, Elemente zum Sachverhalt „hinzuzuerfinden".

Sachverhaltsermittlung geht freilich immer bereits unter der Perspektive rechtlicher Beurteilung vor sich. Gerade hier erweisen sich ungehemmte Assoziationen oft als Gefahr: Bilden Sie sich eine Meinung erst vorsichtig, indem Sie die Probleme eines Falles logisch ordnen und Argumente abwägen.

Assoziationen zum Normenmaterial sind insoweit wiederum unverzichtbar für eine gute juristische Arbeit. Es liegt im Wesen juristischer Subsumtion, den Sachverhalt im Hinblick auf das Normenmaterial zu analysieren: Abhängig davon, welche Norm als maßgeblich erkannt wird, können umgekehrt auch verschiedene Elemente des Sachverhalts maßgeblich oder auch unmaßgeblich sein. Entwickeln Sie in diesem Sinn einen Blick für das Wesentliche.

### *3.3 Darstellung der Falllösung*

Auch bei der Darstellung der Falllösung lauern viele Fallen. Zunächst ist bei schriftlichen Prüfungen die Gefahr des Verzettelns groß: In der Tat ist es ja wohl eine der didaktischen Aufgaben, die den Klausuren im Studiengang zukommt, die Fähigkeiten im Rahmen der schriftlichen Kommunikation zu trainieren und die Grenzen möglichst hinauszuschieben, die die Beschränkung auf praktisch ein einziges kommunikatives Mittel – nämlich das geschriebene Wort – zwangsläufig mit sich bringt. Weder Mimik noch Gestik, kein wie immer geartetes anderes nonverbales Kommunikationsmittel steht Studierenden hier zur Verfügung: Sie müssen darauf hinarbeiten, Ihre Gedanken zum Fall in Ihren schriftlichen Ausführungen so überzeugend zu präsentieren, dass Sie beim Korrektor „punkten".

Bei der schriftlichen Falllösung empfiehlt es sich, anhand von Fragestellungen vorzugehen, wie sie häufig im Anschluss an den Sachverhalt formuliert werden: Nutzen Sie diese als Hilfestellungen für den Aufbau der Falllösung, vergessen Sie aber nicht, die Fragestellung wirklich zu beantworten! Oftmals wird durch die Fragestellung nur ein Detailaspekt des Sachverhalts abgefragt, was es Ihnen möglicherweise erspart, in extenso auf alle Rechtsprobleme eines Falles einzugehen. Gerade wenn Sie unter Zeitdruck arbeiten, wie es bei einer Klausurarbeit oft vorkommt, kann dies eine wichtige Hilfe sein!

Wenn Ihnen keine Fragen vorgegeben sind, sollten Sie sich selbst durch entsprechende Fragen eine Strukturierung der Falllösung schaffen. Hier ist es üblich und sinnvoll, anhand von Ansprüchen vorzugehen, die im Sachverhalt erkennbar sind. Fragen Sie sich, welche Personen gegeneinander Ansprüche erheben und auf welche Rechtsgrundlagen die Ansprüche gestützt werden können. Wenn Sie dann die einzelnen Ansprüche auf ihre Voraussetzungen hin überprüfen, werden Sie der Darstellung Übersichtlichkeit und einen transparenten Aufbau geben.

Wenn Sie sich über den Aufbau der Falllösung klar geworden sind, beschränken Sie die Darstellung auf das Wesentliche. Verlieren Sie keine Zeit damit, Rechtsfragen zu klären, die im Allgemeinen selbstverständlich und auch in dem Ihnen vorliegenden Sachverhalt nicht problematisiert sind: Wer etwa bei der Lösung eines Falles, in dem die Entlassung eines:r Arbeiters:in das Kernproblem bildet, eine Seite über den Arbeitnehmer:innen-Begriff schreibt, vermag keinen positiven Eindruck zu erwecken, auch wenn die Ausführungen für sich genommen zutreffend sein mögen.

Verbreitet ist auch der Fehler, den Sachverhalt über weite Strecken wiederzugeben. Dahinter steckt entweder eine zu geringe gedankliche Vorbereitung, die man nun schriftlich nachholen möchte, oder eine falsche Vorstellung von der Überzeugungskraft eines Sachverhalts: Oft wird im Anschluss an das Referat des Sachverhalts ohne Begründung eine Lösung vorgestellt; alleine der Umstand, dass diese beiden Teile mit dem Wörtchen „daher“ verknüpft werden, vermag allerdings juristische Argumentation nicht zu ersetzen!

Manchmal werden Sie auch auf eine Frage stoßen, die Sie aus den Angaben des Sachverhalts nicht eindeutig lösen können, wo die Angaben bewusst oder unbewusst offengelassen sind. Solche Situationen können Sie durch die Setzung von Prämissen meistern: Sie selbst können hier bestimmen, mit welcher zusätzlichen Annahme Sie die Falllösung vorantreiben. Wichtig ist es allerdings, diese Prämissen offenzulegen, wo es notwendig und möglich ist, zumindest in einem Halbsatz Ihre Wahl zu begründen und so zu zeigen, dass Sie eben nicht Elemente zum Sachverhalt hinzugedichtet haben, sondern den Fall – wenn es unverzichtbar ist – weiterentwickelt und ergänzt haben.

Und schließlich noch ein Wort zu Handschrift und Grammatik: Wenngleich die Unleserlichkeit einer Handschrift und grammatikalische Fehler in die Benotung einer juristischen Arbeit üblicherweise nicht einfließen, zeigt die Erfahrung, dass beides Faktoren sind, die nicht selten den Unmut und damit eine negative Grundhaltung des Korrektors bewirken: Wenn Sie sich bemühen, dass Ihre Schrift nicht nahezu unleserlich ist, und wenn Sie grobe Rechtschreibfehler und den Eindruck vermeiden, dass die Falllösung gegenüber einfachen Beistrichregeln grundsätzlich verschlossen ist, erleichtern Sie den Zugang zu Ihrer Arbeit: Beweisen Sie, dass Sie die Grundregeln der Grammatik, Rechtschreibung und Satzlehre beherrschen. Derartige Kenntnisse werden Ihnen nicht zuletzt auch in Ihrem späteren Berufsleben hilfreich sein!

# Teil I
# Gelöste Übungsfälle

## A. Arbeitsrecht

### 1. Individualarbeitsrecht

# DIE ERFOLGLOSE BEWERBUNG (FALL 1)

Die *Austria-GmbH*, eine Vertriebsfirma in Wien, inseriert in der Tageszeitung *„Täglich Vieles“* folgendes Stelleninserat: „Für unseren Außendienst suchen wir eine:n verlässliche:n Mitarbeiter:in. Flexibilität, Belastbarkeit und Fähigkeiten im Umgang mit Menschen sind Voraussetzung. Wir erwarten Matura-Niveau, einschlägige Berufserfahrung von Vorteil. Bitte richten Sie Ihre schriftliche Bewerbung an die Abteilung Personal, *Frau Mag. Martha Maier*.“

*Bernhard Bewerber* aus Wr. Neustadt bewirbt sich daraufhin schriftlich unter Beilage diverser Unterlagen. Einige Tage später wird er telefonisch von *Frau Mag. Maier* kontaktiert, die einen persönlichen Termin vereinbaren möchte. Man einigt sich auf ein Treffen in Baden, etwa auf halbem Weg Wien-Wr. Neustadt. Im Rahmen dieses persönlichen Gespräches stellt sich heraus, dass die *Austria-GmbH* eine:n Mitarbeiter:in auf Werkvertragsbasis sucht, *Bewerber* aber einen Dienstvertrag abschließen möchte. Beide Teile erbitten sich eine Woche Bedenkzeit. Innerhalb dieser Frist erreicht *Bewerber* ein Brief der *Austria-GmbH*, in welchem ihm mitgeteilt wird, dass „von einer Beschäftigung leider Abstand genommen werden muss“.

*Bernhard Bewerber* begehrt nun die ihm aufgelaufenen Kosten für Kopien und Porti sowie Fahrtkosten, insgesamt € 58,–.

Variante: Nach der erfolglosen Bewerbung bei der *Austria-GmbH* versucht *Bernhard Bewerber* sein Glück erneut und bewirbt sich bei der *Bank Ostarichi*, die einem internationalen Konzern angehört, für eine Stelle als Trainee. Nachdem das erste Bewerbungsgespräch positiv verlaufen ist, erhält *Bewerber* folgendes Mail von der Recruiting Abteilung der Bank:

„Gerne möchten wir Sie zur nächsten Stufe des Bewerbungsverfahrens einladen. Von 10.–12.6.2020 findet ein Assessment Center in Mailand statt. Bitte erscheinen Sie pünktlich am 10.6.2020, 09:00 im Seminarhotel in der Via della Lombardia. Bitte buchen Sie Ihr Zimmer dort unter Nennung der *Bank Ostarichi*.“

Für Flug und Hotel (9.6.–12.6.2020) entstehen *Bewerber* Kosten iHv € 400,–. Er wird letztendlich eingestellt. An seinem ersten Arbeitstag legt er die Belege für seine Reise- und Aufenthaltskosten der zuständigen Payroll (Lohnverrechnungs)-Mitarbeiterin vor.

**Lösung**

Vorbemerkung: Nach § 9 GlBG haben privatrechtliche Stellenausschreibungen sowohl betriebsintern als auch öffentlich im Allgemeinen geschlechtsneutral zu erfolgen: Aus dem Text darf keinerlei unsachliche Präferenz in Hinblick auf das Geschlecht des:der gesuchten AN hervorgehen. Ein Verstoß gegen § 9 GlBG unterliegt einer verwaltungsstrafrechtlichen Sanktion gem § 10 GlBG. Im gegenständlichen Fall ist dem Gebot der geschlechtsneutralen Stellenausschreibung durch die Formulierung des Stelleninserates jedenfalls entsprochen.

Als Anspruchsgrundlage für einen Ersatz der Vorstellungskosten kommen die §§ 863 und 1002 ff ABGB sowie Haftung für culpa in contrahendo in Betracht.

1. Haftung für culpa in contrahendo: Der Arbeitsvertrag ist grundsätzlich ein zivilrechtliches Rechtsgeschäft. Mangels arbeitsrechtlicher Sondernormen gelten auch im vorarbeitsvertraglichen Bereich die allgemeinen bürgerlich-rechtlichen Regeln über das vorvertragliche Schuldverhältnis. Dieses verpflichtet die potenziellen Vertragsparteien zu gegenseitiger Rücksichtnahme bei der Anbahnung eines Rechtsgeschäftes. Die Verhandlungspartner haben einander über die Beschaffenheit des in Aussicht genommenen Vertragsgegenstandes aufzuklären und eventuell bestehende Vertragshindernisse bekanntzugeben. Allerdings dürfen die Sorgfaltspflichten nicht überspannt werden. Daher besteht in diesem Fall auch keine Pflicht, nähere Details der Art der Beschäftigung bereits im Inserat anzugeben. Ein Anspruch aus vorvertraglichem Fehlverhalten – eben culpa in contrahendo – besteht nicht. Ein solcher käme im Übrigen nur dann in Frage, wenn *Bernhard Bewerber* im Vertrauen auf den sicheren Vertragsabschluss Aufwendungen getätigt hätte. Diese Sicherheit war im gegenständlichen Fall zweifelsfrei nicht gegeben, musste doch *Bernhard* damit rechnen, dass die *Austria-GmbH* auch noch mit anderen Stellenwerber:innen Gespräche führen würde.

2. Ersatz nach den §§ 1002 ff ABGB: Eine andere denkbare Anspruchsgrundlage bilden nach der Rechtsprechung die auftragsrechtlichen Vorschriften der §§ 1002 ff ABGB: Im Rahmen ausdehnender Auslegung des Prinzips des „Anspruchs auf Auslagenersatz" könne bei Veranlassung der persönlichen Vorstellung durch den:die potenzielle:n AG auch § 1014 ABGB als Anspruchsgrundlage herangezogen werden. Dieser Judikatur steht die Lehre kritisch gegenüber. Strittig ist nämlich, ob die Aufforderung zur persönlichen Vorstellung und deren Entsprechung durch den:die AN auch bei extensivster Auslegung als Auftragsvertrag angesehen werden kann – also als Besorgung von Geschäften in fremdem Interesse. Zudem scheinen trotz der ausdehnenden, analogen Auslegung von § 1014 ABGB im arbeitsrechtlichen Kontext hier Zweifel geboten; nicht zuletzt deshalb, weil die persönliche Vorstellung durch den:die AN in der Regel aus (weitaus) *überwiegendem* Eigeninteresse erfolgt.

3. Vertrag (§ 863 ABGB): Im Übrigen ist zu prüfen, ob zwischen *Bernhard* und der *Austria-GmbH* nicht ein Vertrag zustande gekommen ist, der die Kostentragung regelt. Mangels ausdrücklicher Vereinbarung müsste eine solche Vereinbarung konkludent (§ 863 ABGB) geschlossen werden. In diesem Fall müsste der:die AN der Aufforderung des:der AG aufgrund seines:ihres Empfängerhorizontes *(Vertrauenstheorie)* zweifelsfrei

den Inhalt beilegen können, der:die AG werde die Kosten der Vorstellung tragen. Nach der Rechtsprechung ist dies der Fall: Hat der:die AG den:die AN zur persönlichen Vorstellung aufgefordert (eingeladen), hat er:sie sich stillschweigend zum Kostenersatz verpflichtet, sofern dieser nicht ausdrücklich ausgeschlossen wurde oder er sich aus den Umständen ergebe. Auch zu dieser Auffassung finden sich in der Lehre (bloß) Gegenstimmen. So sei zur Auslegung (auch) konkludenter Willenserklärungen die Verkehrssitte heranzuziehen. Nach dieser habe die Vorbereitung der Teilnahme am rechtsgeschäftlichen Verkehr grundsätzlich eigenfinanziert zu erfolgen. Der Aufforderung des:der AG zur persönlichen Vorstellung könne in der Regel eine Kostentragungszusage gerade *nicht* beigemessen werden.

ME ist richtigerweise davon auszugehen, dass das Vorhandensein einer Ersatzpflicht die Ausnahme der Regel ist und nicht umgekehrt. Nur in wenigen Fällen lässt sich für den:die AN aus der Vorstellungsaufforderung des:der AG eine eindeutig rechtsgeschäftliche Absicht erschließen, die „mit Überlegung aller Umstände keinen vernünftigen Grund, daran zu zweifeln", übrig lässt (§ 863 ABGB), der:die AG wolle sich zur Kostentragung verpflichten. Auch die „übrigen Umstände" des gegenständlichen Falles lassen darauf schließen, jede Verhandlungspartei werde ihre Kosten selber tragen – sind sie sich doch hinsichtlich des Treffpunktes geradezu buchstäblich entgegengekommen.

Zusammenfassend kann daher gesagt werden, dass für einen Kostenersatz durch die *Austria-GmbH* keine Anspruchsgrundlage besteht. Weder aus der Haftung für culpa in contrahendo noch aus den §§ 1014 oder 863 ABGB kann eine solche abgeleitet werden.

Variante:

Auch in diesem Fall fehlt eine ausdrückliche Kostentragungszusage. Es ist zu prüfen, ob ein konkludenter Abschluss eines Vertrags (§ 863 ABGB) zustande gekommen ist. Wie bereits festgestellt, kann dies nach zutreffender Lehrmeinung nur in besonderen Umständen der Fall sein. Eine Einladung zum Bewerbungsgespräch erweckt beim objektiven Erklärungsempfänger noch nicht zweifelsfrei den Eindruck, dass der:die AG sich zur Kostentragung verpflichtet.

Allerdings kommen in diesem Fall weitere bedeutende Faktoren hinzu:

- die erhebliche räumliche Distanz zwischen dem Wohnort von *Bewerber* (Wr. Neustadt) und dem Ort des Assessment Centers (Mailand)
- die explizite Aufforderung, ein bestimmtes Hotel unter Nennung des Namens des Kreditinstituts zu buchen.

Aufgrund dieser Information durfte *Bewerber* als objektiver Erklärungsempfänger wohl annehmen, dass sich die *Bank Ostarichi* zur Übernahme der Kosten verpflichtet. Die anfallenden Kosten gehen weit über die üblichen Vorstellungskosten für eine derartige Position hinaus. Daraus kann mE in derart außergewöhnlichen Fällen auch eine erhöhte Pflicht zur Klarstellung des:der AG gefolgert werden, sollten die Kosten nicht übernommen werden. Zudem kann die Aufforderung zur Buchung eines bestimmten Hotels unter zusätzlicher Nennung des Unternehmens zweifelsfrei so verstanden werden, dass die *Bank Ostarichi* auch die Kosten übernimmt.

Dennoch trifft den:die AN die allgemeine Schadenminimierungspflicht. Unter Umständen könnte überprüft werden, ob ein Nachtzug eine billigere Alternative dargestellt hätte. Ein Anreisen mit dem Flugzeug am Vortag ist in diesem Fall aber jedenfalls vertretbar und gerechtfertigt, da auch dem Erholungsbedürfnis des:der AN vor einem wichtigen Bewerbungsverfahren Tribut gezollt werden sollte.

Die später erfolgte Einstellung hat keinen Einfluss auf die Beurteilung, ob Bewerbungskosten zu ersetzen sind oder nicht. Der in diesem Fall wohl konkludent abgeschlossene Vertrag regelt nur die Kostentragung der Reise- und Aufenthaltskosten und ist unabhängig vom später abgeschlossenen Dienstvertrag.

**Literatur- und Judikaturhinweise:**

OGH 12.7.1989, 9 Ob A 111/89, DRdA 1991, 145 (*Egger*) = ZAS 1990, 134 (*Reidinger*).
Zuletzt OLG Wien 17.12.2018, 9 Ra 108/18w, ARD 6648/6/2019 (*Lindmayr*).
*Brodil,* Der Ersatz von Vorstellungskosten, ecolex 1993, 691.
*Egerman* in *Gruber-Risak/Mazal (Hrsg)*, Das Arbeitsrecht – System und Praxiskommentar (42. Lieferung, 2023) Kap V, Rz 9–11.
*Gerhartl*, Kostenersatzansprüche von Bewerbern, ARD 6657/4/2019.
*Schima,* Der OGH und der Ersatz von „Vorstellungskosten", RdW 1990, 345.

# BESCHÄFTIGUNG VON SPRACHLEHRERN (FALL 2)

*Dan McArthur*, amerikanischer Staatsbürger, war bei der Sprachschule *Lingua* als Sprachlehrer für die englische Sprache beschäftigt. Mit dem Geschäftsführer der Sprachschule war vereinbart worden, dass *Dan* als freier Mitarbeiter tätig werden sollte, da kein weiterer Bedarf an Mitarbeiter:innen im Anstellungsverhältnis gegeben war. Für angestellte Sprachlehrer:innen fand der Mindestlohntarif für private Bildungseinrichtungen Anwendung, nach dem ein Stundensatz von € 27,20 zu zahlen war. Mit *Dan McArthur* wurde dagegen ein Stundensatz von € 25,– vereinbart. Urlaubsentgelt oder Sonderzahlungen erhielt *McArthur* während seiner Tätigkeit nie.

*Dan* erhielt zunächst wie alle Sprachlehrer:innen, die bei *Lingua* beschäftigt sind, eine intensive Einschulung in die Sprachtrainingsmethoden von *Lingua*. Der Unterricht fand in den Räumen der Sprachschule statt, mit den von der Sprachschule entwickelten und zur Verfügung gestellten Unterlagen. *Dan* konnte und durfte kein eigenes Material einbringen. Durch die enge Bindung an das Konzept der Sprachschule durfte sich *Dan* im Fall der Verhinderung auch nur von Personen vertreten lassen, die *Lingua* bekannt waren. Verhinderungen waren *Lingua* bekanntzugeben, sodass diese sich selbst um eine Vertretungsperson kümmern konnte.

Die konkrete Zuteilung von Unterricht erfolgte bei freien Mitarbeiter:innen so, dass diese selbst durch Eintragung in ein „Blocking-Buch" spätestens am Vortag bekanntgeben konnten, zu welchen Zeiten sie unterrichten wollten, die Direktion bestätigte diese Stunden. Außer in begründeten Fällen wurde erwartet, dass die derart vereinbarten Stunden auch tatsächlich gehalten würden. Bei unbegründeter Ablehnung oder Absage bzw Nichterscheinen waren Konsequenzen zu erwarten, bis dahin, dass mit freien Mitarbeiter:innen in Zukunft keine Unterrichtstätigkeiten mehr vereinbart würden.

Planten freie Mitarbeiter:innen längere Freizeiten, trugen sie sich im Blocking-Buch als auf Urlaub befindlich ein. Eine Zustimmung der Direktion war dazu nicht notwendig. *Dan* nutzte diese Möglichkeit regelmäßig für längere, bis zu drei Monate dauernde Aufenthalte in den USA.

Nachdem *Dan McArthur* seine Tätigkeit bei *Lingua* beendet hat, begehrt er die Nachzahlung von ausständigem Entgelt. Er sei tatsächlich in einem Angestelltenverhältnis beschäftigt gewesen, habe daher Anspruch auf die Bezahlung nach dem Mindestlohntarif sowie auf Sonderzahlungen und Urlaubsentgelt.

**Hat er darauf Anspruch?**
**Inwiefern unterlag *McArthur* der Sozialversicherungspflicht?**

**Lösung**

*Dan McArthur* hat Anspruch auf die begehrten Ansprüche, sofern er als Arbeitnehmer (AN) qualifiziert werden kann. Arbeitsverträge sind gem § 1151 ABGB Dauerschuldverhältnisse in persönlicher Abhängigkeit. Letztere äußert sich zunächst in der Verpflichtung zur höchstpersönlichen Arbeitsleistung. AN dürfen und müssen sich grundsätzlich nicht vertreten lassen. AN sind weiters an persönliche Weisungen des AG gebunden, die sich auf die Festlegung des Arbeitsortes und der Arbeitszeit beziehen. Typischerweise kann der AN auch nicht darüber frei entscheiden, wann er welche Aufgaben erledigt. Vielmehr ist er bezüglich Art und Abfolge der Arbeit an die Weisungen des AG gebunden. Hinzu kommen Berichtspflicht, Kontrollunterworfenheit sowie die disziplinäre Verantwortung des AN. Ein weiteres Merkmal des Arbeitsvertrages ist die Eingliederung in die betriebliche Organisation des AG sowie die wirtschaftliche Abhängigkeit des AN, wenn man diese in der Abhängigkeit des AN von den Produktionsmitteln und unternehmerischen Struktur des AG versteht. Es kommt hingegen nicht darauf an, ob der AN auf das für die Tätigkeit erhaltene Entgelt zur Bestreitung seines Lebensunterhaltes angewiesen ist.

Vom Arbeitsvertrag ist der freie Dienstvertrag abzugrenzen, der zwar auch ein Dauerschuldverhältnis ist, wobei der freie DN aber nicht in persönlicher Abhängigkeit von seinem Auftraggeber steht. Mögliche Merkmale eines freien Dienstvertrages sind die Möglichkeit, den Ablauf der Arbeit selbständig zu regeln und jederzeit zu ändern, Fehlen einer Anwesenheitsverpflichtung oder die Einräumung eines Vertretungsrechts.

Sowohl der Begriff des AN als auch jener des freien DN sind Typusbegriffe. Es müssen nicht alle Bestimmungsmerkmale kumulativ vorliegen. Entscheidend für den AN-Begriff ist, dass die Merkmale der persönlichen Abhängigkeit ihrem Gewicht und ihrer Bedeutung nach überwiegen.

Der OGH hat im vorliegenden Sachverhalt entschieden, dass die Tatsache, dass die Sprachschule einen Unterricht nach den von ihr entwickelten Richtlinien und Methoden unter Verwendung der von ihr hergestellten Unterlagen verlangt, noch keine Auskunft über die Rechtsverhältnisse zwischen der Sprachschule und den Sprachlehrern gibt. Die Bindung an den Kursort, nämlich die Räumlichkeiten der Sprachschule, sowie an die im Vorhinein vereinbarten Kurszeiten liegen „in der Natur der Sache“ und bedeuten keine persönliche Abhängigkeit. Auch die zwei- bis dreimal im Jahr stattfindenden Methodeninspektionen wertete der OGH nicht als ausschlaggebend. Auch weitere Kriterien, die für einen Arbeitsvertrag sprechen könnten, wie die praktisch kaum mögliche Vertretbarkeit bzw drohende Sanktionen, wenn Mitarbeiter einmal vereinbarte Einsätze ablehnen, waren für den OGH in einer Gesamtschau nicht ausreichend, um das Beschäftigungsverhältnis der freien Mitarbeiter:innen als Arbeitsverträge zu qualifizieren.

Von ausschlaggebender Bedeutung für das Vorliegen eines bloß freien Dienstvertrages war im vorliegenden Fall die Freiheit des DN, über Ausmaß und Lage seiner Arbeitszeit selbständig zu entscheiden. Lediglich ab der Vereinbarung über einen konkreten Einsatz am Vortag des Einsatztages war der freie DN tatsächlich unter Androhung von Sanktionen gebunden. Wollte er längere Zeit hindurch nicht arbeiten, konnte er dies ohne nachteilige Konsequenzen einseitig entscheiden.

Auf freie Dienstverträge sind grundsätzlich nur jene arbeitsrechtlichen Normen analog anwendbar, die nicht vom persönlichen Abhängigkeitsverhältnis des DN ausgehen und den sozial Schwächeren schützen sollen. Damit hat *Dan McArthur* weder Anspruch auf ein höheres Entgelt nach dem anzuwendenden Mindestlohntarif noch auf Sonderzahlungen oder Urlaubsentgelt.

**Zur Sozialversicherungspflicht:**

Nach § 4 Abs 2 ASVG sind DN pflichtversichert, die in einem Verhältnis persönlicher und wirtschaftlicher Abhängigkeit gegen Entgelt beschäftigt sind. Dieser sozialrechtliche DN-Begriff entspricht im Wesentlichen dem arbeitsrechtlichen AN-Begriff. Die AN-Eigenschaft von *Dan McArthur* wurde verneint, daher besteht auch keine Sozialversicherungspflicht gem § 4 Abs 2 erster Satz ASVG. Gem § 4 Abs 2 letzter Satz ASVG gilt aber auch der als DN, der gem § 47 Abs 1 EStG lohnsteuerpflichtig ist. Dies trifft auf Personen zu, die als Vortragende, Lehrende oder Unterrichtende ein Einkommen erwerben, wenn sie die Tätigkeit im Rahmen eines von der Bildungseinrichtung vorgegebenen Studien-, Lehr- oder Stundenplanes ausüben (§ 47 Abs 1 iVm § 25 Abs 1 Z 5 EStG). Ist ein solcher Stundenplan vorhanden, ist *Dan McArthur* von seinem Auftraggeber, dem Sprachinstitut, wie ein DN bei der Gebietskrankenkasse anzumelden und sind Versicherungsbeiträge für ihn abzuführen. Geht man davon aus, dass es keinen vorgegebenen Stundenplan gibt, ist zu prüfen, ob *Dan McArthur* als freier DN gem § 4 Abs 4 ASVG oder gem § 2 Abs 1 Z 4 GSVG (Neuer Selbständiger) pflichtversichert ist. Gem § 4 Abs 4 ASVG sind freie DN pflichtversichert, die für einen DG im Rahmen seines Geschäftsbetriebes tätig werden, sofern sie die Dienstleistungen im Wesentlichen persönlich erbringen und über keine wesentlichen eigenen Betriebsmittel verfügen. Da *Dan McArthur* seine Tätigkeit als Sprachlehrer für das Institut im Wesentlichen persönlich verrichtet und die Infrastruktur und Unterlagen des Instituts nutzt, ist der Tatbestand des § 4 Abs 4 ASVG erfüllt.

**Literatur- und Judikaturhinweise:**

OGH 5.5.1999, 9 ObA 10/99g, RdW 1999, 673 = DRdA 1999, 392.
*Brodil/Gruber-Risak*, Arbeitsrecht in Grundzügen[11] (2022) Rz 38 ff.
*Brodil/Windisch-Graetz*, Sozialrecht in Grundzügen[9] (2021) 31 ff.
*Karl,* Zur rechtlichen Qualifikation von Sprachlehrern. Die Abgrenzung von Arbeitsvertrag, freiem Dienstvertrag und Werkvertrag am Beispiel eines Sprachlehrers, ASoK 1999, 277.
*Kietaibl*, Arbeitsrecht I[12] (2023) 17 ff.
*Marhold/Brameshuber/Friedrich*, Österreichisches Arbeitsrecht[4] (2021) 33 ff.

# 3

# ARBEITSRECHT FÜR RADELHELDEN? (FALL 3)

*Johannes* ist passionierter Rennradfahrer. Da er sich aber in ständigen Geldnöten befindet, sucht er nach einer Möglichkeit, sich sein Studium durch einen Nebenjob zu finanzieren. Im Internet stößt *Johannes* auf die Internetplattform suchmich.at, die von der *suchmich GmbH* betrieben wird. Das Geschäftsmodell der Plattform besteht darin, dass sogenannte „Sucher" bestimmte Produkte im Einzelhandel und an Tankstellen mit ihrem Smartphone fotografieren. Um die Aufträge der Plattform zu erhalten, müssen sie die *suchmich-App* auf ihrem Handy installieren. Diese flexible Arbeitsmöglichkeit stößt auf *Johannes* Interesse. Im Rahmen der Installation stimmt *Johannes* einer Nutzervereinbarung zu, nach der es sich bei den einzelnen Aufträgen um Werkverträge handelt. Die Nutzervereinbarung sieht keine Pflicht vor, Aufträge anzunehmen. Des Weiteren steht es ihm frei, eigene Mitarbeiter einzusetzen und Unteraufträge zu erteilen. Allerdings darf es pro „Sucher" nur ein Kundenkonto für die Benutzung der App geben; dieses ist auch nicht übertragbar.

Nimmt *Johannes* einen von der App angebotenen Auftrag an, muss er diesen, entsprechend der Auftragsbeschreibung, innerhalb von zwei Stunden ausführen. Erfüllt *Johannes* den Auftrag nicht innerhalb des vorgegebenen zeitlichen Rahmens, wird der Auftrag sanktionslos storniert und erneut ausgeschrieben. Bei der Auftragserbringung kann *Johannes* per GPS geortet werden.

Neben einem Entgelt, das von der erfolgreichen Durchführung des Auftrags abhängt und die Umsatzsteuer beinhaltet, kann *Johannes* auf suchmich.at „Erfahrungspunkte" sammeln, die ihn auf höhere „Erfahrungslevel" heben, auf denen er mehrere Aufträge gleichzeitig annehmen und bearbeiten kann. Dies ermöglicht es ihm, sich eine sinnvolle Route mit mehreren Aufträgen selbst zusammenzustellen und ein erhöhtes Auftragsvolumen zu übernehmen. Je höher der Level, desto besser vergütet werden die Aufträge; auch die zu vergebenden „Erfahrungspunkte" sind dann höher. Von einem einmal erreichten Level werden die „Sucher" nicht zurückgestuft. Die *suchmich-App* zeigt zudem die Anzahl der Erfahrungspunkte an, die *Johannes* für das Erreichen des nächsten Levels noch fehlen.

*Johannes* radelt sich schnell auf Level 15 hoch, wodurch er 15 Aufträge gleichzeitig annehmen und deren Bearbeitungsreihenfolge selbst bestimmen kann. Innerhalb von elf Monaten erledigt er 2.978 Aufträge. Das entspricht durchschnittlich 12,5 Aufträge pro Vier-Stunden-Arbeitstag bei einer Fünf-Tage-Woche. Im Durchschnitt erzielt er eine monatliche Vergütung iHv EUR 1.749,34. Zu einem Auftragsabbruch kam es 17-mal.

*Johannes* ist mit seinem Nebenjob sehr zufrieden, da sich Geldverdienen und Sport ideal verbinden lassen. Leider wird *Johannes* nach elf Monaten beim Erledigen seiner Tätigkeiten von einem Auto erfasst und schwer am Bein verletzt. Laut der behandelnden Ärztin darf er für zumindest sieben Wochen nicht mehr mit dem Rad fahren.

*Johannes* macht sich Sorgen, da er – weiterhin in Geldnot – das Entgelt eigentlich dringend benötigen würde, aber aufgrund des Unfalls keine Aufträge mehr ausführen kann. *Sophia*, die Freundin von *Johannes*, erinnert sich, in einer Arbeitsrecht-Vorlesung gehört zu haben, dass er doch möglicherweise Anspruch auf Fortzahlung seines Entgelts hat.

**Hat er einen Anspruch und wenn ja, wie lange?**

## Lösung

### *Johannes gegen Suchmich GmbH auf Entgeltfortzahlung gem § 2 Abs 1 EFZG*

### 1. Arbeitnehmer:inneneigenschaft

*Johannes* hat Anspruch auf die begehrte Entgeltfortzahlung, sofern er als Arbeitnehmer qualifiziert werden kann, da sowohl das Angestelltengesetz (AngG) als auch das Entgeltfortzahlungsgesetz (EFZG) sowie § 1154b ABGB nur für Arbeitnehmer:innen anwendbar sind. Um die Arbeitnehmer:innen-Eigenschaft zu begründen, muss ein Arbeitsvertrag iSd § 1151 Abs 1 ABGB vorliegen. Dabei handelt es sich um Dauerschuldverhältnisse in persönlicher Abhängigkeit.

Die persönliche Abhängigkeit äußert sich zunächst in der Verpflichtung zur höchstpersönlichen Arbeitsleistung. Arbeitnehmer:innen dürfen sich grundsätzlich nicht vertreten lassen. Sie sind weiters an persönliche Weisungen der Arbeitgeber:innen gebunden, die sich auf die Festlegung des Arbeitsortes, der Arbeitszeit und der inhaltlichen Ausführung der Arbeit beziehen. Typischerweise können Arbeitnehmer:innen auch nicht darüber frei entscheiden, wann sie welche Aufgaben erledigen. Vielmehr sind sie bezüglich Art und Abfolge der Arbeit an die Weisungen der Arbeitgeber:innen gebunden. Hinzukommen Berichtspflicht, Kontrollunterworfenheit sowie eine disziplinäre Verantwortung der Arbeitnehmer:innen. Ein weiteres Merkmal des Arbeitsvertrags ist die Eingliederung in die betriebliche Organisation der Arbeitgeber:innen, die Beistellung des Arbeitsgeräts durch den:die Arbeitgeber:in sowie die wirtschaftliche Abhängigkeit, die als Abhängigkeit der Arbeitnehmer:innen von den Produktionsmitteln und der unternehmerischen Struktur der Arbeitgeber:innen verstanden wird. Es kommt aber nicht darauf an, ob Arbeitnehmer:innen auf das Entgelt zur Bestreitung ihres Lebensunterhalts angewiesen sind.

Die genannten Kriterien dienen dazu, den Arbeitsvertrag von anderen Rechtsverhältnissen wie dem Werkvertrag und dem freien Dienstvertrag abzugrenzen. Im Gegensatz zum Arbeitsvertrag stellt der Werkvertrag ein Zielschuldverhältnis ohne persönliche Abhängigkeit des Arbeitenden dar. Darüber hinaus werden keine Dienste geschuldet, sondern ein bestimmter Arbeiterfolg. Der wesentliche Unterschied zwischen Arbeitsvertrag und freiem Dienstvertrag ist wiederum, dass es sich bei letzterem zwar ebenfalls um ein Dauerschuldverhältnis handelt, jedoch keine persönliche Abhängigkeit vorliegt.

Sowohl der Arbeitnehmer:innenbegriff, wie auch der freie Dienstvertrag und der Werkvertrag sind Typusbegriffe. Das bedeutet, dass nicht alle Bestimmungsmerkmale kumulativ vorliegen müssen. Entscheidend für den Arbeitnehmer:innenbegriff ist vielmehr, dass die Merkmale der persönlichen Abhängigkeit ihrem Gewicht und ihrer Bedeutung nach überwiegen. Für die Feststellung, ob ein Arbeitsvertrag vorliegt, ist demnach eine Gesamtbetrachtung aller Umstände nach einem beweglichen System vorzunehmen.

Im vorliegenden Fall liegt eine Diskrepanz zwischen den vertraglichen Vereinbarungen und den gelebten Vertragsverhältnissen vor. Im Arbeitsrecht muss ein Widerspruch zwischen Vertragsbezeichnung und Vertragsdurchführung zugunsten letzterer aufgelöst werden (zwingender Charakter des Arbeitsrechts). Für die Bestimmung des Vertragstyps ist deshalb die tatsächliche Durchführung des Vertragsverhältnisses maßgeblich, weshalb vertraglichen Vereinbarungen bloß eine Indizwirkung zukommt („primacy of facts“). Die zwingenden gesetzlichen Regelungen für Arbeitsverhältnisse können nicht vertraglich abbedungen werden. Bei den Bestimmungen zur Entgeltfortzahlung handelt es sich um zwingende Bestimmungen. Aus diesem Grund ist es auch unschädlich, dass die Verträge als „Werkverträge" bezeichnet werden.

Prüft man nun im vorliegenden Fall die Kriterien des Arbeitnehmer:innenbegriffs, so ist festzuhalten, dass *Johannes* die Kontrollaufträge persönlich durchzuführen hat. Zwar steht es ihm nach den Vertragsbestimmungen frei, eigene Mitarbeiter:innen einzusetzen, allerdings ist weder das für die jeweilige Person eingerichtete Benutzerkonto übertragbar noch dürfen mehrere Benutzerkonten für dieselbe Person angelegt werden. Auch das Teilen des Accounts ist unzulässig. Da die Aufträge über die App und damit über das individuelle Benutzerkonto abzuwickeln sind, kann der Nutzer entgegen der Basis-Vereinbarung die übernommenen Aufträge nicht durch Dritte ausführen lassen; er ist im Ergebnis vielmehr angehalten, die Kontrollen persönlich vorzunehmen.

Wesentliches Qualifikationskriterium des Arbeitsvertrags ist die Weisungsgebundenheit. Diese kann in verschiedenen Erscheinungsformen bestehen. In der Regel wird eine vertraglich bestimmte Arbeitspflicht durch die Ausübung des Weisungsrechts konkretisiert. Die Weisungsgebundenheit kann sich aber auch aus einer detaillierten und den Freiraum für die Erbringung der geschuldeten Leistung stark einschränkenden rechtlichen Vertragsgestaltung oder aus der tatsächlichen Vertragsdurchführung ergeben. Während die Anweisung gegenüber Selbständigen typischerweise sachbezogen und ergebnisorientiert ist, ist das arbeitsvertragliche Weisungsrecht (auch) personenbezogen, ablauf- und verfahrensorientiert geprägt.

Im vorliegenden Fall kann *Johannes* aufgrund strikter Vorgaben an die Durchführung der einfach gelagerten Kontrollaufgaben seine Tätigkeit im Wesentlichen nicht frei gestalten. Es ist im Detail festgelegt, wie *Johannes* die Tätigkeiten zu verrichten und welche Arbeitsschritte er vorzunehmen hat. Dabei handelt es sich nicht bloß um eine Beschreibung des Arbeitsergebnisses. Auch der zeitliche Rahmen für die Auftragserledigung ist stark eingegrenzt. Durch das engmaschige Korsett an zeitlichen und inhaltlichen Vorgaben hat die *suchmich GmbH* die ohnehin nur geringen Gestaltungsmöglichkeiten bei der Art und Weise der Vertragsdurchführung nahezu vollständig ausgeschlossen.

Darüber hinaus muss *Johannes* zwar sein eigenes Smartphone zur Aufgabenerledigung verwenden (eigene Betriebsmittel), andererseits müssen die Tätigkeiten ausschließlich über die Online-Plattform mit Hilfe der App abgewickelt werden. Weiters kann *Johannes* per GPS geortet werden, was ebenfalls dafürspricht, dass er der Kontrolle der *suchmich GmbH* unterworfen ist.

Problematisch ist im vorliegenden Fall das Element der Leistungspflicht, kann *Johannes* doch grundsätzlich frei darüber entscheiden, ob er Aufträge annehmen möchte. Allerdings sind bei der Qualifikation auch tatsächliche Zwänge durch eine vom Auftraggeber geschaffene Organisationsstruktur zu berücksichtigen. Im vorliegenden Fall betrifft dies vor allem die von der *suchmich GmbH* vorgesehene Anreizfunktion durch das Bewertungssystem. Sie regt durch die Inaussichtstellung von Erfahrungspunkten und den damit verbundenen Vorteilen den „Spieltrieb" der Nutzer:innen an mit dem Ziel, diese dadurch zu einer regelmäßigen Beschäftigung zu bewegen. Zugleich verzögerte sie den (zu) schnellen Aufstieg in ein höheres Level durch ein regelmäßig auf zwei Stunden begrenztes Zeitfenster, innerhalb dessen die Aufträge ab dem Zeitpunkt ihrer Übernahme zu bearbeiten sind. Die organisatorischen Rahmenbedingungen sind so gestaltet, dass sie einen wirtschaftlich handelnden „Sucher" dazu veranlassen, die Angebotssituation ständig zu prüfen und sich dienstbereit zu halten, um eine sich für ihn aufgrund seiner Filtereinstellungen (Standort, Level, Zeitfenster) ergebende günstige Angebotssituation nutzen zu können.

Diese Argumentation hat auch Auswirkungen auf die zugrunde liegende vertragsrechtliche Konstruktion. Statt eines Rahmenvertrags und mehreren „Mini-Werkverträgen" ist bei Beurteilung des tatsächlich gelebten Vertragsverhältnisses von einem Dauerschuldverhältnis auszugehen. Dieses wird durch übereinstimmendes schlüssiges Verhalten begründet. Vorliegend haben die Parteien durch die tatsächliche Vertragspraxis übereinstimmend zu erkennen gegeben, dass ihre Rechtsbeziehung nicht auf die Erledigung einzelner Kleinstaufträge, sondern die kontinuierliche Bearbeitung von Auftragsbündeln gerichtet war. Die langfristige und kontinuierliche Beschäftigung des Klägers führt zu einer „Verklammerung" der einzelnen Aufträge zu einem einheitlichen (unbefristeten) Arbeitsverhältnis.

Die Gesamtbetrachtung aller Umstände des Einzelfalls ergibt somit, dass *Johannes* als Arbeitnehmer zu qualifizieren ist

## 2. Anwendbarkeit des EFZG (Abgrenzung Arbeiter:innen/Angestellte)

Die Pflicht der Arbeitgeber:innen zur Fortzahlung des Entgelts bei Krankheit oder Unfall ist für Angestellte in den §§ 8 f AngG und für Arbeiter in den §§ 2 f EFZG geregelt. Subsidiär kommt § 1154b ABGB auf jene Arbeitnehmer:innen zur Anwendung, die weder vom AngG noch vom EFZG erfasst sind. Die Gesetze enthalten weitgehend idente Regelungen. Um die richtige Anspruchsgrundlage zu finden, muss jedoch geklärt werden, ob *Johannes* Arbeiter oder Angestellter ist.

Angestellte sind Arbeitnehmer:innen, die im Geschäftsbetrieb eines Kaufmannes oder gleichgestellten Arbeitgeber:innen vorwiegend zur Leistung einer Angestelltentätigkeit angestellt sind. Bei einer GmbH handelt es sich um einen Formkaufmann, weshalb das Arbeitgeber:innen-bezogene Kriterium erfüllt ist. Zu den Angestelltentätigkeiten zählen gem § 1 Abs 1 AngG kaufmännische Dienste, höhere, nicht kaufmännische Dienste oder Kanzleiarbeiten. Kaufmännische Dienste sind Tätigkeiten im Zusammenhang mit Ein- und Verkauf, verwaltungsorientierte Tätigkeiten sowie Tätigkeiten, die eine Anpassung der Arbeitnehmer:innen an eine konkrete Marktsituation zur Hebung des Umsatzes erfordern. Das Abfotografieren bestimmter Produkte fällt nicht darunter. Auch kann die Tätigkeit nicht als höhere, nicht kaufmännische Dienste qualifiziert werden, da sie keine bestimmten Vorkenntnisse, Schulungen bzw größere Selbstständigkeit und Denkfähigkeit verlangt. Auch das Vorliegen von Kanzleiarbeiten ist fraglos zu verneinen. Es liegt folglich keine Angestelltentätigkeit, sondern eine Arbeitertätigkeit vor.

Zu prüfen bleibt noch, ob *Johannes* möglicherweise Angestellter ex contractu ist. Also Arbeitnehmer, der zwar eine Arbeitertätigkeit verrichtet, dessen Arbeitsverhältnis aber auf Grund einer einzelvertraglichen Vereinbarung unter das AngG fällt. Dafür gibt es im Sachverhalt jedoch keine Anhaltspunkte.

*Johannes* ist folglich kein Angestellter, sondern Arbeiter. Da *Johannes* auch unter keine der Ausnahmen vom Geltungsbereich des EFZG fällt (§ 1 EFZG), kann er seinen Anspruch bei Vorliegen der Tatbestandsmerkmale auf § 2 ff EFZG stützen.

### 3. Entgeltfortzahlung bei einem Arbeitsunfall

Die Entgeltfortzahlungspflicht der *suchmich GmbH* besteht grundsätzlich nur unter der Voraussetzung (vgl § 2 Abs 1 EFZG), dass *Johannes* seinen Dienst im Rahmen des Arbeitsvertrags bereits angetreten hat, was fraglos der Fall, ist *Johannes* doch bereits elf Monate für die *suchmich GmbH* tätig. Durch die Verletzung ist *Johannes* am Dienst verhindert. Laut Sachverhalt kann er die Aufträge nicht mehr ausführen und ist daher nicht mehr in der Lage seiner Arbeitspflicht nachzukommen. *Johannes* ist arbeitsunfähig. Zudem muss eine Krankheit vorliegen bzw der betroffene AN einen Unglücksfall erlitten haben. Da der Unfall bei der Erbringung der Tätigkeit eingetreten ist, ist darüber hinaus zu prüfen, ob ein Arbeitsunfall vorliegt, da in diesem Fall die Sonderbestimmung des § 2 Abs 5 EFZG zur Anwendung kommt. Zweifelsfrei liegt durch den Autounfall ein Unfall ieS vor, also ein zeitlich begrenztes Ereignis, das zu einer Körperschädigung geführt hat. Der Unfall ereignete sich zudem in einem örtlichen, zeitlichen und ursächlichen Zusammenhang mit der die Versicherung begründenden Beschäftigung, nämlich bei Erbringung der Dienstleistung. Es handelt sich deshalb auch nicht um einen Wegunfall iSd § 175 Abs 2 Z 1 ASVG, weil sich *Johannes* nicht auf dem Weg zwischen ständigem Aufenthaltsort und Arbeitsstätte befand, sondern um einen Unfall im Kernbereich der Unfallversicherung, nämlich bei Erbringung der Erwerbstätigkeit.

Schlussendlich ist noch zu prüfen, ob er seine Dienstverhinderung vorsätzlich oder grob fahrlässig verursacht hat, was zu einem Ausschluss des Entgeltfortzahlungsanspruches führen würde (§ 2 Abs 1 sowie § 2 Abs 5 EFZG). Der Sachverhalt gibt dafür jedoch keine Anhaltspunkte. Da alle Anspruchsvoraussetzungen des § 2 Abs 5 EFZG erfüllt werden, hat Johannes Anspruch auf Entgeltfortzahlung.

Johannes ist für sieben Wochen krankgeschrieben. Gem § 2 Abs 5 EFZG hängt die Anspruchsdauer von der Dauer der Beschäftigung ab. Zum Zeitpunkt des Unfalls war Johannes elf Monate für die *suchmich GmbH* beschäftigt. Er befindet sich folglich noch in seinem ersten Dienstjahr und hat daher Anspruch auf Entgeltfortzahlung bis zur Dauer von acht Wochen. Sofern Johannes nach sieben Wochen wieder arbeitsfähig ist, hat er im Ergebnis Anspruch auf sieben Wochen volle Entgeltfortzahlung gem § 2 Abs 5 EFZG.

**Literatur- und Judikaturhinweise:**

BAG 1.12.2020, 9 AZR 102/20.
*Warter*, Crowdwork (2016).
*Risak*, Crowdwork – eine erste rechtliche Annäherung an eine „neue“ Arbeitsform, ZAS 2015, 11.
*Risak (Hrsg)*, Arbeit in der Gig-Economy (2017).
*Rebhahn* in *Neumayr/Reissner*, ZellKomm[3] § 1151 ABGB (Stand 1.1.2018, rdb.at).

# KRANK! (FALL 4)

*Klaras* Interesse gilt immer schon Autos und Motoren. Auf Wunsch ihrer Eltern aber, die der Idee von Frauen in Technikberufen eher skeptisch gegenüberstehen, absolviert sie zunächst eine Lehre als Einzelhandelskauffrau, ohne jedoch die vorgesehene Lehrabschlussprüfung abzulegen. Danach fängt *Klara*, nunmehr volljährig und von ihren Eltern unabhängig, bei der Autowerkstatt *Auto-Tune GmbH* zunächst einmal als Hilfskraft zu arbeiten an. Ihre Tätigkeiten umfassen Reinigungsarbeiten wie die Innenraum- und Maschinenreinigung oder einfache Lackpflegearbeiten wie Autopolitur und Versiegelung. Nach einigen Monaten im Betrieb entschließt sich *Klara*, die Lehre als Kraftfahrzeugtechnikerin nachzuholen. Aufgrund der – wegen des bereits absolvierten Berufsschulbesuchs – verkürzten Lehrzeit kann sie schon zu Beginn ihres dritten Jahres im Betrieb erfolgreich die Lehrabschlussprüfung ablegen. *Klaras* Fleiß und Verlässlichkeit sowie ihre, wenngleich nicht formal abgeschlossene, Ausbildung als Handelskauffrau führen dazu, dass die Betriebsinhaberin *Traude Tune* ihr immer mehr Tätigkeiten zutraut, die nicht im klassischen Aufgabenbereich einer KFZ-Technikerin liegen.

Nach fünf Jahren im Betrieb arbeitet *Klara* zwar die meiste Zeit als KFZ-Technikerin, den Rest der Zeit muss sie sich aber anderen Aufgaben widmen. Sie hat – insb während allfälliger Abwesenheiten von *Traude Tune* – nicht nur Rechnungen zu schreiben, Umsatzsteuerformulare auszufüllen, differenziert nach Kund:innen Rabatte zu errechnen und zu kassieren, sondern auch Kund:innen zu beraten, in Ausübung eines ihr übertragenen Weisungsrechtes die Mitarbeiter:innen in der Werkstatt einzuteilen und fehlende Ersatzteile zu bestellen. Damit organisiert und koordiniert *Klara* bei Abwesenheit von *Traude Tune* die Geschäfte des Betriebs überwiegend selbst und kann auch ihre eigenen Tätigkeiten relativ selbständig einteilen.

Da bisher immer alles reibungslos funktioniert hat, beschließt *Traude Tune* einen lang ausstehenden, zehnwöchigen Kuraufenthalt im Salzkammergut endlich nachzuholen. Für diese Zeit überträgt sie *Klara* das Recht, Urlaubsvereinbarungen abzuschließen, gegebenenfalls in Absprache mit ihr Dienstverhältnisse zu beenden und neue Dienstnehmer:innen einzustellen. Die Urlaubsscheine hat *Klara* zu unterschreiben und an *Traude Tune* weiterzuleiten, die dann endgültig über die Urlaubsgewährung entscheidet.

1. **Ist *Klara* Arbeiterin oder Angestellte? Lässt sich für verschiedene Zeitpunkte im Sachverhalt diese Frage unterschiedlich beurteilen?**
2. **Macht es einen Unterschied, ob *Klara* Arbeiterin oder Angestellte ist? Wofür ist diese Unterscheidung (noch) von Bedeutung?**

Die ersten drei Wochen von *Traude Tunes* Kuraufenthalt verlaufen in der Autowerkstatt ohne Zwischenfälle. In der vierten Woche meldet sich die Mitarbeiterin *Anne* in der Früh bei *Klara* telefonisch, um ihr mitzuteilen, dass sie plötzlich erkrankt sei. *Klara* ist etwas verärgert, da *Anne* am Tag zuvor noch ganz gesund gewirkt hat und sie ist sich sicher, dass die Krankheit nur vorgetäuscht ist. Daher verlangt sie von *Anne*, eine Krankenstandsbestätigung vorzulegen. Als *Anne* nach drei Tagen dieser Aufforderung noch immer nicht nachkommt, findet *Klara*, die sich auch in ihrer Rolle als Vorgesetzte herausgefordert fühlt, dass ein Entlassungsgrund vorliegt. Sie gibt *Traude Tune* über ihr Vorhaben Bescheid,

*Anne* die Entlassung auszusprechen und diese stimmt ihr zu. *Anne* geht am vierten Tag ihres Krankenstands schriftlich das Entlassungsschreiben zu.

**1. Ist die Entlassung zulässig?**

Als *Traude Tune* von ihrem Kuraufenthalt zurückkommt, findet sie den Betrieb in bester Ordnung wieder und ist sehr zufrieden mit *Klara.* Diese hat sich jedoch völlig überfordert und bricht wenige Tage nach Rückkehr der Betriebsinhaberin zusammen. Sie wird ins Krankenhaus eingeliefert und muss vier Wochen stationär behandelt werden und sich anschließend noch weitere vier Wochen zu Hause auskurieren. Die *Auto-Tune GmbH* zahlt ihr – weil sie sich rechtlich nicht für mehr verpflichtet fühlt – nur für vier Wochen das Entgelt weiter. *Klara* ist jedoch der Ansicht, dass ihr für die gesamte Dauer des Krankenstandes Entgeltfortzahlung gebührt.

**2. Wie lange und in welcher Höhe hat *Klara* Anspruch auf Entgeltfortzahlung? Wie sieht es aus, wenn sie fünf Wochen nach dem Wiederantritt des Dienstes für zwölf Wochen erkrankt?**
**3. Gebühren *Klara* neben dem Anspruch auf Entgeltfortzahlung durch die Arbeitgeberin auch Geldleistungen aus der Krankenversicherung?**

Nach *Klaras* Rückkehr in die Autowerkstatt herrscht kein angenehmes Arbeitsklima mehr, weil *Traude Tune*, die es gar nicht mehr gewohnt war, so viel arbeiten zu müssen, ihre über die Wochen hin aufgestaute schlechte Laune an den Mitarbeiter:innen und auch an *Klara* auslässt. Einige Wochen nach der Rückkehr aus dem Krankenstand steht für *Klara* ein Kontrolltermin bei der Zahnärztin an. Sie hat ihn an sich extra so vereinbart, dass er außerhalb der Arbeitszeit stattfindet. Die Zahnärztin muss aber den Termin verschieben und kann als Ersatztermin nur einen anbieten, der in die Arbeitszeit fällt. Ansonsten besteht nur die Möglichkeit für einen neuen Termin zwei Monate später. *Klara* ist der Meinung, dass sie den Ersatztermin während der Arbeitszeit wahrnehmen kann, da es sich dabei um eine Dienstverhinderung aus wichtigem Grund handelt, und meldet das *Traude Tune.* Diese meint, es sei absolut unmöglich, *Klara* an diesem Tag für zwei Stunden zu entbehren, da sie selbst nicht in der Autowerkstatt anwesend sein werde. Sie droht *Klara* mit der Entlassung aufgrund der Verletzung der aus dem Gesetz und der allgemeinen Treuepflicht abgeleiteten Mitteilungspflicht.

**4. Was ist unter der „Dienstverhinderung aus wichtigem Grund" zu verstehen?**
**5. Liegt hier ein Entlassungsgrund vor? Macht es einen Unterschied, ob *Klara* Angestellte oder Arbeiterin ist?**

**Lösung**

*1. Abgrenzung Arbeiterin – Angestellte:*

a. Nach § 1 Abs 1 AngG gilt eine Arbeitnehmerin als Angestellte, die (a) im Geschäftsbetrieb eines Kaufmannes (b) vorwiegend zur Leistung kaufmännischer Dienste oder höherer, nicht kaufmännischer Dienste oder zu Kanzleiarbeiten angestellt ist. Im vorliegenden Fall ist die Qualifikation der Arbeitgeberin, einer GmbH, als „Kaufmann" bzw als Unternehmerin iSd UGB unproblematisch; schwieriger ist hingegen die Beurteilung der von *Klara* zu leistenden Tätigkeit.

b. *Klara* arbeitet während mehr als der Hälfte ihrer Arbeitszeit als KFZ-Technikerin. Sie ist somit nicht nur aufgrund des Tätigkeitsprofils und der vertraglich vereinbarten Leistungen, sondern auch aufgrund der tatsächlich erbrachten Leistungen *in diesem Bereich* als Arbeiterin zu qualifizieren, da es sich nicht um Leistungen iSd § 1 Abs 1 AngG handelt. Es sind keine kaufmännischen Dienste oder Kanzleitätigkeiten, auch höhere kaufmännische Tätigkeiten liegen nicht vor: Zu Beginn ihres Arbeitsverhältnisses in der *Auto-Tune GmbH* verrichtete *Klara* bloß Hilfstätigkeiten, nämlich manuelle Tätigkeiten ohne Ausbildung, und ist für diese Zeit als einfache Hilfsarbeiterin zu beurteilen. Ihre kaufmännische Ausbildung ist für die Ausübung dieser Tätigkeiten nicht maßgebend. Nachdem sie die facheinschlägige Lehre abgeschlossen hat, ist sie als Facharbeiterin zu qualifizieren. Ob sie als Hilfs- oder als Facharbeiterin gilt, macht keinen Unterschied hinsichtlich der Anwendung des AngG, da auch Facharbeiter:innen, wie der Begriff schon sagt, als Arbeiter:innen zu qualifizieren sind. Dies hat jedoch Bedeutung beim Anspruch auf Invaliditätspension.

c. Es wäre aber voreilig, *Klara* schon an dieser Stelle als Arbeiterin zu qualifizieren, denn ihre Arbeitsaufgaben in der Werkstatt beschränken sich nicht auf jene einer KFZ-Technikerin. Während etwas weniger als der Hälfte ihrer Arbeitszeit ist sie mit ganz anderen Tätigkeiten betraut. Diese sind trotz ihres mangelnden zeitlichen Überwiegens genauer zur prüfen, da sie uU Angestellteneigenschaft begründen können.

*Klaras* nicht-technische Tätigkeiten umfassen Beratung, Ausstellen der Rechnungen, Kassieren, Vornehmen der erforderlichen Eintragungen sowie fallweise auch Bestellungen. Es handelt sich um mit dem Ein- und Verkauf zusammenhängenden Tätigkeiten, die eine selbständige Anpassung an eine konkrete Marktsituation zur Erhebung des Umsatzes erfordern, und daher um kaufmännische Dienste iSd § 1 Abs 1 AngG. Bei Abwesenheit der Betriebsinhaberin vertritt sie diese sogar in Teilbereichen. Sie erscheint daher geradezu als „rechte Hand der Chefin" mit der damit verbundenen Vertrauensposition. Gerade in einem kleinen Betrieb haben die Tätigkeiten als Vertreterin der Dienstgeberin, wenn sie auch nur Teilgebiete der kaufmännischen Betriebsführung betreffen, wesentliche Bedeutung. Durch die Vertrauensposition *Klaras* und ihr Weisungsrecht gegenüber den Mitarbeiter:innen sowie das Verrichten der für die Aufrechterhaltung des Betriebes maßgeblichen kaufmännischen Arbeiten wurde während der Abwesenheit von *Traude Tune* der reibungslose Ablauf des Betriebes garantiert. Diese Tätigkeiten sind in ihrer Gesamtbedeutung nicht so einfach und anspruchslos, dass sie von jeder Durchschnittsperson ohne weiters erbracht werden können. Kommt es nun auf das zeitliche Überwiegen an und gilt *Klara* daher dennoch als Arbeiterin?

d. Die Qualifikation von Arbeitnehmer:innen als Angestellte wegen überwiegender Verrichtung kaufmännischer Dienste (§ 1 Abs 1 AngG); an dieses Erfordernis ist nach stRsp des OGH jedoch kein allzu strenger Maßstab anzulegen. Haben nämlich für die Dienstgeber:innen die höher qualifizierten Tätigkeiten die wesentliche Bedeutung, dann ist das zeitliche Überwiegen nicht entscheidend. Nicht der Parteiwille, sondern die tatsächlich geleistete Tätigkeit der Arbeitnehmer:innen sind maßgeblich und in ihrer Gesamtheit (also nicht zerlegt in Teiltätigkeiten) zu beurteilen.

Unter diesen Umständen kommt es daher nicht auf das zeitliche Überwiegen der Arbeiter:innentätigkeiten (fahrzeugtechnische Aufgaben) an, weil die anderen Arbeiten von *Klara* für die Dienstgeberin die wesentliche Bedeutung hatten. *Klara* ist Angestellte und das AngG auf sie anzuwenden.

*2. Unterschiedliche Regelungen für Arbeiter:innen und Angestellte:*

Im Individualarbeitsrecht ist die Unterscheidung kaum mehr von Bedeutung. Mit 1. Juli 2018 erfolgte eine Gleichstellung von Arbeiter:innen und Angestellten bei der Dauer der Entgeltfortzahlung im Krankenstand und den Dienstverhinderungsgründen. Seit dem 1. Oktober 2021 sind die für Angestellte geltenden Kündigungsfristen und -termine auch auf Arbeiter:innen-Dienstverhältnisse anwendbar. Unterschiedliche Regelungen gelten jedoch weiterhin bei Entlassungsgründen.

Die meisten Kollektivverträge unterscheiden jedoch weiterhin zwischen Arbeiter:innen und Angestellten und im Betriebsverfassungsrecht sind auf unterster Ebene (Betriebsversammlung und Betriebsrat) unterschiedliche Belegschaftsorgane für Arbeiter:innen und Angestellte vorgesehen. In der Pensionsversicherung bestehen Unterschiede beim Zugang zur Pension wegen geminderter Arbeitsfähigkeit (Invaliditäts- bzw Berufsunfähigkeitspension).

*3. Entlassung wegen nicht vorgelegter Krankenstandsbestätigung:*

Eine Entlassung ist nicht möglich, da *Anne* auf Grund des Krankenstandes gerechtfertigt vom Dienst fernbleibt und die Nichtvorlage der Bestätigung nicht als Entlassungsgrund anzusehen ist. Dies ergibt sich insb *e contrario* aus § 4 Abs 4 EFZG, wonach als Sanktion für die Säumnis lediglich der Verlust der Entgeltfortzahlung vorgesehen ist.

Es bleibt natürlich die Möglichkeit, *Anne* zu kündigen. Seit Oktober 2021 muss ein Kündigungstermin (grds zum Quartalsende, aber je nach Vereinbarung auch am 15. oder Letzten des Monats) und eine Kündigungsfrist von mindestens sechs Wochen (mit anwachsenden Dienstjahren auch länger) eingehalten werden (§ 1159 ABGB).

*4. Entgeltfortzahlung im Krankheitsfall:*

Die Entgeltfortzahlung für Angestellte ist in § 8 AngG geregelt. Sie gleicht jener für Arbeiter:innen in § 2 EFZG. Gem § 8 Abs 1 AngG steht einer ununterbrochen ein Jahr (aber maximal 15 Jahre) beschäftigten Angestellten Entgeltfortzahlung für die Dauer von acht Wochen zu. Weil *Klara* etwa fünf Jahre bei der *Auto-Tune GmbH* beschäftigt ist, hat sie für die gesamte Dauer ihres Krankenstandes von acht Wochen Anspruch auf (volle) Entgeltfortzahlung.

Wenn *Klara* fünf Wochen nach dem Wiederantritt des Dienstes für zwölf Wochen erkrankt, handelte es sich nach der alten Rechtslage um eine sog „Folgeerkrankung“, die für Angestellte speziell geregelt wurde. Seit 2018 gilt aber für Angestellte, was bis dahin nur für Arbeiter:innen gegolten hat, und zwar, dass bei wiederholter Dienstverhinderung durch Krankheit oder einen Unglücksfall innerhalb eines Arbeitsjahres nur insoweit ein Anspruch auf Entgeltfortzahlung besteht, als dieser für das betreffende Arbeitsjahr noch nicht ausgeschöpft ist. Das heißt, es kommt zu einer Zusammenrechnung der Anspruchszeiten innerhalb eines Arbeitsjahres. Ein neuer Anspruch in vollem Umfang entsteht erst wieder mit Beginn eines neuen Arbeitsjahres.

Das heißt, dass in diesem Fall *Klara*, sofern die neuerliche Erkrankung im selben Arbeitsjahr liegt, gem § 8 Abs 2 AngG nur mehr einen Anspruch auf Entgeltfortzahlung für weitere vier Wochen in Höhe des halben Entgelts hat. Für die restlichen acht Wochen hat *Klara* keinen Anspruch auf Entgeltfortzahlung nach dem AngG mehr, da der Anspruch mit acht Wochen vollem Entgelt und vier Wochen in halber Höhe pro Arbeitsjahr begrenzt ist.

### *5. Krankengeld aus der Krankenversicherung:*

Nach dem ASVG gebührt krankenversicherten Dienstnehmer:innen gem § 138 ASVG Krankengeld in Höhe von 50% des versicherten Einkommens (ab dem 43. Tag von 60%) und zwar für 26 bzw 52 Wochen (§ 139 ASVG). Der Anspruch auf Krankengeld ruht jedoch gem § 143 ASVG in voller Höhe, wenn Dienstnehmer:innen gegenüber ihren Arbeitgeber:innen Anspruch auf Entgeltfortzahlung im Ausmaß von mehr als 50% haben. Ein Ruhen der Hälfte des Krankengeldes tritt ein, wenn Anspruch auf 50%ige Entgeltfortzahlung besteht. Darunter gebührt volles Krankengeld.

*Klara* hat bei ihrer achtwöchigen Erkrankung keinen Anspruch auf Krankengeld, da sie für diese Zeit Anspruch auf Entgeltfortzahlung hat. Anders verhält es sich, wenn sie nochmal erkrankt. Für die ersten vier Wochen hat sie Anspruch auf die Hälfte des Krankengeldes, weil sie Anspruch auf 50%ige Entgeltfortzahlung hat (somit insgesamt 75%). Für die restlichen acht Wochen gebührt ihr das Krankengeld in voller Höhe.

### *6. Dienstverhinderung aus wichtigem Grund:*

Nach § 8 Abs 3 AngG gebührt ein Anspruch auf Entgeltfortzahlung auch bei Vorliegen von anderen wichtigen, die Person der Arbeitnehmer:innen betreffenden Gründen. Diese sind jedoch nicht näher ausgeführt (ebenso § 1154b Abs 5 ABGB für Arbeiter:innen). Ein solcher wichtiger Grund kann in der Unmöglichkeit des Erreichens des Arbeitsplatzes liegen (faktische Dienstverhinderungen wie Naturkatastrophen oder Verkehrsstreiks), oder auch in der Unzumutbarkeit der Dienstleistung aufgrund von als höherwertig zu qualifizierenden Verpflichtungen. Dazu gehören nach der Judikatur rechtliche Pflichten wie behördliche Vorladungen oder Gerichtstermine sowie Verhinderungsgründe, die sich aus Sitte und Herkommen ergeben wie die Teilnahme am Begräbnis naher Angehöriger.

Voraussetzung für die Entgeltfortzahlung ist, dass Arbeitnehmer:innen an der Verhinderung kein Verschulden trifft, dh sie insb alle zumutbaren Maßnahmen ergreifen, dass diese vermieden wird. Zudem muss die Verhinderung unverzüglich gemeldet werden.

Im konkreten Fall liegt ein Dienstverhinderungsgrund vor, da es *Klara* nicht zumutbar ist, mit dem Zahnarztkontrolltermin noch zwei Monate hinzuwarten, sie hat alles Zumutbare getan, diesen außerhalb der Arbeitszeit stattfinden zu lassen. Daran ändert auch die geplante Abwesenheit von *Traude Tune* nichts.

### *7. Entlassungsgründe bei Angestellten und Arbeiter:innen*

Das österreichische Arbeitsrecht zählt die Gründe, die eine Entlassung rechtfertigen, für Angestellte im Angestelltengesetz (AngG) in demonstrativer Weise und für Arbeiter:innen in der Gewerbeordnung (GewO) 1859 in taxativer Weise auf. *Klara* ist, wie in Pkt 1 festgestellt wurde, Angestellte. Es kommen die Entlassungsgründe des AngG auf sie zur Anwendung. § 27 Z 1 AngG normiert, dass als wichtiger Grund, der zur vorzeitigen Entlassung berechtigt, anzusehen ist, wenn Angestellte im Dienste untreu sind oder sich einer Handlung schuldig machen, die sie des Vertrauens ihrer Arbeitgeber:innen unwürdig erscheinen lässt. Diesen Entlassungsgrund kennt die GewO so übrigens nicht.

Es ist fraglich, ob *Klara* tatsächlich eine solche Handlung gesetzt hat, die den Tatbestand des § 27 Z 1 AngG erfüllt. In Wirklichkeit war sie aus einem gesundheitlichen Grund verhindert, und es scheint auch nicht zumutbar, dass sie den Termin zwei Monate verschiebt, nur weil sie ansonsten zwei Stunden nicht im Betrieb sein würde. Sie hat die Terminverschiebung auch nicht fahrlässig oder gar vorsätzlich herbeigeführt und die Arbeitgeberin rechtzeitig benachrichtigt.

**Literatur- und Judikaturhinweise:**

OGH 19.5.1993, 9 ObA 98/93.
OGH 24.11.1998, 10 ObS 372/98y.
OGH 05.10.1999, 10 ObS 209/99d.
OGH 25.1.2001, 8 Ob A 200/00w, Arb 12.083.
*Brodil/Gruber-Risak*, Arbeitsrecht in Grundzügen$^{11}$ (2022) Rz 38, 261, 279.
*Brodil/Windisch-Graetz*, Sozialrecht in Grundzügen$^{9}$ (2021) 86.
*Windisch-Graetz*, Arbeitsrecht II$^{12}$ (2023) 202 ff.

# „SÜSSER" ABSCHIED (FALL 5)

*Fritz Fleißig* hat nach langem Suchen bei der *Giba Ceigy-AG*, einem pharmazeutischen Unternehmen, Arbeit gefunden. Seine am 1.1.2018 beginnende Tätigkeit besteht aus folgenden Diensten: Morgens hat er am Werkseingang der Produktionsstätte das elektrische Werkstor zu bedienen; den Vormittag verbringt er mit einfachen Wartungsarbeiten am Werksgelände. Über die Mittagszeit hilft er in der Kantine beim Servieren aus; am Nachmittag wäscht er die Wägen der Vorstandsmitglieder und führt allfällige kleinere Reparaturen und Wartungsarbeiten an den Fahrzeugen durch, wobei er die Aufsicht über 4 weitere AN hat, die allgemein Hilfsdienste ausführen. Überdies erledigt er bei Bedarf kleinere Chauffeurdienste.

Am 14.1.2020 entdeckt *Fritz* beim Reinigen des Fahrzeuges des Generaldirektors im Handschuhfach ein Packerl Mannerschnitten, nimmt es an sich und verzehrt es voll Genuss gleich darauf. Am Abend bemerkt die Gattin des Direktors das Fehlen der Schnitten. Am nächsten Morgen (15.1.) wird *Fritz* wegen Diebstahls fristlos entlassen.

**Welche Ansprüche stehen *Fritz* zu?**

**Lösung**

1. Abgrenzung Arbeiter:in – Angestellte:r: Angestellte:r (§ 1 Abs 1 AngG) ist, wer arbeitsvertraglich überwiegend zur Erbringung von kaufmännischen, höheren nichtkaufmännischen oder Kanzleidiensten verpflichtet ist. Da *Fritz* zweifelsfrei keine kaufmännischen oder Kanzleidienste leistet, ist zu prüfen, ob er überwiegend höhere nichtkaufmännische Dienste leistet. Nach der Rechtsprechung stellt ein Arbeitsplatz des höheren Dienstes Anforderungen an einschlägige Vorkenntnisse und Schulungen sowie an Vertrautsein und gewisse fachliche Durchdringung der Arbeitsaufgabe. Diese Kriterien werden in diesem Fall nicht erfüllt, da *Fritz* größtenteils mit einfachen, keinerlei spezifische Vorkenntnisse erfordernden Tätigkeiten beschäftigt ist. Zudem wird in der Judikatur auf das Vorhandensein größerer Selbständigkeit und besonderer Vertrauenswürdigkeit abgestellt. Diese Merkmale werden aber nicht durch die einfachen Wartungsarbeiten an den Fahrzeugen und die Aufsicht über die 4 Arbeiter erfüllt. Die Ausführung von einfachen Kontroll- und Wartungsaufgaben reicht ebenfalls nicht zur Angestellteneigenschaft hin. *Fritz* ist daher nicht als Angestellter anzusehen; sein Arbeitsvertrag unterliegt der GewO 1859 (vgl § 73).

2. Ungerechtfertigte Entlassung? Als Arbeiter unterliegt *Fritz* dem taxativen Katalog der Entlassungsgründe in § 82 GewO 1859. Gemäß lit d leg cit kann ein Arbeiter dann entlassen werden, wenn er sich einer strafbaren Handlung schuldig macht, welche ihn des Vertrauens des AG unwürdig erscheinen lässt (Konkretisierung der tatbestandlichen Generalklausel für vorzeitige Beendigung von Dauerschuldverhältnissen). Was die Einordnung eines Bagatell-Diebstahls betrifft, ist die Rechtsprechung uneinheitlich. Auf eine tatsächliche Verurteilung durch ein Strafgericht kommt es jedenfalls nicht an. Die Strafbarkeit ist vielmehr vom Zivilgericht als Vorfrage zu beurteilen. Der Diebstahl geringwertiger Sachen (welcher unter Umständen nach § 191 StPO straflos bleibt) ist nach der Judikatur immer dann als Entlassungsgrund anzusehen, wenn er unter Ausnutzung einer besonderen (Vertrauens-)Position erfolgte. Zudem muss der Wert der Sache auch in Relation zu den Beweggründen für die Tat sowie der sonstigen Diensterfüllung gesetzt werden. Wesentliches Kriterium ist überdies die Haltung des AN, die sich „hinter der Tat“ verbirgt. Eine aus Gewinnsucht begangene Tat hat beispielsweise besonders vertrauenerschütternden Charakter.

Im vorliegenden Fall hat *Fritz* zweifelsfrei eine Sache geringsten Wertes entwendet (gestohlen). Allerdings wird dieses Verhalten bei sonstiger tadelloser Diensterfüllung nicht ausreichen, um das arbeitsvertragliche Vertrauensverhältnis derart zu erschüttern, dass eine Entlassung gerechtfertigt erscheint. Zudem geschah die Entwendung nicht unter Ausnutzung einer besonderen Vertrauensposition, sodass von Unzulässigkeit der Entlassung auszugehen ist.

Die Lösung des Problems einer unzulässigen Entlassung ist dogmatisch interessant: Es werden die sog Unwirksamkeits-, die Konversions- und die Schadenersatztheorie vertreten. Nach der der Schadenersatztheorie folgenden Judikatur sowie der hA steht *Fritz* nur die Kündigungsentschädigung als Schadenersatzanspruch zu. Er ist vermögensmäßig so zu stellen, als wäre er ordnungsgemäß gekündigt worden.

Da er kein Angestellter ist, kommt § 1159 ABGB zur Anwendung. Demnach kann das Dienstverhältnis jederzeit unter Einhaltung einer mindestens sechswöchigen Frist gekündigt werden. Mangels anderer Vereinbarung bzw anders lautender KollV-Bestimmungen kann *Fritz* daher zu jedem Quartalsende unter Einhaltung der Frist gekündigt werden.* Im gegenständlichen Fall ist die Beendigung des Arbeitsverhältnisses wirksam und *Fritz* erhält die Kündigungsentschädigung, bestehend aus Entgelt, aliquoten Sonderzahlungen sowie Urlaubsentschädigung bzw -abfindung, für den Zeitraum vom 15. bis 31.3.2020 (Quartalsende unter Einhaltung der zweimonatigen Frist).

**Literatur- und Judikaturhinweise:**

OGH 10.2.1993, 9 ObA 10/93, ZAS 1993, 223 *(Windisch-Graetz)*.
*Brodil/Gruber-Risak*, Arbeitsrecht in Grundzügen[11] (2022) Rz 62 ff und Rz 195 ff.
*Marhold,* Die Wirkung ungerechtfertigter Entlassungen – Eine Kritik des so genannten Schadenersatzprinzips, ZAS 1978, 5.
*Windisch-Graetz,* Arbeitsrecht II[12] (2023) 271 ff.

* Diese erhöht sich nach dem zweiten Arbeitsjahr auf 2 Monate, vgl im Detail § 1159 Abs 2 ABGB.

# 6 DER SCHWIERIGE FALL DES HERRN DR. B (FALL 6)

Die X-RAY Österreich GmbH ist eine Gesellschaft mit beschränkter Haftung nach österreichischem Recht. Das Unternehmen produziert, verkauft und wartet Röntgengeräte für medizinische Einrichtungen in Österreich. Aufgrund des ausgezeichneten Service und der hohen Qualitätsstandards schwören in ganz Österreich Mediziner auf Geräte von X-RAY.

Das Betriebsgebäude der X-RAY befindet sich in einem Wiener Industriepark. Im dortigen Werk werden die Röntgengeräte und Ersatzteile hergestellt, während im angrenzenden Bürogebäude die restlichen Abteilungen wie Marketing, Vertrieb und Buchhaltung untergebracht sind. Die X-RAY verfügt über eine Gewerbeberechtigung für Mechatronik, weshalb auf alle Angestellten der KV für Angestellte im Metallgewerbe angewendet wird. Die Führung der Geschäfte obliegt drei jeweils einzelvertretungsbefugten Geschäftsführern, welche die verschiedenen Ressorts untereinander aufteilen.

Ein Betriebsrat ist in der X-RAY Österreich GmbH (obwohl sie mit etwa hundert Mitarbeiter:innen eindeutig betriebsratspflichtig wäre) nicht eingerichtet worden.

*Herr Dr. Michael B* ist seit einigen Jahren als kaufmännischer Angestellter bei der X-RAY tätig. Da der bisherige kaufmännische Direktor der X-RAY mit Anfang 2023 in Pension gehen wird, ist ein Nachfolger gesucht und die Wahl fällt auf *Herrn Dr. B*, der sich in den letzten Jahren durch viel Fachwissen und hohen Einsatz für das Unternehmen hervorgetan hat. Am 20.12.2022 unterschreibt er einen von der Gesellschaft vorgelegten Geschäftsführer-Dienstvertrag (Dienstantritt 1.1.2023) und wird durch einen einstimmigen, ordnungsgemäß gefassten Beschluss der Gesellschafter mit Wirkung zum 1.1.2023 zum unternehmensrechtlichen Geschäftsführer der Gesellschaft bestellt, eine Bestellung, die er laut Vertrag ausdrücklich annimmt. Die Bestellung wird ehebaldigst zum Firmenbuch angemeldet. Mit dieser Beförderung hat *Herr Dr. B* die höchste Stufe der Karriereleiter erklommen – Grund genug zum Feiern.

**a) Ist *Herr Dr. B* Arbeitnehmer nach österreichischem Recht?**

**b) Unterliegt *Herr Dr. B* einem Kollektivvertrag?**

An sich besteht im Betrieb der X-RAY für die Angestellten ein Gleitzeitsystem gemäß Einzelvereinbarungen mit einer Kernzeit und recht rigidem Gleitzeitrahmen. Die Geschäftsführer sind jedoch nicht in die Gleitzeit einbezogen. Ihre Verträge enthalten zum Thema Arbeitszeit lediglich eine Klausel, wonach sie ihre Arbeitszeit völlig frei einteilen können, wobei sie auf die betrieblichen Erfordernisse und das Wohl der Gesellschaft Rücksicht zu nehmen haben. Die von den Geschäftsführern geleistete Arbeitszeit wird von der Gesellschaft nicht aufgezeichnet, allerdings schreibt *Herr Dr. B* seine Arbeitszeit händisch für sich selbst auf, damit er nicht den Überblick verliert.

Mit der Stellung als Geschäftsführer kommt große Verantwortung und ein sehr hohes Arbeitspensum. Dementsprechend stressig und arbeitsintensiv gestalten sich für *Herrn Dr. B* die nächsten Monate. An manchen Tagen bleibt er zwölf bis dreizehn Stunden im Büro, und als es in einer Woche zu umfassenden behördlichen Überprüfungen im Betrieb kommt, bringt er ganze siebzig Stunden mit der Arbeit zu. Seine Frau macht ihm regelmäßig zum Vorwurf, er sei so gut wie nie zuhause, und auch seinen zehnjährigen Sohn sieht *Herr Dr. B* kaum noch.

**c) Sind die Arbeitszeiten von Herrn Dr. B mit dem österreichischen Arbeitszeitrecht vereinbar?**

Die Geschäftsführer der X-RAY Österreich GmbH haben allesamt neben ihren Dienstverträgen noch eine jährliche Bonusvereinbarung unterschrieben. Danach erhalten sie nach Ablauf des Geschäftsjahres einen Bonus in beträchtlicher Höhe, sofern das EBITDA (eine betriebswirtschaftliche Kennzahl, die im Wesentlichen ein Gewinn des Unternehmens vor Berücksichtigung von Steuern, Zinsen und Abschreibungen ist) einen bestimmten Betrag überschreitet. Der Bonus wird mit 1.3. des Folgejahres fällig. *Herr Dr. B* und die anderen Geschäftsführer erzielen im Jahr 2023 ein sehr gutes Ergebnis und überschreiten das vereinbarte Ziel-EBITDA deutlich.

Ende 2023 kommt es zu großen Veränderungen bei der X-RAY Österreich GmbH: Eine deutsche Investmentgesellschaft meldet Interesse daran an, die Anteile an der Gesellschaft von den aktuellen Gesellschaftern um eine beträchtliche Summe zu erwerben, und man wird sich schnell handelseinig. Mit Wirkung zum 31.12.2023 gehen alle Anteile an der X-RAY Österreich GmbH auf die deutsche Gesellschaft über. Mit der Veränderung an der Unternehmensspitze kommen auch einige Veränderungen in der Unternehmenskultur der X-RAY. Insbesondere sind die neuen deutschen Eigentümer nicht begeistert von dem System der (in ihren Augen deutlich überhöhten) Bonuszahlungen, wie es bisher praktiziert wurde, und sie verhindern daher die Auszahlung.

Mitte Mai 2024 kommt es im Rahmen einer Telekonferenz erneut zu Verhandlungen zwischen den Geschäftsführern und Vertretern der deutschen Eigentümerin über das Thema der ausstehenden Bonuszahlungen. Sie führen allerdings zu keinem Ergebnis, auch eine Kompromisslösung wie eine Reduktion der Boni oder eine Stundung kommt aus Sicht der Deutschen nicht in Betracht. Inzwischen ist der ansonsten sehr geduldige *Herr Dr. B* zusehends genervt durch das lange Hinhalten und das Ignorieren eindeutiger Zusagen aus, wie er meint, fadenscheinigen Gründen. Er erklärt daher, er sehe sich nun gezwungen, vor das Arbeitsgericht zu ziehen und man werde demnächst von seinem Anwalt hören.

Kurz darauf, am 19.5.2024, erhält *Herr Dr. B* ein Schreiben der deutschen Muttergesellschaft mit einem (formgerechten) Gesellschafterbeschluss, durch den er mit sofortiger Wirkung als Geschäftsführer der X-RAY Österreich GmbH abberufen und dienstfrei gestellt ist. Wenige Tage später, am 25.5.2024, spricht einer der anderen Geschäftsführer der X-RAY Österreich GmbH durch Vorlage eines Kündigungsschreibens an *Herrn Dr. B* eine Kündigung unter Einhaltung der einzelvertraglich zugesagten Kündigungsfrist von vier Monaten zum Kündigungstermin 30.9.2024 aus. Bis zum Ablauf der Kündigungsfrist ist *Herr Dr. B* vom Dienst freigestellt.

**d) Was kann Herr Dr. B gegen die Kündigung unternehmen?**

**Lösung**

Hinweis: Für das Verständnis des Falles sind Grundkenntnisse im Gesellschaftsrecht hilfreich, allerdings nicht zwingend erforderlich. Er kann auch rein unter Beiziehung arbeitsrechtlicher Kenntnisse und Literatur gelöst werden.

*a) Arbeitnehmereigenschaft*

Das österreichische Recht kennt mehrere voneinander verschiedene Arbeitnehmerbegriffe. Nicht gefragt sind hier der Arbeitnehmerbegriff nach dem Unionsrecht, ebenso wenig die sozialversicherungs- (§ 4 ASVG) und steuerrechtliche (§ 25 iVm § 47 EStG) Einstufung.

Arbeitnehmer:in ist, wer im Rahmen eines Dauerschuldverhältnisses Arbeitsleistungen für einen anderen in persönlicher Abhängigkeit erbringt. § 1151 ABGB verlangt zusätzlich einen gültigen Vertrag. Wesentliche Merkmale der persönlichen Abhängigkeit sind persönliche Arbeitspflicht und Weisungsunterworfenheit, Einbindung in die betriebliche Organisation, Unterwerfung unter betriebliche Ordnungsvorschriften, Kontrollunterworfenheit und disziplinäre Verantwortlichkeit.

Die Geschäftsführer:in einer GmbH ist anders als die Vorständ:in einer AG weisungsunterworfen (§ 20 GmbHG). Insofern entspricht es der hA in Lehre und Rsp, dass die typische „Fremdgeschäftsführer:in" einer GmbH eine Arbeitnehmer:in ist, sofern nicht Sonderkonstellationen wie eine Weisungsfreistellung vorliegen (RS0027929; RS0027940; *Straube/Ratka/Stöger/Völkl* in *Straube,* WK GmbHG § 15 Rz 66 ff). Bei Gesellschafter-Geschäftsführer:innen, also solchen, die Anteile an der Gesellschaft halten, ist danach zu unterscheiden, welchen Einfluss sie auf die Gesellschaft und damit auch die Erteilung von Weisungen an die Geschäftsführung ausüben können. Die Arbeitnehmereigenschaft wird bei Vorliegen einer Beteiligung von zumindest 50% verneint, aber auch wenn der Geschäftsführer:in auf Grund des Gesellschaftsvertrages eine Sperrminorität zusteht (OGH 8 ObA 68/02m). Geschäftsführer:innen, die Arbeitnehmer:innen sind, wird man eindeutig als Angestellte iSd § 1 Abs 1 AngG einstufen können.

Vom arbeitsvertraglichen Arbeitnehmerbegriff zu unterscheiden ist der betriebsverfassungsrechtliche Arbeitnehmerbegriff nach § 36 ArbVG. Von diesem Begriff sind gem § 36 Abs 2 ArbVG bestimmte Gruppen ausgenommen, darunter die Mitglieder des Organs, das zur gesetzlichen Vertretung der juristischen Person berufen ist (Z 1) sowie leitende Angestellte, denen maßgebender Einfluss auf die Führung des Betriebs zusteht (Z 3). Die Einordnung als leitender Angestellter hängt von den Umständen des Einzelfalles ab; die Rsp betont hier insbesondere die Entscheidungsbefugnisse in personellen Angelegenheiten (RS0053034). Für Organmitglieder wie Geschäftsführer:innen ist eine derartige Prüfung allerdings nicht erforderlich, da sie bereits nach Z 1 und jedenfalls ausgenommen sind.

Eine Besonderheit besteht auch hinsichtlich der Zugehörigkeit zur Arbeiterkammer: Wenngleich es hier grundsätzlich auf den vertraglichen Arbeitnehmerbegriff ankommt (*Müller/Burger*, Zugehörigkeit zur Arbeiterkammer, JAP 2017/2018/3), nimmt § 10 Abs 2 Arbeiterkammergesetz (AKG) bestimmte Gruppen wieder von der Kammermitgliedschaft aus. Dazu zählen gem § 10 Abs 2 Z 2 auch Geschäftsführer:innen und Vorstandsmitglieder, wenn das Unternehmen in der Rechtsform einer Kapitalgesellschaft betrieben wird;

in Unternehmen mit anderer Rechtsform leitende Angestellte, denen dauernd maßgebender Einfluss auf die Führung des Unternehmens zusteht.

Als Ergebnis ist festzuhalten: *Herr Dr. B* ist Arbeitnehmer im Sinne des Arbeitsvertragsrechts (§ 1151 ABGB). Insofern unterliegt er den für Arbeitnehmer:innen geltenden Gesetzen wie etwa dem AngG und dem UrlG. Er ist allerdings nicht Arbeitnehmer nach § 36 ArbVG, und er ist außerdem nicht Mitglied der Arbeiterkammer (§ 10 Abs 2 Z 2 AKG).

### *b) Kollektivvertragsangehörigkeit*

Laut Sachverhalt ist die X-RAY Österreich GmbH als Inhaberin einer Gewerbeberechtigung für Mechatronik Mitglied in der entsprechenden Bundesinnung der Wirtschaftskammer und somit Mitglied im kollektivvertragschließenden Verband (§ 8 Z 1 ArbVG). Insofern wird man mangels anderer Angaben davon ausgehen können, dass der Kollektivvertrag für Angestellte im Metallgewerbe, in dessen fachlichen Geltungsbereich die X-RAY Österreich GmbH fällt (vgl seinen § 2 Abs 2), auf ihre Angestellten anwendbar ist. Auf die Zugehörigkeit der Arbeitnehmer:innen zum kollektivvertragsschließenden Verband auf Arbeitnehmerseite kommt es aufgrund der Außenseiterwirkung des § 12 ArbVG nicht an.

Der Kollektivvertrag ist im I. Teil des ArbVG geregelt. Für seinen persönlichen Geltungsbereich ist nicht auf den für den II. Teil (Betriebsverfassung) normierten Arbeitnehmerbegriff des § 36 ArbVG, sondern auf den allgemeinen Arbeitnehmerbegriff des Arbeitsvertragsrechtes abzustellen (OGH 9 ObA 285/01d; 9 ObA 81/03g), weshalb Kollektivverträge auch Geschäftsführer:innen erfassen, sofern sie vertraglich als Arbeitnehmer:innen einzustufen sind (vgl dazu unter a.). Die Kollektivvertragsparteien können allerdings unter Beachtung des Gleichheitssatzes bestimmte Arbeitnehmer vom Geltungsbereich eines Kollektivvertrages (etwa Ferialpraktikant:innen oder leitende Angestellte) ausnehmen. Gem § 2 Abs 3 lit b des anwendbaren KV gilt er nicht für „Vorstandsmitglieder, Direktoren, Geschäftsführer von Gesellschaften mit beschränkter Haftung, soweit Vorgenannte nicht arbeiterkammerumlagepflichtig sind.“ Ohne diese Ausnahme würden die Bestimmungen des Kollektivvertrages auf Geschäftsführer:innen ohne Einschränkungen zur Anwendung kommen.

Aufgrund einer Ausnahmebestimmung unterliegt *Herr Dr. B* also keinem Kollektivvertrag.

### *c) Zulässigkeit der Arbeitszeiten*

Die Bestimmungen des Arbeitszeitgesetzes (AZG) gelten gem § 1 Abs 1 AZG für alle Arbeitnehmer (Lehrlinge), die das 18. Lebensjahr vollendet haben. Hier ist vom vertraglichen Arbeitnehmerbegriff auszugehen (*Auer-Mayer* in *Auer-Mayer/Felten/Pfeil*, AZG[4] § 1 Rz 2). Das AZG sieht unter anderem Grenzen für die tägliche und wöchentliche Normal- sowie Höchstarbeitszeit und tägliche Mindestruhezeiten vor. Hier könnte insbesondere die Bestimmung des § 9 Abs 1 AZG, wonach die Tagesarbeitszeit 12 Stunden und die Wochenarbeitszeit 60 Stunden nicht überschreiten dürfen, verletzt sein, möglicherweise auch die Ruhezeit des § 12 AZG oder die Regelung des § 9 Abs 4 AZG, wonach die durchschnittliche Wochenarbeitszeit innerhalb eines Durchrechnungszeitraumes von 17 Wochen 48 Stunden nicht überschreiten darf.

Es könnte allerdings eine Ausnahme vom AZG vorliegen. In Betracht kommt die Bestimmung des § 1 Abs 2 Z 8 AZG, wonach leitende Angestellte oder sonstige Arbeitnehmer:innen, denen maßgebliche selbständige Entscheidungsbefugnis übertragen ist und deren gesamte Arbeitszeit auf Grund der besonderen Merkmale der Tätigkeit a) nicht gemessen oder im Voraus festgelegt wird, oder b) von diesen Arbeitnehmer:innen hinsichtlich Lage und Dauer selbst festgelegt werden kann, vom AZG ausgenommen sind. Dieser Begriff des leitenden Angestellten ist vom betriebsverfassungsrechtlichen Begriff zu unterscheiden, da die Begriffe eine unterschiedliche Zielsetzung verfolgen: Im Betriebsverfassungsrecht steht der mögliche Interessenkonflikt im Vordergrund, im Arbeitszeitrecht hingegen der Gedanke, dass Führungsaufgaben nicht mit strengen Beschränkungen der Arbeitszeit vereinbar und leitende Angestellte auch weniger schutzwürdig erscheinen. Die Bestimmung in ihrer heutigen Form wurde durch die AZG-Novelle 2018 (BGBl I 2018/53) eingeführt, wobei der Anwendungsbereich sowohl erweitert als auch (im Einklang mit unionsrechtlichen Vorschriften, vgl die Arbeitszeitrichtlinie 2003/88/EG) verschärft wurde.

Damit die Ausnahme greift, muss die Arbeitnehmer:in entweder leitende Angestellte sein oder eine sonstige Arbeitnehmer:in mit maßgeblicher selbständiger Entscheidungsbefugnis. Weiters muss (in beiden Fällen) eine der vorgesehenen Alternativen vorliegen, nämlich die Nichtfestlegung/Nichtmessung oder die Selbstfestlegung durch die Arbeitnehmer:in (vgl *Auer-Mayer* in *Auer-Mayer/Felten/Pfeil*, AZG[4] § 1 Rz 34; *Klein* in Gedenkschrift Rebhahn 237; wobei strittig ist, ob es sich dabei um zwei oder drei Alternativen handelt oder gar einen einzigen Tatbestand). Es muss die gesamte Arbeitszeit erfasst sein. Zudem muss sich die Nichtmessung/Nichtfestlegung oder Selbstfestlegung aus den Merkmalen der Tätigkeit als solcher ergeben, nicht aber bloß aus einer Vereinbarung (*Auer-Mayer* in *Auer-Mayer/Felten/Pfeil*, AZG[4] § 1 Rz 34). Im vorliegenden Fall kommt insbesondere die Variante der Selbstfestlegung in Betracht. Unschädlich wird die Bindung an betriebliche Interessen sein; auch ein genuin leitender Angestellter wird bspw nicht jeden Termin selbst festlegen können, sondern sich auch an Wünschen von Kunden, Vorgaben staatlicher Institutionen usw orientieren müssen (*Ch. Klein* in Gedenkschrift Rebhahn 244). Eine Aufzeichnung der Arbeitszeit nur durch den Arbeitnehmer wie im Sachverhalt dürfte unschädlich sein (*Eypeltauer*, Novelle zum Arbeitszeitrecht: Erweiterung des Kreises der ausgenommenen Personen? ecolex 2019, 62).

Als Ergebnis ist festzuhalten, dass *Herr Dr. B* als leitender Angestellter vom AZG ausgenommen ist und seine Arbeitszeiten daher zulässig sind. Denkbar wäre es, dass arbeitszeitrechtliche Bestimmungen in Kollektivverträgen (zB hinsichtlich der Entlohnung von Überstunden) auch auf Geschäftsführer anwendbar werden. Im vorliegenden Fall nimmt der anwendbare KV allerdings Geschäftsführer ausdrücklich aus und die Frage stellt sich nicht.

Obwohl die Neuregelung des § 1 Abs 2 Z 8 AZG seit 2018 besteht, liegt zum Zeitpunkt der Überarbeitung dieses Übungsfalles (Juli 2024) aber nach wie vor keine Rsp der Höchstgerichte dazu vor und bereitet die Auslegung der Vorschrift weiterhin große Schwierigkeiten. Vor dem Hintergrund, dass Ausnahmen von der Arbeitszeitrichtlinie 2003/88/EG eng auszulegen sind (*Auer-Mayer* in *Auer-Mayer/Felten/Pfeil*, AZG[4] § 1 Rz 35), wäre daher auch eine andere Lösung vertretbar. Im vorliegenden Fall käme es insbesondere in Betracht, die Nichtmessung/ Nichtfestlegung oder Selbstfestlegung der Arbeitszeit nicht als, wie es § 1 Abs 2 Z 8 AZG verlangen würde, „auf Grund der besonderen Merkmale der Tätigkeit“ anzusehen.

### *d) Vorgehen gegen die Kündigung*

*Bonusvereinbarung*

Es bestehen keine speziellen arbeitsrechtlichen Vorschriften für solche Bonusvereinbarungen, weshalb in diesem Bereich grundsätzlich Vertragsfreiheit herrscht. Allerdings sind einige zwingende gesetzliche Bestimmungen (zB die Entgeltfortzahlung nach § 8 AngG sowie das Aliquotierungsgebot nach § 16 AngG) zu beachten.

Grundsätzlich könnte ein Widerrufsvorbehalt in einer Bonusvereinbarung vorgesehen werden. Der Sachverhalt bietet dafür jedoch keine Anhaltspunkte, und selbst wenn ein derartiger Vorbehalt gemacht worden wäre, würde eine solche Vereinbarung nicht dazu berechtigen, die durch die Zielerfüllung verdiente Zahlung des Bonus einer bereits laufenden Zielerreichungsperiode zu widerrufen (OGH 9 ObA 101/90). Als Zwischenergebnis ist daher festzuhalten, dass der Anspruch von *Herrn Dr. B* auf den Bonus zu Recht besteht.

*Kündigung*

Die Bestellung zur Geschäftsführer:in kann gem § 16 GmbHG „unbeschadet der Entschädigungsansprüche aus bestehenden Verträgen“ durch Gesellschafterbeschluss jederzeit widerrufen werden. Insofern ist die Abberufung im vorliegenden Fall rechtskonform erfolgt. Von der gesellschaftsrechtlichen Stellung als Geschäftsführer:in ist allerdings der Bestand des Dienstvertrages zu unterscheiden. Mit der Abberufung (genauer: dem Zugang der Abberufung, die spätere Eintragung im Firmenbuch ist bloß deklarativ) endet zwar die gesellschaftsrechtliche Stellung, der Arbeitsvertrag bleibt jedoch mangels abweichender Vereinbarung unangetastet (*Ratka* in *Straube/Ratka/Rauter*, WK GmbHG § 16 Rz 69).

Laut Sachverhalt erfolgt wenige Tage später der Ausspruch einer Kündigung. Nach der Rsp obliegt die Beendigung des Anstellungsvertrags der Generalversammlung als zuständigem Organ, solange die Organstellung nicht beendet wurde; andernfalls ist für die Kündigung einer abberufenen Geschäftsführer:in die amtierende Geschäftsführer:in zuständig (OGH 8 ObA 44/01f; 8 ObA 49/11f). Deshalb ist die Vertretungsbefugnis des die Kündigung aussprechenden Geschäftsführers gegeben. Laut Sachverhalt erfolgt die Kündigung durch ein Kündigungsschreiben, also schriftlich. Der Kündigungstermin 30.9.2024 ist ein Quartalsende, insofern ein Kündigungstermin nach § 20 Abs 2, und die vertraglich zugesicherte Kündigungsfrist von vier Monaten dürfte die nach § 20 AngG anwendbare Kündigungsfrist übersteigen (eine solche Frist wäre erst nach dem vollendeten fünfzehnten Dienstjahr einzuhalten). Der KV ist wie besprochen nicht anwendbar. Die Kündigung scheint insofern formwirksam zu sein sowie Kündigungsfristen und -termine einzuhalten.

Anhaltspunkte für das Bestehen eines besonderen Kündigungsschutzes sind keine gegeben. Insofern ist der allgemeine Kündigungsschutz nach § 105 ArbVG zu prüfen. Da *Herr Dr. B* gekündigt wurde, weil er mit seinem Beharren auf den zugesagten Bonuszahlungen einen nicht offenbar unberechtigten Anspruch geltend gemacht hat, scheint auch ein Anfechtungsgrund vorzuliegen, nämlich eine Motivwidrigkeit nach § 105 Abs 3 Z 1 lit i ArbVG. Unter „Ansprüche aus dem Arbeitsverhältnis“ sind all jene Ansprüche zu verstehen, die sich unmittelbar aus der Stellung als Arbeitnehmer:in im aufrechten Arbeitsverhältnis ergeben, unabhängig davon, ob sie sich nun aus Gesetz, Kollektivvertrag oder Arbeitsvertrag ergeben. Ebenso ist eine gerichtliche Geltendmachung nicht zwingend erforderlich.

Für den II. Teil des ArbVG, der die gesetzliche Betriebsverfassung behandelt, ist allerdings nicht der allgemeine Arbeitnehmerbegriff iSd § 1151 ABGB, sondern der besondere Arbeitnehmerbegriff des § 36 ArbVG maßgebend. Vertretungsbefugte Organmitglieder einer juristischen Person wie Geschäftsführer:innen sowie leitende Angestellte ist daher zu einer Klage nach § 105, 106 ArbVG nicht legitimiert (RS0050959). Aufmerksame Beobachter:innen könnten noch die Frage aufwerfen, ob *Herr Dr. B* durch die zeitlich kurz vor seiner Kündigung erfolgte Abberufung die betriebsverfassungsrechtliche Sonderstellung möglicherweise bereits verloren hat. Dies ist jedoch zu verneinen: Nach der Rsp bleibt die Qualifikation als leitende Angestellte und damit die Ausnahme vom II. Teil des ArbVG auch nach erfolgter Kündigung oder Suspendierung von leitenden Angestellten erhalten, selbst wenn ihnen damit ihre Kompetenzen genommen werden. Auch die gekündigte und vom Dienst suspendierte Geschäftsführer:in einer GmbH, deren Bestellung zur Geschäftsführer:in widerrufen wurde, wird damit nicht „einfache" Angestellte (OGH 9 ObA 208/88; *Windisch-Graetz* in *Neumayr/Reissner*, ZellKomm$^3$ § 36 ArbVG Rz 22). Eine andere Beurteilung dieses Dienstverhältnisses wäre etwa dann gerechtfertigt, wenn der Geschäftsführer nach seiner Abberufung tatsächlich als „einfacher" Angestellter weitergearbeitet hätte oder weiterarbeiten hätte sollen, was hier laut Sachverhalt aber nicht der Fall ist.

Als Zwischenergebnis ist daher festzustellen, dass die Kündigung aus einem verpönten Motiv (Vergeltungskündigung) erfolgt ist, *Herr Dr. B* die Kündigung aber nicht nach § 105 ArbVG anfechten kann.

Nach der hA können Kündigungen, die aus gänzlich unsachlichen und insbesondere aus Gründen des Persönlichkeitsschutzes zu missbilligenden Motiven, etwa Religion oder politischer Einstellung der Arbeitnehmer:in, erfolgen, gem § 879 ABGB unwirksam sein („sittenwidrige Kündigungen"). In diesen Fällen kann die Arbeitnehmer:in eine Klage auf Feststellung des aufrechten Bestandes des Arbeitsverhältnisses erheben. Unklar ist das Verhältnis von § 879 ABGB und den verpönten Motiven nach § 105 Abs 3 Z 1 ArbVG. Angesichts der Tatsache, dass der Schutz nach § 105 ArbVG zT schlechter erscheint als jener nach § 879 ABGB – insbesondere aufgrund der kurzen Anfechtungsfrist – könnte man zunächst zu dem Schluss kommen, dass die verpönten Motive von der „Schwere" her hinter der Sittenwidrigkeit nach § 879 ABGB zurückbleiben. Diese Lösung hat die Rsp jedoch abgelehnt und entschieden, dass die verpönten Motive nach § 105 ArbVG auch sittenwidrig sind, jedoch im Anwendungsbereich der Betriebsverfassung § 879 ABGB durch § 105 ArbVG als lex specialis verdrängt wird (OGH 9 ObA 200/93; zuletzt 8 ObA 8/23v). Außerhalb der Anwendbarkeit von § 105 ArbVG, also in Kleinbetrieben oder bei leitenden Angestellten, können Arbeitnehmer:innen insofern auch die Nichtigkeit von Kündigungen, die aus verpönten Motiven wie der Geltendmachung von vertraglichen Ansprüchen ausgesprochen wurden, feststellen lassen.

*Herr Dr. B* könnte daher eine auf § 879 ABGB gestützte Klage auf Feststellung des aufrechten Bestandes seines Dienstverhältnisses erheben.

**Literatur- und Judikaturhinweise:**

OGH 28.9.1988, 9 ObA 208/88.
OGH 11.8.1993, 9 ObA 200/93.
OGH 29.3.2001, 8 ObA 44/01f.
OGH 23.1.2002, 9 ObA 285/01d.
OGH 17.10.2002, 8 ObA 68/02m.
OGH 11.2.2004, 9 ObA 99/03d.
OGH 13.9.2012, 8 ObA 49/12g.
OGH 22.3.2024, 8 ObA 8/23v.
*Auer-Mayer* in *Auer-Mayer/Felten/Pfeil*, AZG[4] (2019) § 1.
*Brodil/Gruber-Risak*, Arbeitsrecht in Grundzügen[11] (2022) Rz 53, 69, 74, 123 ff, 130, 450 ff, 465b.
*Eypeltauer*, Novelle zum Arbeitszeitrecht: Erweiterung des Kreises der ausgenommenen Personen? ecolex 2019, 62.
*Kietaibl*, Arbeitsrecht I[12] (2023) 28, 78, 89 ff, 226–229.
*Müller/Burger*, Zugehörigkeit zur Arbeiterkammer, JAP 2017/2018/3.
*Windisch-Graetz*, Arbeitsrecht II[12] (2023) 167, 291 ff, 307 f.

# ARBEITSZEITPROBLEME (FALL 7)

Das Handelsunternehmen *Sündteuer GmbH* schließt mit den dort Beschäftigten Arbeitsverträge mit folgenden Klauseln ab:

„... Durch die kollektivvertragliche Überzahlung sind sämtliche Mehrleistungen des Arbeitnehmers bzw der Arbeitnehmerin, insbesondere alle Über-, Mehr-, Sonntags- und Feiertagsstunden abgegolten.

***5. Arbeitszeit***

Die regelmäßige wöchentliche Arbeitszeit beträgt derzeit gemäß dem anzuwendenden Kollektivvertrag für Handelsangestellte 38,5 Stunden, worin die Arbeitspausen nicht enthalten sind.

***6. Überstunden***

Überstunden dürfen nur über ausdrückliche Anordnung des:der direkten Dienstvorgesetzten erbracht werden. Bei derartiger Anordnung ist der:die Arbeitnehmer:in zur Leistung von Überstunden verpflichtet. Mit den in Pkt 4 genannten Zahlungen sind sämtliche Mehrleistungen des:der Arbeitnehmers:in, insbesondere alle Über-, Mehr-, Sonntags- und Feiertagsstunden abgegolten."

1. *Karl* ist als Lagerarbeiter im Schichtdienst beschäftigt. Beim Arbeitsvertragsabschluss wurde vereinbart, dass er derzeit in der Nachtschicht arbeitet. Dies hat für ihn den Vorteil, dass er aufgrund der Nachtzuschläge besser verdient und er mit seiner untertags (9.00–17.30) berufstätigen Frau die Kinderbetreuung besser koordinieren kann, da es ihm möglich ist, seine Kinder um 16.00 aus dem Kindergarten abzuholen. Nun stellt die *Sündteuer GmbH* den Schichtplan um und teilt ihn auch für Tagschichten ein.

**Ist das möglich? Macht es einen Unterschied ob ein Betriebsrat besteht oder nicht?**

2. *Rosa* ist als Vertriebsleiterin tätig und wird regelmäßig zu Überstunden herangezogen. Es stellt sich die Frage, ob tatsächlich mit der im Arbeitsvertrag enthaltenen „All-in-Klausel" alle Überstunden abgegolten sein können oder ob sie einen Nachforderungsanspruch hat.

a) ***Rosa* wird von ihrer Arbeitgeberin gebeten, den kommenden Montag zwölf Stunden zu arbeiten. Sie hat jedoch um 19:00 Uhr Yoga und dies ließe sich terminlich nicht mit der Überstundenarbeit vereinbaren. *Rosa* lehnt daher die 11. und 12. Überstunde ab. Ihre Arbeitgeberin meint jedoch, dass Yoga kein Grund sei, um sich vor der Arbeit zu drücken. Wie ist die Rechtslage?**
b) **Kommt es zu einer Nachverrechnung, wenn *Rosa* weniger Überstunden leistet als durch die „All-in-Vereinbarung" abgegolten sind? Wie viele Überstunden darf *Rosa* in einer Woche maximal leisten?**

3. *Emma* arbeitet lediglich 20 Stunden pro Woche. Sie wird jedoch von der *Sündteuer GmbH* immer wieder insb bei krankheitsbedingten Ausfällen von Kolleg:innen zu Mehrleistungen herangezogen. Dafür wird ihr zum Teil Zeitausgleich im Verhältnis 1:1 gewährt, zum Teil werden diese „Mehrstunden“ auch ohne Zuschlag ausbezahlt.

**Ist das rechtlich korrekt?**

4. Bei einer Kontrolle des Arbeitsinspektorats bei der *Sündteuer GmbH* wird festgestellt, dass die Arbeitszeitaufzeichnungen für einige Arbeitnehmer:innen überhaupt fehlen. Bei anderen liegen sie zwar vor, weisen jedoch zahlreiche Verstöße gegen das AZG auf (insb Überschreitung der zulässigen Arbeitszeit und Nichteinhaltung der Ruhezeiten).

**Wer kann dafür bestraft werden?**

**Lösung**

*1. Änderung der Lage der Normalarbeitszeit:*

Sofern nicht durch Kollektivvertrag oder Betriebsvereinbarung geregelt, ist die Lage der Normalarbeitszeit und insb auch ihre Änderung zwischen Arbeitgeber:innen und Arbeitnehmer:innen zu vereinbaren (§ 19c AZG). Nur in gesetzlich eng abgesteckten Grenzen können Arbeitgeber:innen einseitig durch Weisung die Lage der Normalarbeitszeit verändern: (a) Diese Möglichkeit muss vereinbart sein, (b) die Änderung muss aus objektiven, in der Art der Arbeitsleistung gelegenen Gründen sachlich gerechtfertigt sein, (c) berücksichtigungswürdige Interessen der betroffenen Arbeitnehmer:innen dürfen dieser Einteilung nicht entgegenstehen, und (d) die Änderung muss den Arbeitnehmer:innen für die jeweilige Woche mindestens zwei Wochen im Vorhinein mitgeteilt werden.

Im Arbeitsvertrag von *Karl* wurde zwar ein solches einseitiges Gestaltungsrecht der Arbeitgeberin vereinbart, diese hat aber auch die weiteren gesetzlichen Grenzen zu beachten: Die *Sündteuer GmbH* hat insb die zweiwöchige Vorwarnfrist einzuhalten und eine Interessenabwägung vorzunehmen. Die notwendige Kinderbetreuung stellt sicherlich ein berücksichtigungswürdiges Interesse des Arbeitnehmers dar, das zumindest so lange einer Arbeit in der Tagschicht entgegensteht, als keine anderen Möglichkeiten der Kinderbetreuung (Kindergarten, Verwandte etc) sichergestellt sind. Auf Dauer wird *Karl* dieses Argument einer Arbeit in der Tagschicht jedoch nicht entgegenhalten können: Er hat ja gerade keine fixe Arbeitszeiteinteilung vereinbart, sondern seiner Arbeitgeberin ein diesbezügliches Gestaltungsrecht eingeräumt und damit seine Bereitschaft ausgedrückt, auch zu anderen Arbeitszeiten als zu den ursprünglich vereinbarten zu arbeiten. Er hat somit alles ihm Zumutbare zu unternehmen (dh eine nachmittägliche Kinderbetreuung zu organisieren), um seiner Arbeitspflicht nachzukommen.

Darüber hinaus stellt eine wesentliche Veränderung der Arbeitszeit, wie die Versetzung von der Tag- in die Nachtschicht oder umgekehrt, auch eine Versetzung iSd § 101 ArbVG dar. Sollte sie für voraussichtlich mindestens 13 Wochen erfolgen, ist der Betriebsrat zu informieren, wenn denn ein solcher besteht. Im Fall einer damit verbundenen Verschlechterung der Entgelt- oder sonstigen Arbeitsbedingungen (hier: Wegfall von Nachtzulagen, Kinderbetreuung am Nachmittag) ist außerdem – bei sonstiger Unwirksamkeit der Maßnahme – die Zustimmung des Betriebsrats erforderlich. Stimmt dieser nicht zu, so kann die Zustimmung durch Urteil des Arbeits- und Sozialgerichts ersetzt werden, wenn die Versetzung sachlich gerechtfertigt ist. Bei Nichtbestehen eines Betriebsrats greift dieser „betriebsverfassungsrechtliche“ Versetzungsschutz jedoch nicht.

*2. Überstundenentlohnung*

Mit der Vereinbarung einer sog „All-in-Klausel“ will die Arbeitgeberin eine gesonderte Bezahlung von Überstunden vermeiden, was jedoch nur innerhalb gewisser Grenzen möglich ist. Für ab 2016 abgeschlossene All-in-Vereinbarungen gilt, dass das Grundgehalt, also das Entgelt für die Normalarbeitszeit, schriftlich ausgewiesen sein muss (§ 2 Abs 2 Z 9 AVRAG). Dieses ist nach unten hin durch den Mindestgehalt des anzuwendenden Kollektivvertrages begrenzt. Erfolgt keine schriftliche Ausweisung, dann haben die Arbeitnehmer:innen zwingend Anspruch auf den Grundlohn einschließlich der branchen-

und ortsüblichen Überzahlungen wie ihn vergleichbare Arbeitnehmer:innen erhalten („Ist-Grundgehalt"- § 2g AVRAG).

In Bezug auf den, den Grundlohn übersteigenden Lohnanteil ist zu berechnen, wie viele Überstunden (Stundenentgelt + Zuschläge) damit abgegolten sind. Deckt die „All-in-Entlohnung" nicht den Grundlohn sowie die Überstundenentlohnung auf Basis dessen ab, so hat *Rosa* einen Nachverrechnungsanspruch.

#### *a) Ablehnung von Überstunden*

Grundsätzlich gilt: Wenn, wie in unserem Fall, eine Verpflichtung zur Überstundenarbeit vereinbart wurde, dürfen Arbeitnehmer:innen nur insoweit zu diesen herangezogen werden, als sie nach den Regeln des AZG zulässig sind und dem keine berücksichtigungswürdigen Interessen der Arbeitnehmer:innen entgegenstehen (§ 6 Abs 2 AZG). Durch die Novelle BGBl I 2018/53 wurde die Möglichkeit zur Leistung von Überstunden ausgeweitet. Seit 1.9.2018 darf die Tagesarbeitszeit zwölf Stunden und die Wochenarbeitszeit in einzelnen Wochen 60 Stunden bzw im Durchschnitt 48 Stunden nicht überschreiten, wobei der Durchrechnungszeitraum idR 17 Wochen beträgt (§§ 7, 9 AZG). Gem § 7 Abs 6 AZG gibt es aber eine sog „Freiwilligkeitsgarantie" wenn durch Überstunden die Tagesarbeitszeit von zehn Stunden oder die Wochenarbeitszeit von 50 Stunden überschritten wird. Das bedeutet, dass *Rosa* die 11. und 12. Überstunde ohne Angabe von Gründen ablehnen kann und aufgrund der Ausübung dieses Ablehnungsrechts auch nicht benachteiligt werden darf.

#### *b) Nachverrechnung*

Wenn Arbeitnehmer:innen während eines längeren Zeitraumes (im Zweifel innerhalb eines Kalenderjahres) mehr Überstunden geleistet haben, als durch All-in Vereinbarung abgedeckt ist (sog Differenzrechnung), so müssen Arbeitgeber:innen diese Stunden zusätzlich bezahlen. Dies gilt jedoch nicht für den umgekehrten Fall: Wenn weniger Stunden als in der All-in Vereinbarung enthalten geleistet wurden, dann darf deshalb das Entgelt nicht gekürzt werden. Die Mehrleistungen wurden dann ja deshalb nicht erbracht, weil die betreffenden Arbeitgeber:innen sie nicht abgerufen haben und das auf sie zurückzuführen ist (vgl § 1155 ABGB).

Seit 1.9.2018 sind gem § 7 Abs 1 AZG bei erhöhtem Arbeitsbedarf maximal 20 Überstunden pro Woche zulässig (vorher grds nur zehn). Bei der Frage, welche Auswirkungen dies auf All-in-Verträge hat, gibt es unterschiedliche Meinungen. Klar ist, dass bei Verträgen, die vor Bekanntgabe des Regierungsprogramms Ende 2017 abgeschlossen wurden, nicht angenommen werden kann, dass die damals noch nicht zulässige 11. und 12. Überstunde pro Tag davon abgegolten ist und somit extra abgegolten werden müssen.

### *3. Mehrarbeit von Teilzeitbeschäftigten*

Auch für die Mehrarbeitsstunden von Teilzeitbeschäftigten, dh solchen Arbeitnehmer:innen, die weniger als die gesetzliche oder kollektivvertragliche Normalarbeitszeit arbeiten, gibt es eine Zuschlagspflicht. Mehrarbeit liegt nach § 19d Abs 3 AZG vor, wenn teilzeitbeschäftigte Arbeitnehmer:innen Arbeitsleistungen über das vereinbarte Arbeitszeitausmaß verrichten.

Die Höhe des Zuschlages beträgt gem § 19d Abs 3a AZG 25%, wobei gem Abs 3f leg cit Kollektivverträge abweichende Regelungen, insb auch einen niedrigeren Zuschlag vorsehen können. Abs 3a leg cit verweist weiters auf § 10 Abs 3 AZG, der die Berechnung des Überstundenzuschlages regelt. Danach ist der Berechnung des Zuschlages der auf die einzelne Arbeitsstunde entfallende Normallohn zugrunde zu legen.

Für die Abgeltung von Mehrarbeit kann auch Zeitausgleich vereinbart werden, wobei der Mehrarbeitszuschlag bei der Bemessung des Zeitausgleichs zu berücksichtigen (1:1,25) oder gesondert auszuzahlen ist (Abs 3e leg cit).

Kein Mehrarbeitszuschlag steht gem § 19d Abs 3b AZG jedenfalls in zwei Fällen zu:

- Ausgleich der Mehrarbeitsstunden in Freizeit im Verhältnis 1:1 innerhalb des Kalendervierteljahres oder eines anderen festgelegten Zeitraumes von drei Monaten. Davon abweichend kann durch Kollektivvertrag auch ein längerer (oder kürzerer) Durchrechnungszeitraum vorgesehen werden (Abs 3f leg cit).
- bei Gleitzeit: im Durchschnitt kein Überschreiten der vereinbarten Arbeitszeit innerhalb der Gleitzeitperiode. Für nicht innerhalb der Gleitzeitperiode abgebaute Zeitguthaben an Mehrarbeitsstunden steht auch dann kein Zuschlag zu, wenn diese in die nächste Gleitzeitperiode übertragen werden können (Verweisung auf § 6 Abs 1a AZG).

Ebenfalls zuschlagsfrei sind gem § 19d Abs 3c AZG jene Mehrarbeitsstunden, welche der Differenz der kollektivvertraglichen und gesetzlichen Normalarbeitszeit für Vollzeitbeschäftigte entsprechen (sog „Differenzstunden"). Diese Regelung kann nur dann zur Anwendung kommen, wenn ein Kollektivvertrag die Arbeitszeit verkürzt und keinen Zuschlag für die Differenzstunden vorsieht. Legt – wie hier – ein Kollektivvertrag eine wöchentliche Normalarbeitszeit von 38,5 Stunden fest und sieht er für die 1,5 Differenzstunden keinen Zuschlag vor, sind für Teilzeitbeschäftigte, die zB eine wöchentliche Arbeitszeit von 20 Stunden vereinbart haben, die ersten 1,5 Stunden Mehrarbeit ebenfalls zuschlagsfrei.

Das Verhalten der *Sündteuer GmbH* in Bezug auf *Emmas* Mehrstunden ist also rechtlich nur dann korrekt, wenn eine dieser (zahlreichen) Ausnahmen von der Zuschlagspflicht vorliegt.

### *4. Konsequenzen von AZG-Verstößen*

Bei Verstößen gegen das AZG hat das mit dessen Kontrolle betraute Arbeitsinspektorat Anzeige an die zuständige Verwaltungsbehörde zu erstatten (siehe § 9 ArbIG), welche dann im Bescheidwege die im AZG vorgesehenen Verwaltungsstrafen verhängt.

Adressat der Normen des AZG und somit auch für Verstöße verwaltungsstrafrechtlich verantwortlich ist der:die Arbeitgeber:in. Ist dies eine juristische Person, so ist gem § 9 VStG verwaltungsstrafrechtlich verantwortlich, wer zur Vertretung nach außen berufen ist. Da die *Sündteuer* eine GmbH ist, haftet deshalb deren Geschäftsführer:in für die AZG-Verstöße.

Diese können jedoch für bestimmte räumlich oder sachlich abgegrenzte Bereiche des Unternehmens andere Arbeitnehmer:innen zu sog „verantwortlich Beauftragten" bestellen. Dafür ist insb Voraussetzung, dass diese Person eine leitende Angestellte ist, der eine entsprechende Anordnungsbefugnis zukommt, und sie der Bestellung nachweislich zugestimmt hat (§ 9 Abs 4 VStG, § 23 ArbIG). Die Bestellung ist außerdem erst dann rechtswirksam, nachdem beim zuständigen Arbeitsinspektorat eine schriftliche Mitteilung über die Bestellung samt einem Nachweis der Zustimmung des:der Bestellten eingelangt ist. Sollten bei der *Sündteuer GmbH* solche verantwortlich Beauftragte bestellt worden sein, so sind die zur Vertretung nach außen berufenen Personen nur mehr für solche Taten verwaltungsstrafrechtlich verantwortlich, die sie selbst vorsätzlich veranlasst oder nicht verhindert haben (§ 9 Abs 6 VStG).

**Literatur- und Judikaturhinweise:**

OGH 10.12.1997, 9 ObA 275/97z, ecolex 1998, 423.
*Brodil/Gruber-Risak*, Arbeitsrecht in Grundzügen[11] (2022) Rz 318 ff.

# FERIENZEIT (FALL 8)

*Karoline* tritt nach dem Ende ihres Jus-Studiums am 15.6.2017 in die Rechtsabteilung des Familienbetriebs *Eisblau GmbH* ein. Aufgrund schlechter Erfahrungen mit *Karolines* Vorgänger, möchte man auf Nummer sicher gehen und es wird zunächst nur ein befristeter Arbeitsvertrag bis zum 31.3.2018 abgeschlossen. In diesem Betrieb besteht eine Betriebsvereinbarung, welche vorsieht, dass anstelle des Arbeitsjahres das Kalenderjahr als Urlaubsjahr vereinbart ist. In dem Kalenderjahr, in dem das Dienstverhältnis begründet wurde, steht für jeden Monat ein Zwölftel des jährlichen Ausmaßes zu. Hat das Dienstverhältnis im ersten Kalenderjahr ununterbrochen sechs Monate gedauert, gebührt jedoch für dieses der volle Urlaubsanspruch. Als sich abzeichnet, dass ihr Arbeitsverhältnis nicht weiter verlängert wird, beschließt *Karoline*, die sich als juristisches Ausnahmetalent mit sämtlichen Spitzfindigkeiten im Urlaubsrecht vertraut sieht, am 2.1.2018 für 60 (Werk-) Tage auf Urlaub zu gehen.

1. **Wie kommt *Karoline* auf eine solche Idee?**
2. **Kann *Karoline* den Urlaub einseitig antreten?**
3. **Sollte keine Urlaubsvereinbarung zustande kommen, wie ist der nicht konsumierte Urlaub bei Beendigung des Dienstverhältnisses abzugelten?**

Nachdem *Karoline* aus der *Eisblau GmbH* ausgeschieden ist, absolviert sie zwischenzeitlich das Rechtspraktikum und findet danach aufgrund ihrer guten Beziehungen bald wieder eine neue Anstellung in der Personalabteilung der *Grasgrün OG*, wo sie ihren Dienst mit 1.11.2018 antritt. Im Juli 2019 fährt sie für fünf Wochen auf Urlaub an die Nordsee. Im Februar und März 2020 unternimmt sie eine fünfwöchige Urlaubsreise auf die Balearischen Inseln. Da am 13. März 2020 die von der österreichischen Regierung im Zusammenhang mit der Corona-Krise ergriffenen Maßnahmen kurzfristig und unerwartet die *Grasgrün OG* dazu zwingen, das Personal massiv zu reduzieren bzw zur Kurzarbeit anzumelden, wird mit *Karoline* am Anfang ihrer fünften Urlaubswoche in ihrem Ferienhaus telefonisch Kontakt aufgenommen und angeordnet, sofort nach Wien zurückzukommen. Sie sei die einzige Juristin und müsse so schnell wie möglich die Kündigungen insb der besonders bestandgeschützten Arbeitnehmer:innen vorbereiten und das AMS wegen der Anmeldung von Kurzarbeit kontaktieren. *Karoline* denkt jedoch nicht daran, den vereinbarten Urlaub abzubrechen, weil ihr klar ist, dass aufgrund der Corona-Pandemie wohl so bald kein Auslandsaufenthalt mehr möglich sein wird. Ein Rückruf aus dem Urlaub sei zudem ohnehin unzulässig. Daraufhin wird sie noch am selben Tag, dem 13.3.2020, entlassen.

4. **War die Entlassung gerechtfertigt?**
5. **Welche Auswirkungen hat die Entlassung auf die Abgeltung des nicht verbrauchten Urlaubes, bzw muss *Karoline* uU sogar Urlaubsentgelt zurückzahlen?**

## Lösung

### *1. Urlaubsausmaß*

Grundsätzlich hat jeder:jede Arbeitnehmer:in einen gesetzlichen Urlaubsanspruch von 30 Werktagen pro Arbeitsjahr (§ 2 UrlG). Dieser Anspruch entsteht im vollen Umfang ohne jede Wartezeit mit dem Beginn jedes Urlaubsjahres. Nur für das erste Arbeitsjahr gilt eine Einschränkung: In den ersten sechs Monaten entsteht der Urlaub gem § 2 Abs 2 UrlG nur aliquot zu der zurückgelegten Dienstzeit, nach sechs Monaten steht dann der gesamte Jahresurlaub zu.

Im vorliegenden Sachverhalt besteht eine Betriebsvereinbarung über die Umstellung des Urlaubsjahres vom Arbeitsjahr auf das Kalenderjahr (siehe § 2 Abs 4 UrlG). Der Urlaub von *Karoline* richtet sich deshalb nicht, wie gesetzlich vorgesehen, nach dem Arbeitsjahr, sondern nach dem Kalenderjahr. Die Frage des Urlaubsanspruches für das erste Urlaubsjahr, das idR nur ein „Rumpfurlaubsjahr" darstellt, wird dabei so gelöst, dass für die ersten sechs Monate der Urlaub nur aliquot gebührt. Dauert das Rumpfurlaubsjahr jedoch mindestens sechs Monate, so steht der gesamte Jahresurlaub zu. *Karoline* hat deshalb für das Kalenderjahr 2017 den vollen Urlaubsanspruch von 30 Werktagen. Am 1.1.2018 beginnt dann das zweite Urlaubsjahr. Da *Karoline* bereits mehr als ein halbes Jahr beschäftigt ist, entsteht zu diesem Zeitpunkt der Urlaubsanspruch für 2018 in voller Höhe. Sie hat deshalb wegen der Umstellung des Urlaubsjahres tatsächlich, obwohl sie nur etwas mehr als sechs Monate beschäftigt ist, ab dem 1.1.2018 Anspruch auf 60 Werktage Urlaub.

### *2. Urlaubsverbrauch/einseitiger Urlaubsantritt*

Für den Verbrauch des Urlaubes bedarf es gem § 4 Abs 1 UrlG einer vertraglichen Vereinbarung zwischen Arbeitgeber:in und Arbeitnehmer:in. Ein einseitiger Urlaubsantritt ist ebenso wenig möglich wie ein „In-den-Urlaub-Schicken" durch Arbeitgeber:innen. Kommt keine Urlaubsvereinbarung zustande, kann entweder auf Duldung eines bestimmten Urlaubsantritts geklagt bzw unter den Voraussetzungen des § 4 Abs 4 UrlG der Urlaub auch einseitig angetreten werden. Erforderlich ist dafür, dass (a) der:die Arbeitnehmer:in in einem Betrieb, in dem ein Betriebsrat errichtet ist, beschäftigt ist; der Urlaub, der (b) mindestens 12 Werktage beträgt, (c) dem:der Arbeitgeber:in mindestens drei Monate vorher bekanntgegeben wurde und (d) eine Einigung trotz Einschaltung des Betriebsrats nicht zustande kam. Diesfalls darf der:die Arbeitnehmer:in den Urlaub einseitig antreten, es sei denn, der:die Arbeitgeber:in bringt rechtzeitig (frühestens acht und spätestens sechs Wochen vor dem beabsichtigten Urlaubsantritt) dagegen Klage ein. Mangels Einhaltung der dreimonatigen Bekanntgabefrist hat *Karoline* keine Möglichkeit eines einseitigen Urlaubsantritts, bei einer Klage wird das Urteil wohl erst nach Beendigung ihres Arbeitsverhältnisses gefällt werden.

### *3. Abgeltung des offenen Urlaubes für 2017/2018*

Gem § 10 Abs 3 UrlG sind Resturlaube aus vorangegangenen Urlaubsjahren in voller Höhe abzugelten, *Karoline* gebührt somit eine Urlaubsersatzleistung für das Urlaubsjahr 2017 für 30 Werktage. Für das laufende Urlaubsjahr hat sie jedoch gem § 10 Abs 1 UrlG nur auf eine aliquote Urlaubsersatzleistung Anspruch, dh für den der Dauer der Dienstzeit in diesem Urlaubsjahr im Verhältnis zum gesamten Urlaubsjahr entsprechenden Urlaub. *Karoline* hat 2018 nur drei Monate in der *Eisblau GmbH* gearbeitet (der befristete Vertrag lief bis 31.3.2018), ihr gebührt somit eine Urlaubsersatzleistung für ein Viertel des Jahresurlaubes, dh für 7,5 Werktage. Somit gebührt ihr eine Urlaubsersatzleistung für insgesamt 37,5 Werktage.

### *4. Rückruf aus dem Urlaub/Entlassung*

Die Entlassung von *Karoline* wegen Unterlassung der Dienstleistung ist dann gerechtfertigt, wenn der Rückruf aus dem Urlaub, dh der Rücktritt von der Urlaubsvereinbarung, durch die Arbeitgeberin zu Recht erfolgt ist. Diese vorzeitige Beendigung der Urlaubsvereinbarung ist jedoch nur aus wichtigem Grund möglich, dh die Arbeitgeberin kann nur aus besonders schwerwiegenden Gründen zurücktreten, die zur Vermeidung wirtschaftlicher Nachteile für das Unternehmen eine dienstliche Inanspruchnahme gerade dieser Arbeitnehmerin nach den Umständen des Falles unumgänglich notwendig machen. Dies ist *ex ante* zu beurteilen und im vorliegenden Fall wohl zu bejahen, wenn zu erwarten ist, dass Verzögerungen bei Kündigungen und Kurzarbeitsvereinbarungen massive finanzielle Auswirkungen haben werden (Versäumung von Kündigungsterminen, Verlängerung von Kündigungsfristen, längere Verfahrensdauer bei Zustimmungsverfahren etc). Damit erfolgte der Rückruf aus dem Urlaub zu Recht und war die Entlassung von *Karoline* gerechtfertigt. Sie kann auf den Entlassungsgrund der Vertrauensunwürdigkeit gem § 27 Z 1 AngG bzw die Unterlassung der Dienstleistung gem Z 4 leg cit gestützt werden.

### *5. Rückzahlung von Urlaubsentgelt*

*Karoline* ist am 1.11.2018 bei der *Grasgrün OG* eingetreten, das laufende Urlaubsjahr begann somit am 1.11.2019, die Entlassung erfolgte am 13.3.2020. Das Urlaubsjahr 2019/20 hat mit 13.3.2020 134 Kalendertage (etwa 4,5 Monate), weshalb ihr ein aliquoter Urlaubsanspruch von 11 Werktagen (30 x 134 / 365) zusteht. Da *Karoline* bereits vier Wochen Urlaub, dh 24 Werktage, verbraucht hat, steht ihr keine weitere Ersatzleistung zu.

Wurde *Karoline* aus ihrem Verschulden entlassen, wie hier angenommen (siehe Pkt 4.), so hat sie gem § 10 Abs 1 UrlG das Urlaubsentgelt für den über das aliquote Ausmaß hinaus verbrauchten Jahresurlaub (13 Werktage) rückzuerstatten.

**Literatur- und Judikaturhinweise:**

*Brodil/Gruber-Risak*, Arbeitsrecht in Grundzügen[11] (2022) Rz 279, 423, 513a.
*Windisch-Graetz*, Arbeitsrecht II[12] (2023) 227 ff.

# GLEICHES ENTGELT FÜR GLEICHE ARBEIT* (FALL 9)

Die Steuerberaterin *Andrea* sucht für ihre Kanzlei zwei Buchhaltungskräfte mit abgeschlossener kaufmännischer Ausbildung, zumindest drei Jahren praktischer Berufserfahrung sowie BWL-Kenntnissen. Auf ein entsprechendes Stelleninserat melden sich *Claudia* und *Rudolf*. Beide verfügen über die von *Andrea* geforderten Qualifikationen und werden zu getrennten Bewerbungsgesprächen eingeladen. Da auch beide im persönlichen Gespräch überzeugen, werden sie von *Andrea* schließlich nach ihren Gehaltswünschen gefragt. *Rudolf* verlangt ein monatliches Bruttoentgelt in Höhe von € 3.200,–, *Claudia* verlangt ein Monatsentgelt von € 2.500,– brutto. *Andrea* akzeptiert diese Gehaltswünsche und beide nehmen kurz danach ihre Arbeit in der Kanzlei auf.

Ein Jahr später erfährt *Claudia* auf einer Kanzleifeier von dem sehr redseligen *Rudolf*, dass er um € 700,– mehr verdient als sie. *Claudia* wendet sich daraufhin an *Andrea* und verlangt sowohl für die Vergangenheit als auch für die Zukunft ein gleich hohes Gehalt wie *Rudolf*, weil sie ja über die gleiche Ausbildung verfüge wie dieser, und weil sie auch die gleiche Arbeit erbringe; die unterschiedliche Entlohnung sei daher eine unzulässige Ungleichbehandlung. *Andrea* verweigert *Claudia* zunächst die Gehaltsanpassung und begründet dies damit, dass sie lediglich die im Bewerbungsgespräch individuell geäußerten Gehaltswünsche erfüllt habe, ohne darauf in irgendeiner Weise Einfluss zu nehmen. Von einer unzulässigen Ungleichbehandlung könne daher keine Rede sein. Da *Andrea* aber mit der Arbeitsleistung von *Claudia* sehr zufrieden ist, erklärt sie sich schließlich dazu bereit, *Claudia* für die Zukunft das gleiche Gehalt wie *Rudolf* zu zahlen. Eine Nachzahlung für die Vergangenheit lehnt sie hingegen ab – *Claudia* hätte eben besser verhandeln müssen, so *Andrea*.

**Hat *Claudia* für die Vergangenheit einen Anspruch auf gleich hohe Entlohnung wie *Rudolf*?**

* Dieser Fall baut auf der Bearbeitung durch *Kietaibl* in der 10. Auflage auf.

**Lösung**

*Claudia* beruft sich auf eine „unzulässige Ungleichbehandlung“. Es ist daher zu prüfen, welche Gleichbehandlungsgebote *Andrea* verletzt haben könnte. In Betracht kommen der arbeitsrechtliche Gleichbehandlungsgrundsatz und die Diskriminierungsverbote des GlBG. Der verfassungsrechtliche Gleichheitssatz (Art 2 StGG, Art 7 B-VG) bindet *Andrea* als private AG hingegen nicht.

*1. Liegt eine vom arbeitsrechtlichen Gleichbehandlungsgrundsatz untersagte Differenzierung vor?*

Der arbeitsrechtliche Gleichbehandlungsgrundsatz wurde von der Judikatur und der Literatur entwickelt. Während der OGH als rechtliche Grundlage zunächst § 879 ABGB (Verbot sittenwidriger Vereinbarungen) ansah, geht die neuere Rsp davon aus, dass sich der arbeitsrechtliche Gleichbehandlungsgrundsatz aus der Fürsorgepflicht (§ 1157 ABGB) und den Persönlichkeitsrechten der AN (§ 16 ABGB) ableitet.

Der arbeitsrechtliche Gleichbehandlungsgrundsatz verbietet nur Benachteiligungen einer Minderheit von AN gegenüber der Mehrheit ohne sachliche Rechtfertigung. Die neuere Judikatur wendet den arbeitsrechtlichen Gleichbehandlungsgrundsatz jedoch auch an, wenn der AG von einem erkennbaren generalisierbaren Prinzip zulasten der betreffenden AN abweicht, ohne dass es dafür eine sachliche Rechtfertigung gibt.

Da im Sachverhalt lediglich zwei AN der *Andrea* genannt werden, ist es nicht möglich, dass sich *Claudia* in der Minderheit befindet. Auch wird nicht zu ihren Lasten von einem generalisierbaren Prinzip abgewichen. Das einzige im Sachverhalt erkennbare Prinzip ist: Jeder bekommt das Gehalt, das er verlangt. Dieses Prinzip wird auch in Bezug auf *Claudia* befolgt. Das Vorliegen einer Rechtfertigung ist daher nicht zu prüfen.

**Zwischenergebnis: *Claudia* kann aus dem arbeitsrechtlichen Gleichbehandlungsgrundsatz keinen Anspruch auf die Entgeltdifferenz ableiten.**

*2. Liegt eine Diskriminierung iSd Gleichbehandlungsgesetzes (GlBG) vor?*

Voraussetzung jeder Diskriminierung iSd GlBG ist eine weniger günstige Behandlung (= Benachteiligung) in einer vergleichbaren Situation. Ob dies der Fall ist, ist objektiv zu beurteilen. Weniger Gehalt zu bekommen, ist ohne Zweifel eine weniger günstige Behandlung. Eine vergleichbare Situation ist ebenfalls ohne Zweifel gegeben, weil laut Sachverhalt *Rudolf* und *Claudia* dieselbe Tätigkeit verrichten und dieselbe Ausbildung absolviert haben.

Das GlBG erfasst jedoch nicht jede beliebige Benachteiligung in einer vergleichbaren Situation, sondern fordert einen – unmittelbaren oder mittelbaren – Zusammenhang zwischen Benachteiligung und einem der geschützten Merkmale des GlBG. Ein Zusammenhang mit den geschützten Merkmalen ethnische Zugehörigkeit, Religion oder Weltanschauung, Alter und sexuelle Orientierung ist aus dem Sachverhalt nicht ersichtlich. Einziges möglicherweise betroffenes Merkmal ist das Geschlecht. In Betracht kommt somit eine unmittelbare oder mittelbare Benachteiligung auf Grund des Geschlechts.

Eine unmittelbare Benachteiligung liegt gem § 5 Abs 1 GlBG vor, wenn eine Person auf Grund ihres Geschlechtes in einer vergleichbaren Situation eine weniger günstige

Behandlung erfährt, als eine andere Person erfährt, erfahren hat oder erfahren würde. Da *Andrea* nicht direkt an das Geschlecht der Bewerber bzw der AN anknüpft, sondern an die individuellen, in den Bewerbungsgesprächen geäußerten Gehaltswünsche, liegt keine unmittelbare Benachteiligung vor.

Eine mittelbare Benachteiligung liegt gem § 5 Abs 2 GlBG vor, wenn dem Anschein nach neutrale Vorschriften, Kriterien oder Verfahren Personen, die einem Geschlecht angehören, in besonderer Weise gegenüber Personen des anderen Geschlechtes benachteiligen können. Der individuelle Entgeltwunsch der Bewerber ist ein dem Anschein nach neutrales Kriterium. Für die Frage, ob eine mittelbare Benachteiligung vorliegt, kommt es daher darauf an, ob das Abstellen auf den individuellen Gehaltswunsch dazu führt, dass Frauen in besonderer Wiese benachteiligt werden. Das ist dann der Fall, wenn Frauen im Durchschnitt trotz gleicher/gleichwertiger Tätigkeit und gleicher Qualifikation weniger Gehalt fordern und damit im Ergebnis weniger verdienen als Männer.

Ob dies tatsächlich der Fall ist, ist keine Rechtsfrage, sondern eine Tatsachenfrage. Da der durch gerechtfertigte (dazu sogleich) Faktoren (Teilzeit, Branchenunterschiede, Vordienstzeiten) nicht erklärbare Teil des Gender-Pay-Gap regelmäßig mit der (angeblichen?) Zurückhaltung von Frauen in Gehaltsverhandlungen begründet wird, ist diese Annahme zumindest nicht abwegig. Mittlerweile gibt es auch wissenschaftliche Untersuchungen, die diese Ansicht zu bestätigen scheinen. Es ist daher davon auszugehen, dass dieser Entgeltfindungsmechanismus geeignet ist, Frauen in besonderer Weise zu benachteiligen.

Im Gegensatz zu unmittelbaren Benachteiligungen können mittelbare Benachteiligungen durch ein rechtmäßiges Ziel sachlich gerechtfertigt werden, wenn die gewählten Mittel zur Erreichung dieses Zieles angemessen und erforderlich sind (§ 5 Abs 2 GlBG). Eine solche Rechtfertigung könnte für Arbeitsplätze gegeben sein, die von den AN Verhandlungsgeschick, Taktieren, Risikobereitschaft und Auftreten am Markt erfordern (zB Makler, Außendienstmitarbeiter im Verkauf). AN mit mehr Verhandlungsgeschick bekommen mehr Entgelt, sind dafür aber dann auch besser für den Arbeitsplatz geeignet. Eine solche leistungsgerechte Entlohnung ist grds als legitim anzusehen. Bei Buchhaltungskräften ist jedoch nicht ersichtlich, warum besonderes Verhandlungsgeschick die Tätigkeit positiv beeinflussen sollte. Somit liegt eine nicht gerechtfertigte Diskriminierung aufgrund des Geschlechts vor.

Rechtsfolge einer Diskriminierung bei der Entlohnung ist ein Anspruch auf die Entgeltdifferenz und eine Entschädigung für die erlittene persönliche Beeinträchtigung (§ 12 Abs 2 GlBG). Dieser Anspruch richtet sich nicht nur auf zukünftiges Entgelt, sondern auch auf Entgelt der Vergangenheit. Begrenzt wird dieser Anspruch durch die Verjährungsbestimmungen des GlBG. Für Entgeltnachforderungen beträgt die Verjährungsfrist drei Jahre ab Fälligkeit des Anspruchs (§ 15 Abs 1 GlBG).

**Ergebnis: *Claudia* hat auch für die Vergangenheit einen Anspruch auf gleich hohe Entlohnung wie *Rudolf*.**

**Literatur- und Judikaturhinweise:**

*Brodil/Gruber-Risak*, Arbeitsrecht in Grundzügen[11] (2022) Rz 367 ff.
*Kietaibl*, Arbeitsrecht I[12] (2023) 352 ff.
*Löschnigg*, Arbeitsrecht[13] (2017) Rz 6/324 ff.
*Marhold/Brameshuber/Friedrich*, Österreichisches Arbeitsrecht[4] (2021) 305 ff.
OGH 20.5.1998, 9 ObA 350/97d.

# WILLI WILL'S WISSEN (FALL 10)

*Willi* arbeitet seit vielen Jahren in einer Großbäckerei der *Striezel GmbH* in Wien. Hier werden Backwaren hergestellt, die dann über zahlreiche kleine Filialen in ganz Österreich verkauft werden. In der Fabrik wird im „Drei-Schicht-Betrieb" gearbeitet (Frühschicht von 6:00 Uhr bis 14:00 Uhr, Nachmittagsschicht von 14:00 Uhr bis 22:00 Uhr und Nachtschicht von 22:00 Uhr bis 6:00 Uhr). *Willi* ist seit nunmehr elf Jahren im Rahmen der Frühschicht am Standort in Wien tätig. Die Großbäckerei der *Striezel GmbH* befindet sich ganz in der Nähe seiner Wohnung im 23. Bezirk. So hat *Willi* keine Schwierigkeiten sich um die Betreuung seiner drei Kinder zu kümmern. Da auch seine Frau berufstätig ist, holt *Willi* die Kinder meistens am frühen Nachmittag von Hort und Kindergarten ab und beaufsichtigt diese dann.

Abgesehen von der Fabrik in Wien verfügt die *Striezel GmbH* über eine weitere Großbäckerei im über 50 km von Wien entfernten Katzelsdorf, Niederösterreich. Die Geschäftsführung des Unternehmens erhofft sich hier langfristig von der großzügigen niederösterreichischen Wirtschaftsförderung profitieren zu können, weshalb die Anlage in Katzelsdorf renoviert und ausgebaut wurde. Am 28.3.2024 weist *Willis* Vorgesetzter ihn an, ab 1.4.2024 in Katzelsdorf seinen Dienst anzutreten. Ihm wird mitgeteilt, dass die Arbeitsbedingungen in der neuen Fabrik trotz des längeren Anfahrtswegs um einiges besser seien; den Mitarbeiter:innen stünde dort ein frisch renovierter und klimatisierter Pausenraum zur Verfügung.

*Willi*, der von der Änderung seines Dienstortes dennoch nicht begeistert ist, sucht noch am selben Abend seinen Arbeitsvertrag heraus. Bei genauerem Durchlesen entdeckt er den folgenden Passus: „*Gewöhnlicher Dienstort: Wien. Die Arbeitgeberin behält sich vor, den Arbeitnehmer vorübergehend oder auf Dauer an einem anderen Arbeitsort einzusetzen, begrenzt auf die Bundesländer Wien und Niederösterreich.*"

Trotzdem möchte *Willi* seinen Dienst weiterhin in der Nähe seiner Wohnung verrichten. Daher erscheint er auch am 1.4. am Standort im 23. Bezirk, wo er vom Vorarbeiter nach Hause geschickt wird. Am Tag darauf erhält er einen Anruf aus der Personalabteilung der *Striezel GmbH*; man teilt ihm mit, er sei hiermit entlassen. Eines der Betriebsratsmitglieder habe nämlich am Morgen des 2.4. im Rahmen eines Meetings mit dem zuständigen Personalchef *Willis* Zuteilung in die neue Produktionsstätte in Katzelsdorf zugestimmt.

**Beurteilen Sie die Zulässigkeit der Versetzung bzw der Entlassung!**

## Lösung

### *1. Vorbemerkungen*

Unter einer „Versetzung“ versteht man die nicht unerhebliche Änderung des Arbeitsortes, der Arbeitszeitgestaltung, der Arbeitsaufgaben und/oder des Tätigkeitsbereichs.

Sofern wie im vorliegenden Fall ein Betriebsrat (BR) errichtet ist, müssen beim Versetzungsschutz die arbeitsvertragsrechtliche und die betriebsverfassungsrechtliche Ebene unterschieden werden („2-Ebenen-Theorie“). Diese beiden Aspekte sind getrennt voneinander zu betrachten. Der AG muss, um eine gültige Versetzung zu erreichen, die Voraussetzungen beider „Ebenen“ erfüllen.

Arbeitsvertragliche Ebene
Direktoriale Versetzung: Vom bestehenden Arbeitsvertrag gedeckt und kann daher einseitig durch Weisung des AG angeordnet werden.
Vertragsändernde Versetzung: Ist nicht vom Arbeitsvertrag gedeckt, bedarf daher der Zustimmung des AN zur Vertragsänderung.

Betriebsverfassungsrechtliche Ebene
Soll die Versetzung auf Dauer, also auf voraussichtlich mindestens 13 Wochen angelegt sein, so bestehen Mitwirkungsrechte, in Form eines Informations- und Beratungsrechts des BR vor der geplanten Versetzung. Verschlechternde Versetzungen bedürfen darüber hinaus der vorherigen, ausdrücklichen und anlassfallbezogenen Zustimmung (§ 101 ArbVG). Eine Verschlechterung ist dann gegeben, wenn entweder die Entgeltbedingungen, sonstige Arbeitsbedingungen oder beide Aspekte schlechter werden.

### *2. Versetzung?*

Die Vorgangsweise des AG könnte aus der Sicht des AN *Willi* eine Versetzung (vgl § 101 ArbVG „Einreihung auf einen anderen Arbeitsplatz“) sein. Darunter versteht man eine nicht unerhebliche Änderung des Arbeitsortes, des Tätigkeitsbereichs und/oder sonstiger wichtiger Arbeitsbedingungen (insb Arbeitszeitbedingungen). Die zur Debatte stehende Änderung des Arbeitsorts (Wien 1230 – Katzelsdorf, NÖ) ist angesichts der deutlich längeren Anreise zum Arbeitsort nicht unerheblich und der Versetzungsbegriff daher erfüllt.

### *3. Arbeitsvertragliche Zulässigkeit der Versetzung?*

Es ist zu prüfen, ob die von AG-Seite ergangene Anordnung, *Willi* möge sich in Zukunft am Produktionsstandort in Katzelsdorf einfinden und dort arbeiten, eine direktoriale oder vertragsändernde Versetzung darstellt. Erstere ist vom Arbeitsvertrag gedeckt und kann daher durch Weisung des AG durchgeführt werden, während letztere nur durch eine Vertragsänderung erfolgen kann, wozu es der Zustimmung des AN bedarf.

*Willis* Arbeitsvertrag enthält eine Regelung zum Arbeitsort. Durch einen sog Versetzungsvorbehalt ist es dem AG möglich, den AN per Weisung zu Arbeiten jenseits des allgemein vereinbarten Arbeitsorts oder Tätigkeitsbereichs zu verpflichten. Als einseitiges Gestaltungsrecht ist der Versetzungsvorbehalt nur nach billigem Ermessen ausübbar.

Dabei sind die Umstände des konkreten Falles zu berücksichtigen. Es ist nicht allein entscheidend wie lange der Arbeitsweg nach der Versetzung ist, sondern auch ob und in welcher Höhe zusätzliche (Fahrt-)kosten anfallen, sich die Fahrtzeit verlängert und inwiefern wirklich Betreuungspflichten bestehen sowie ob eine betriebliche Rechtfertigung vorliegt. Ob eine vertraglich gedeckte Versetzung vorliegt, ergibt sich dann aus der Überprüfung der konkreten Versetzung auf Billigkeit im Einzelfall. Der SV liefert hier nur grobe Anhaltspunkte.

### 4. *Betriebsverfassungsrechtliche Zulässigkeit*

Die Mitwirkungsrechte des BR nach § 101 ArbVG (betriebsverfassungsrechtlicher Versetzungsschutz) bestehen unabhängig von der Zulässigkeit auf arbeitsvertragsrechtlicher Ebene.

Ist die Versetzung auf Dauer, also auf voraussichtlich mehr als 13 Wochen, angelegt, so bestehen jedenfalls Mitbestimmungsrechte des BR, nämlich ein Informations- und ein Beratungsrecht. Ist eine Versetzung iSd § 101 ArbVG zudem verschlechternd, so bedarf diese im Vorhinein der Zustimmung des BR. Eine Verschlechterung idS ist jede Änderung zum Nachteil des AN; berücksichtigt werden sowohl materielle als auch immaterielle Nachteile. Ist mit der Änderung des Arbeitsplatzes nicht nur eine Verschlechterung, sondern auch eine teilweise Verbesserung der Arbeitsbedingungen verbunden, so ist eine Gegenüberstellung in Form eines Gesamtvergleichs vorzunehmen. Die Position des AN am bisherigen Arbeitsplatz ist mit jener am neuen Arbeitsplatz zu vergleichen. Sollte dieser Vergleich zu Lasten des neuen Arbeitsplatzes ausfallen, so greift der Versetzungsschutz des § 101 ArbVG. Die Kompensation von Entgelt- mit sonstigen Arbeitsbedingungen wird überwiegend abgelehnt.

Das persönliche Lebensumfeld des jeweiligen AN hat mit den Bedingungen eines bestimmten Arbeitsplatzes zwar an sich nichts zu tun, nach der Rsp sind erhebliche Verlängerungen des Arbeitsweges jedoch unter Zeit- und (finanziellen) Aufwandsaspekten in die Beurteilung miteinzubeziehen.

Im vorliegenden SV ist *Willis* Versetzung nach Katzelsdorf als *dauernde* Einreihung auf einen anderen Arbeitsplatz zu qualifizieren. Durch die deutliche Verlän- gerung des Arbeitsweges ist diese auch als *verschlechternd* iSd § 101 ArbVG anzusehen. Daran ändern unter Beachtung des anzulegenden objektiven Maßstabs im Rahmen eines Gesamtvergleichs die vermeintlich besseren Arbeitsbedingungen aufgrund des renovierten und klimatisierten Pausenraums nichts, sodass eine zustimmungspflichtige Maßnahme gegeben ist.

Problematisch ist zunächst, dass die Erklärung von einem einfachen Mitglied des BR abgegeben wurde. Nach § 71 ArbVG (vgl auch § 20 BRGO) ist grundsätzlich der Vorsitzende des BR, bei dessen Verhinderung der Stellvertreter, für Erklärungen nach außen vertretungsberechtigt. Erklärungen eines nicht berechtigten einzelnen BR-Mitglieds sind dem BR nicht zuzurechnen. Einzelne BR-Mitglieder können zwar in Kontakt mit AN des Betriebs treten und auch betriebsrätliche Angelegenheiten besprechen, sie können aber, ausgenommen Fälle der Sondervertretung, für den BR keine Erklärungen abgeben. Im vorliegenden Fall ist also davon auszugehen, dass die Erklärung dem BR nicht zuzurechnen ist – sie ist daher unwirksam.

Abgesehen davon wurde die Zustimmung, selbst wenn sie dem BR zurechenbar gewesen wäre, erst nach Ausspruch bzw nach der vom AG geplanten Umsetzung der Versetzung abgegeben. Dem Prinzip der Zulässigkeitsvoraussetzung entsprechend wäre es allerdings notwendig gewesen, diese bereits *vor* dem Ausspruch der Erklärung, *Willi* habe in Hinkunft in Katzelsdorf zu arbeiten, einzuholen. Die nachträgliche Zustimmung zu einer bereits vollzogenen Versetzung kann deren Rechtsunwirksamkeit nicht mehr beseitigen. Die Versetzungsanordnung müsste nochmals ausgesprochen werden.

Im Ergebnis ist die Vorgangsweise im gegenständlichen Fall zusätzlich zur Stellvertretungsproblematik also auch verspätet; die Versetzung ist rechtsunwirksam.

### *5. Entlassung*

Ordnet der AG eine rechtmäßige Änderung des Arbeitsortes an und weigert sich der AN, dieser Änderung entsprechend seine Arbeitsleistung zu erbringen, so riskiert der AN eine Entlassung aufgrund der Verletzung der Arbeitspflicht iSd § 82 lit f GewO 1859 bzw § 27 Z 4 AngG.

Nachdem die Versetzung im vorliegenden Fall rechtsunwirksam ist, besteht für *Willi* allerdings keine Verpflichtung zur Aufnahme der Arbeitsleistung in Katzelsdorf. Seine Weigerung ist daher zulässig und die Entlassung nicht gerechtfertigt.

### *6. Anmerkungen*

- Bei betriebsüberschreitenden Versetzungen hat der „abgebende“ BR Mitbestimmungsrechte gem § 101 ArbVG, der „aufnehmende“ BR Befugnisse nach § 99 ArbVG.
- Zu erwähnen ist ferner, dass der OGH zeitweise (9 ObA 48/00z, DRdA 2001, 244 [*Pfeil*]) die Ansicht vertrat, dass in Fällen der Betriebsänderung iSd § 109 ArbVG die Mitbestimmungsrechte der §§ 99 bis 107 ArbVG zurücktreten und nicht zur Anwendung kommen. Diese Auffassung, die den betriebsverfassungsrechtlichen Versetzungsschutz in diesen Fällen sistieren würde, hat der OGH mittlerweile korrigiert, sodass § 101 und § 109 ArbVG nebeneinander zur Anwendung kommen (OGH 31.08.2005, 9 ObA 35/05w; vgl auch OGH 29.4.2020, 9 Ob A 24/20z).

**Literatur- und Judikaturhinweise:**

OGH 25.6.2014, 9 ObA 2/14f.
*Reissner* in *Neumayr/Reissner* (Hrsg), ZellKomm³ (2018) § 101 ArbVG.
*Schwertner*, Versetzung, ecolex 2021, 146.
*Windisch-Graetz*, Arbeitsrecht II¹² (2023) 71 ff.

# SCHLECHTE BREMSEN* (FALL 11)

*Alex* ist als Angestellter im Versicherungsmaklerunternehmen des *Bob* beschäftigt. Seine Tätigkeit besteht in der internen Bearbeitung und Abwicklung von Schadensfällen. Nur ausnahmsweise wird er zur direkten Kundenbetreuung außerhalb des Unternehmenssitzes herangezogen. Als ein im Außendienst tätiger Kollege von *Alex* erkrankt, wird *Alex* von *Bob* kurzfristig dazu beauftragt, zu einem Versicherungsnehmer zu fahren und vor Ort eine zweifelhafte Schadensmeldung zu überprüfen. Für die Fahrt bekommt *Alex* den firmeneigenen Pkw zur Verfügung gestellt. Da dieser schadhafte Bremsen hat, hält *Bob Alex* dazu an, bergab nur im ersten Gang zu fahren. *Alex*, der kein routinierter Autofahrer ist, verabsäumt es jedoch, beim Bergabfahren rechtzeitig den ersten Gang einzulegen, verliert daher die Kontrolle über das Fahrzeug und kollidiert mit einem Laternenmasten.

*Bob* begehrt daraufhin von *Alex* Ersatz des Schadens am Pkw in der Höhe von € 6.000,–. Das monatliche Gehalt von *Alex*, der seiner Frau und seinem Sohn unterhaltspflichtig ist, beträgt € 3.000,– brutto. Er weigert sich jedoch, den Schaden zu ersetzen. Daraufhin erklärt *Bob*, er werde mit seinem SE-Anspruch von € 6.000,– gegen die laufenden Gehaltsforderungen des *Alex* aufrechnen und in den nächsten 12 Monaten je € 500,– vom Lohn abziehen. *Alex* widerspricht dieser Aufrechnung sofort und verlangt weiterhin volle Ausbezahlung des laufenden Entgelts.

**Hat *Bob* einen Anspruch auf € 6.000,– gegen *Alex* und ist er zur Aufrechnung berechtigt?**

* Dieser Fall baut auf der Bearbeitung durch *Kietaibl* in der 10. Auflage auf.

**Lösung**

## I. Anspruch des *Bob* auf Zahlung von € 6.000,– gegen *Alex*

### *1. Schadenersatzanspruch des* Bob *nach allgemeinem Zivilrecht (§ 1295 Abs 1 ABGB)*

Vor der Prüfung einer allfälligen Minderung nach DHG muss der Schadenersatzanspruch nach ABGB geprüft werden. Auch ein allfälliges Mitverschulden (§ 1304 ABGB) des *Bob* muss auf dieser Ebene berücksichtigt werden und nicht etwa erst bei Prüfung einer Haftungserleichterung nach DHG.

Schaden und Verursachung sind hier kein Problem. Das Auto wird beschädigt und verliert dadurch an Wert bzw entstehen *Bob* durch den Schaden Reparaturkosten. Hätte *Alex* rechtzeitig den ersten Gang eingelegt, wäre der Schaden nicht entstanden (*conditio sine qua non*). *Alex* handelt sowohl *ex delicto* als auch *ex contractu* rechtswidrig: Die Beschädigung des Autos stellt einen Eingriff in ein absolut geschütztes Rechtsgut (Eigentum des *Bob)* dar, der durch das rechtswidrige, weil die gebotene Sorgfalt außer Acht lassende, Verhalten des *Alex* entsteht. *Ex contractu* verletzt *Alex* seine Sorgfaltspflichten aus dem Arbeitsvertrag, die auch den sorgsamen Umgang mit anvertrauten Betriebsmitteln umfassen. *Alex* handelt somit objektiv sorgfaltswidrig und damit rechtswidrig. Bleibt in einem letzten Schritt das Verschulden des *Alex* zu prüfen. Stützt *Bob* seinen Schadenersatzanspruch auf Vertragshaftung, so käme bezüglich des Verschuldens grundsätzlich die Beweislastumkehr nach § 1298 ABGB zur Anwendung. § 1298 ABGB gilt nach hM jedoch nur für Erfolgsverbindlichkeiten, nicht aber für Sorgfaltsverbindlichkeiten. *Alex* schuldet bei seiner Tätigkeit als AN jedoch keinen Erfolg, sondern nur sorgfältiges Bemühen – daher hat nach hM *Bob* den sorgfaltswidrigen Arbeitsvorgang zu beweisen. Weist *Bob* allerdings eine objektive Sorgfaltsverletzung des *Alex* nach, so wird subjektive Sorgfaltswidrigkeit nach § 1297 ABGB vermutet. Allfälliges subjektives Unvermögen zur Einhaltung der objektiven Sorgfalt wäre daher von *Alex* zu beweisen.

*Bob* kann aber auch nach allgemeinem Zivilrecht nur dann den vollen Schaden von *Alex* verlangen, wenn ihn selbst kein Mitverschulden trifft (§ 1304 ABGB). Ein solches Mitverschulden ist aber zu bejahen, weil *Bob* von der Funktionsbeeinträchtigung der Bremsen wusste und *Alex* trotzdem mit dem Auto losschickte, anstatt die Bremsen reparieren zu lassen. Sein Schadenersatzanspruch ist daher um den Anteil seines Mitverschuldens reduziert. Lässt sich das Ausmaß des Mitverschuldens von *Bob* nicht feststellen, wird der Schadenersatzanspruch im Zweifel um die Hälfte gemindert.

**Zwischenergebnis: Es besteht ein (um Mitverschulden) geminderter Schadenersatzanspruch des *Bob* gegen *Alex*.**

### *2. Haftungserleichterung nach DHG?*

Voraussetzung für eine Haftungserleichterung nach DHG ist, dass die Schadenszufügung bei Erbringung der Dienstleistung erfolgt ist (§ 2 Abs 1 DHG). Dies ist hier nach allen Theorien zu bejahen, da sich *Alex* auf einer von seinem AG angeordneten betrieblichen Fahrt befunden hat und somit sowohl in der Rolle als AN gehandelt hat als auch subjektiv und objektiv seine vertraglichen Leistungen erbracht hat. Bei einer Betrachtung aus der

Perspektive der Unfallversicherung würde auch ein Arbeitsunfall vorliegen, da die wesentliche Ursache für den Unfall aus der betrieblichen Sphäre kommt.

Eine Mäßigung des Schadenersatzanspruchs kommt weiters nur bei Fahrlässigkeit in Betracht, bei leichter Fahrlässigkeit kann der Anspruch sogar ganz entfallen (§ 2 Abs 1 DHG). Anzeichen für Vorsatz sind dem Sachverhalt nicht zu entnehmen.

Für das Ausmaß der Mäßigung ist neben dem Grad des Verschuldens auf die Mäßigungskriterien des § 2 Abs 2 DHG abzustellen. Im konkreten Fall kommen die in § 2 Abs 2 Z 2, 3 und 4 DHG genannten Umstände in Betracht. Da § 2 Abs 2 DHG nur eine demonstrative Aufzählung enthält, werden nach der Judikatur aber bspw auch die Unterhaltspflichten des *Alex* berücksichtigt. Das Mitverschulden des *Bob* wurde bereits auf der Ebene des allgemeinen zivilrechtlichen Schadenersatzanspruchs berücksichtigt und muss daher bei Minderung nach DHG außer Betracht bleiben. Die Schadenersatzpflicht von *Alex* kann daher (je nach Verschuldensgrad) vom Gericht gemindert oder sogar gänzlich erlassen werden.

**Ergebnis: Der Anspruch des *Bob* auf Zahlung von € 6.000,– besteht jedenfalls nicht in dieser Höhe.**

## II. Recht des *Bob* auf Aufrechnung

Geht man davon aus, dass nach der Mäßigung nach dem DHG eine Schadenersatzforderung des *Bob* verbleibt, käme grds eine Aufrechnung mit dieser Schadenersatzforderung gegen die Entgeltforderung des *Alex* in Betracht. Eine solche Aufrechnung ist gem § 7 Abs 1 DHG jedoch nur zulässig, wenn *Alex* nicht innerhalb von zwei Wochen widerspricht. Sie ist daher nach dem konkreten Sachverhalt schon deshalb unzulässig. Selbst wenn die Aufrechnung hier grds zulässig wäre, dürfte aber nur mit dem tatsächlich bestehenden Schadenersatzanspruch aufgerechnet werden (also mit dem durch das Mitverschulden und nach dem DHG geminderten Anspruch).

Eine weitere Grenze für die Aufrechnung gegen die Entgeltforderung des *Alex* liegt schließlich darin, dass gegen beschränkt pfändbare Forderungen (§ 290a Abs 1 Z 1 EO) nur soweit aufgerechnet werden kann, wie diese pfändbar wären (§ 293 Abs 3 EO). Da *Alex* € 3.000,– verdient und für seine Frau und ein Kind unterhaltspflichtig ist, ist eine Aufrechnung in der Höhe von € 500,– pro Monat jedenfalls nicht möglich. *Alex* verdient in etwa € 2350,– netto pro Monat. Der unpfändbare Teil seines Einkommens liegt aufgrund der Unterhaltspflichten somit bei etwa € 2000,–. *Bob* könnte daher selbst ohne Widerspruch des Alex oder im Falle eines rechtskräftigen Urteils nur im Umfang von etwa € 350,– pro Monat aufrechnen.

**Ergebnis: *Bob* hat kein Recht auf Aufrechnung und *Alex* kann weiterhin die Auszahlung des vollen Entgelts verlangen.**

**Literatur- und Judikaturhinweise:**

*Brodil/Gruber-Risak*, Arbeitsrecht in Grundzügen[11] (2022) Rz 298 ff.
*Löschnigg*, Arbeitsrecht[13] (2017) Rz 6/764 ff.
*Marhold/Brameshuber/Friedrich*, Österreichisches Arbeitsrecht[4] (2021) 320 ff.
*Windisch-Graetz*, Arbeitsrecht II[12] (2023) 243 ff.

# UNFALL AUF DEM DIENSTFAHRRAD (FALL 12)

*Roland Raser* arbeitet bei der *Spartacus-Spedition*. Er ist dort hauptsächlich mit Hilfsarbeiten am Speditionsgelände beim Bahnhof beschäftigt. Eines Tages wird er von seinem Vorgesetzten damit beauftragt, Post auf das nahegelegene Postamt zu befördern. Zu diesem Zweck solle er eines der am Speditionsgelände zur Verfügung stehenden Fahrräder benutzen. Am Rückweg biegt *Roland Raser*, ohne auf den entgegenkommenden Wagen der *Berta Brav* zu achten, vorschriftswidrig ab, weil er am Vorabend bis in den Morgen in seinem Stammbeisl gezecht hat und noch dementsprechend „verkatert“ ist. Zudem hört er über seinen mp3-Player auf voller Lautstärke „Ja, mir san min Radl da“, was seine Aufmerksamkeit drastisch verringert. Dennoch erkennt er im letzten Moment die gefährliche Situation und bremst scharf. Dabei versagen die Fahrradbremsen. *Berta Brav* muss ihren Wagen verreißen und rammt zuerst *Roland Raser*, sodann eine Telefonzelle. *Roland Raser* erleidet einen Beinbruch. *Berta Bravs* Wagen wie auch die Telefonzelle werden erheblich beschädigt. Das Fahrrad bleibt unversehrt.

***Roland Raser* muss aufgrund eines durchgeführten Verfahrens den am Wagen und der Telefonzelle entstandenen Schaden ersetzen. Nunmehr begehrt er Ersatz von der *Spartacus-Spedition*. Zudem weigert sich die Unfallversicherung, Leistungen zu erbringen. Zu Recht?**

**Lösung**

*1. Ersatzpflicht des AG nach DHG?*

Nach allgemeinem Zivilrecht haftet bloß der AN selbst nach deliktischen Grundsätzen. Dem AG kann das schuldhafte Verhalten seines AN im deliktischen Bereich nur über § 1315 ABGB zugerechnet werden. So bestimmt auch § 3 Abs 3 DHG, dass dort, wo Dritte durch den AN geschädigt werden, der AN somit primär selbst schadenersatzpflichtig ist, die Haftung des AG reglementiert ist: Bloß dann, wenn der AG „auf Grund der §§ 1313a bis 1316 ABGB" oder sonstiger gesetzlicher Regelungen zum Ersatz herangezogen werden könnte, ist im Innenverhältnis ein Regress im Rahmen der Mäßigungskriterien des DHG möglich. Im vorliegenden Fall wäre nun der AG den Dritten nach DHG jedenfalls nicht zum Schadenersatz verpflichtet, da der AN weder habituell untüchtig noch wissentlich gefährlich war (§ 1315 ABGB). Somit träfe die *Spartacus-Spedition* auch keine Ersatzpflicht dem *Roland Raser* gegenüber.

Allerdings werden ganz allgemein im arbeitsrechtlichen Bereich die Grundsätze der verschuldensunabhängigen Risikohaftung des Auftraggebers gegenüber dem Auftragnehmer (Beauftragten) sinngemäß auf das Verhältnis AG – AN angewendet. Daher wird § 1014 ABGB per analogiam ein weiter Anwendungsbereich eröffnet (in Fällen der Geschäftsbesorgung durch den AN ist § 1014 ABGB unmittelbar anzuwenden [§ 1151 Abs 1 ABGB]!). Der planwidrige Regelungsbedarf, also eine echte Lücke wird darin gesehen, dass der AN auf Veranlassung und zum Vorteil des AG tätig ist, der AN daher nicht das Risiko seines Tätigwerdens selbst tragen soll, was als unbillig angesehen wird und einer sinnvollen Regelung bedürfte. Zudem ist auch aufgrund der besseren Gefahrenbeherrschung durch den AG (Schutzmaßnahmen, Versicherung etc) eine Haftung des AG anzunehmen. Vor allem beim Einsatz eigener Ressourcen des AN haftet der AG für eingetretene Schäden, wenn er sich den Einsatz eigener Mittel erspart (bspw wenn der AN eine Dienstfahrt mit dem eigenen statt mit einem Firmen-Pkw durchführt). Im vorliegenden Fall wurde das Risiko des Schadenseintritts aber gerade nicht auf den AN „überwälzt", weil er ja keine eigenen Sachmittel, sondern ein ohnehin dem AG gehörendes „Dienstfahrrad" verwendet hat.

Der OGH hat in einem vergleichbaren Fall dennoch den AG für 2/3 des Schadens über § 1014 ABGB haften lassen (1/3 trägt der AN aufgrund seines schuldhaften Fehlverhaltens selbst). In der Literatur wurde die Anwendung von § 1014 ABGB auf solche Fälle – jene ohne Sachmitteleinsatz des AN – widersprüchlich aufgenommen. Zum Teil wurde die generelle Anwendbarkeit leg cit aus sozialpolitischen Überlegungen befürwortet – zum Teil wurde kritisiert, dass de lege lata § 1014 aufgrund des Bestandes des DHG (lex specialis) gar nicht angewendet werden kann. Gewährt man nämlich dem AN den Ersatz seines Schadens (also den Regress dem AG gegenüber), entzöge man dem DHG jeglichen Boden, weil es dann in allen Fällen – ohne Rücksicht auf die Mäßigungstatbestände des DHG – zu einer Ersatzpflicht des AG käme. Ich möchte mich der zuletzt genannten Meinung anschließen. Im Rahmen der derzeitigen Rechtslage erscheint diese Lösung aus methodischen Erwägungen heraus die einzig mögliche zu sein.

## 2. *Vorliegen eines Arbeitsunfalls*

Zu prüfen ist, ob das vorliegende Ereignis in den durch die Unfallversicherung geschützten Lebensbereich fällt, ob es sich also um einen Arbeitsunfall iSd § 175 ASVG handelt. Zweifelsfrei liegt ein Unfall ieS vor, also ein zeitlich begrenztes Ereignis, das zu einer Körperschädigung geführt hat. Der Unfall ereignet sich auch im örtlichen, zeitlichen und ursächlichen Zusammenhang mit der die Versicherung begründenden Beschäftigung. Es handelt sich nicht um einen Wegunfall iSd § 175 Abs 2 Z 1 ASVG, weil sich der Arbeitnehmer nicht auf dem Weg zwischen ständigem Aufenthaltsort und Arbeitsstätte befindet, sondern um einen Unfall im Kernbereich der Unfallversicherung, der Erwerbstätigkeit.

Dass *Roland Raser* eine Norm der StVO verletzt, also schuldhaft handelt und den Unfall herbeiführt, schließt die Annahme eines Arbeitsunfalls nicht aus (§ 175 Abs 6 ASVG). Ein Zurechnungsproblem könnte sich allerdings durch die „Verkaterung" und das Musikhören des Roland ergeben. Nach der herrschenden *Theorie der wesentlichen Bedingung* liegt ein Unfall dann außerhalb des geschützten Lebensbereiches der Unfallversicherung, wenn die Bedingung, die im Verhältnis zu anderen Bedingungen nach der Auffassung des praktischen Lebens wegen ihrer besonderen Beziehung zum Erfolg an dessen Eintritt wesentlich mitgewirkt hat, von der Versicherung nicht mehr erfasst wird. Da es sich um keine reine Kausalitätstheorie handelt (jede Bedingung im Sinne dieser Theorie muss kausal sein), haben in die Beurteilung von mehrfach bedingten Sachverhalten zwangsläufig Wertungen einzufließen. Daher hat der OGH in solchen Fällen auch von „innerem Zusammenhang" zwischen Tätigkeit und Unfall gesprochen. Typische Beispiele sind die Verwirklichung von sog Anlageschäden oder Unfälle, die durch in hohem Maße vernunftwidriges oder gefährliches Verhalten herbeigeführt wurden (Trunkenheit, Übermüdung). Im vorliegenden Fall ist *Roland Raser* zwar verkatert, allerdings nicht betrunken, sodass er durchaus ein Fahrzeug lenken darf; zudem ist er durch das Musikhören in seiner Konzentration gestört. Der verschlechterte Allgemeinzustand nach durchzechter Nacht war zwar eine mitursächliche Bedingung für den Unfalleintritt, aber eben keine wesentliche. Auch das Musikhören liegt für sich allein betrachtet nicht außerhalb des geschützten Lebensbereiches. UU könnten beide Faktoren zusammen (Kater und Musik) zu einer anderen Beurteilung führen. ME ist aber dem Versagen der Bremsen derart großes Gewicht beizulegen – dies ist also ebenfalls eine wesentliche Bedingung für den Schadenseintritt –, dass der Unfall unter den Versicherungsschutz fällt. *Roland Raser* kann die vorgesehenen Leistungen der Unfallversicherung, wie Unfallheilbehandlung (§ 189 ASVG), gegebenenfalls Rehabilitation (§ 172 ASVG) oder Hilfsmittel (zB Krücken, § 202 ASVG), sowie kurzfristige Geldleistungen (Familien- bzw Taggeld, § 195 ASVG) beanspruchen.

**Literatur- und Judikaturhinweise:**

*Beer*, Risikohaftung bei Verschulden des Arbeitnehmers, ecolex 1991, 44.
*Brodil/Gruber-Risak*, Arbeitsrecht in Grundzügen[11] (2022) Rz 298 ff.
*Brodil/Windisch-Graetz*, Sozialrecht in Grundzügen[9] (2021) 109 ff.
*Windisch-Graetz*, Arbeitsrecht II[12] (2023) 252 ff.

# 13

# DIGITAL DETOX IM HOMEOFFICE (FALL 13)

*Anna* ist seit drei Jahren als Angestellte (Softwareentwicklerin) im Unternehmen des *Xavers* beschäftigt. Als *Anna* nach mehreren Monaten der Beschäftigung den Wunsch nach Homeoffice äußert, ist *Xaver* zunächst wenig angetan: Auf der einen Seite ist er überzeugt, dass dies früher oder später zu Problemen führen werde, auf der anderen Seite schätzt er *Anna* als zuverlässige Mitarbeiterin und ist besorgt, diese zu verlieren, wenn er auf ihre Anliegen nicht eingeht. In einem gemeinsamen Gespräch einigen sich die beiden schließlich darauf, dass *Anna* jeden Mittwoch fix im Homeoffice arbeiten soll. Im Wissen um die Skepsis des *Xavers* in Bezug auf Homeoffice erkundigt sich *Anna*, ob sie damit rechnen müsse, an Homeoffice-Tagen in den Betrieb gerufen zu werden. Dies verneint *Xaver* mit den Worten: „*Nein, Homeoffice ist schließlich Homeoffice!*" Ergänzend vereinbaren die beiden noch, dass *Anna* die Arbeitsmittel für die Tätigkeit im Homeoffice stellen soll und *Xaver* die dafür angefallenen Kosten ersetzt. Ein Handschlag besiegelt die Abmachung, schriftlich wird nichts festgehalten.

Mehr als ein Jahr hindurch wird der Homeoffice-Tag zur Zufriedenheit sowohl der *Anna* als auch des *Xavers* praktiziert. Das ändert sich allerdings am Mittwoch, dem 18. September. Aufgrund von Serverproblemen ihres Providers (Internet und Mobilfunk) ist *Anna* ab 11:00 plötzlich offline. Weil *Anna* abgeschnitten von der IT-Infrastruktur des Unternehmens keinerlei Arbeitsleistung erbringen kann, bittet sie eine ältere Nachbarin, die über ein Festnetztelefon verfügt, sie im Unternehmen anrufen zu lassen. Zu ihrer Überraschung beantwortet *Xaver* selbst den Anruf. Er erklärt ihr, dass im Unternehmen alle Systeme einwandfrei laufen. Sie solle daher ihren Laptop einpacken und sofort in den Betrieb kommen. *Anna* reagiert darauf konsterniert und erwidert, man habe doch den Mittwoch als ihren Homeoffice-Tag vereinbart. Dem entgegnet *Xaver* aber nur, dass sich *Anna* die Homeoffice-Vereinbarung „einrexen" könne: Für eine solche verlange das Gesetz nämlich die Schriftform, weshalb die mündliche Abrede ohnehin ungültig sei. *Anna* solle sich jetzt sofort in den Betrieb begeben, ansonsten brauche sie überhaupt nicht mehr zu kommen.

Verärgert über die aus ihrer Sicht mangelnde Pakttreue des *Xavers* entscheidet sich *Anna* „aus Prinzip" zu Hause zu bleiben. Als *Anna* eine Stunde nach dem Telefonat immer noch nicht im Betrieb ist, steht für *Xaver* fest, dass diese zu Hause geblieben ist. Tatsächlich erscheint *Anna* den ganzen Tag nicht im Betrieb. Der Internetausfall dauert bis in die späten Abendstunden.

Noch am Abend des 18. Septembers verfasst *Xaver* ein mit „Entlassung" betiteltes Schreiben, in dem er *Anna* der Arbeitsverweigerung bezichtigt. Als *Anna* am Donnerstagmorgen den Betrieb betritt, drückt ihr *Xaver* das Entlassungsschreiben in die Hand und meint, sie könne gleich wieder gehen. Der Entlassung ist auch eine Endabrechnung beigefügt. Dieser ist zu entnehmen, dass für den 18. September Entgelt nur für die Zeit zwischen Dienstbeginn (8:00) und dem Eintritt des Internetausfalls ausgezahlt wird, für die darauffolgende Zeit bis zum Dienstschluss (17:00) soll *Anna* nichts erhalten.
Das Unternehmen des *Xavers* besteht aus einem Betrieb, in dem 50 AN beschäftigt werden. Es gibt keinen Betriebsrat.

**Wie ist die Rechtslage?**

**Lösung**

Im vorliegenden Fall gilt es zunächst die Entlassung auf ihre Rechtswirksamkeit und Rechtmäßigkeit zu prüfen. Sollte sich die Entlassung als rechtswirksam, aber unbegründet erweisen, steht nicht nur Kündigungsentschädigung zu, vielmehr müssen dann auch allfällige Anfechtungsmöglichkeiten erörtert werden. Abschließend wird zu klären sein, ob aufgrund des Unterbleibens der Arbeitsleistung bzw der Weigerung, in den Betrieb zu kommen, auch der Entgeltanspruch der *Anna* entfällt oder ob ein Entgeltfortzahlungsanspruch eingreift.

## I. A gegen X auf Zahlung von Kündigungsentschädigung gem § 29 AngG

Der Anspruch auf Kündigungsentschädigung setzt zum einen voraus, dass die Entlassung wirksam ist und das Arbeitsverhältnis beendet. Zum anderen muss die Entlassung auch insofern rechtswidrig sein, als es an einem wichtigen Grund zur vorzeitigen Auflösung des Arbeitsverhältnisses fehlt.

### *1. Rechtswirksamkeit der Entlassung*

Eine Entlassung ist eine einseitige, empfangsbedürftige Willenserklärung, die im Gegensatz zur Kündigung nur aufgrund eines wichtigen Grundes ausgesprochen werden darf. Dabei beendet eine Entlassung das Arbeitsverhältnis grundsätzlich unabhängig davon, ob ein wichtiger Grund zur vorzeitigen Auflösung vorliegt oder nicht. Bloß ausnahmsweise kommt einer Entlassung keine Lösungswirkung zu. Dies ist etwa dann der Fall, wenn ein besonderer Entlassungsschutz (zB § 122 ArbVG, § 12 MSchG) eingreift oder die Entlassung sittenwidrig (§ 879 Abs 1 ABGB) ist. Der vorliegende Sachverhalt enthält allerdings keinen Hinweis darauf, dass die Entlassung als rechtsunwirksam zu qualifizieren ist. Allenfalls könnte die Beendigung des Arbeitsverhältnisses als Vergeltungsmaßnahme dafür angesehen werden, dass *Anna* in zulässiger Weise ihre Rechte ausübt. Zwar beruht eine aus diesem Grund ausgesprochene Beendigung auf einem verpönten Motiv, in Bezug auf Kündigungen und Entlassungen in betriebsratspflichtigen Betrieben wird dieses jedoch durch § 105 Abs 3 Z 1 lit i ArbVG (iVm §§ 106 f ArbVG) erfasst, sodass ein Rückgriff auf § 879 Abs 1 ABGB nicht in Betracht kommt.

Im vorliegenden Fall wurde daher das Arbeitsverhältnis mit Zugang der Entlassung am 19. September mit sofortiger Wirkung beendet.

### *2. Begründetheit der Entlassung*

*Xaver* stützt die Entlassung auf eine Dienstverweigerung der *Anna*. Gem § 27 Z 4 AngG handelt es sich um einen wichtigen Grund für die vorzeitige Auflösung des Arbeitsverhältnisses, wenn der AN ohne einen rechtmäßigen Hinderungsgrund die Dienstleistung während einer den Umständen nach erheblichen Zeit unterlässt oder sich beharrlich weigert, sich den durch den Gegenstand der Dienstleistung gerechtfertigten Anordnungen des AG zu fügen. Im vorliegenden Fall war die Erbringung der Arbeitsleistung im Homeoffice wegen des Internetausfalls unmöglich. Fraglich ist jedoch, ob *Anna* verpflichtet war, der

Anordnung, in den Betrieb zu kommen, zu entsprechen, um dort ihre Arbeitsleistung zu erbringen.

### 3. *Rechtswirksamkeit der Homeoffice-Vereinbarung*

Vor dem Hintergrund, dass sich Homeoffice infolge der COVID-19-Pandemie zu einem Massenphänomen entwickelt hatte, wurden mit dem sogenannten Homeoffice-Paket (BGBl I 2021/61) in mehreren Gesetzen Bestimmungen zum Arbeiten im Homeoffice verankert. Im Zentrum steht dabei die – einseitig zwingende (§ 16 AVRAG) – Regelung des § 2h AVRAG. Diese Norm sieht vor, dass „*Arbeit im Homeoffice*" immer dann vorliegt, wenn der AN „*regelmäßig Arbeitsleistungen in der Wohnung erbringt*". Die Vorgaben des § 2h AVRAG kommen daher jedenfalls dann nicht (unmittelbar) zur Anwendung, wenn bloß vereinzelt bzw anlassbezogen in der Wohnung gearbeitet oder die Arbeitsleistung außerhalb eines in erster Linie zu Wohnzwecken genutzten Ortes (zB öffentlicher Coworking-Space) erbracht wird. Das an jedem Mittwoch wiederkehrende Homeoffice der *Anna* muss sich daher zweifellos an den Vorgaben des § 2h AVRAG messen lassen.

Mit BGBl I 2024/110 wird die Reglung des 2h AVRAG auf alle regelmäßig erbrachten Arbeitsleistungen erstreckt, die von AN in einer „nicht zum Unternehmen gehörenden Örtlichkeit" erbracht werden. Abseits dieser Ausweitung von „Homeoffice" auf „Telearbeit", die mit 1.1.2025 in Kraft tritt (§ 19 Abs 1 Z 58 AVRAG), bleiben die Regelungen des § 2h AVRAG im Wesentlichen unverändert (vgl ME TelearbG, 337/ME 27. GP und RV 2597 BlgNR 27. GP).

Im Allgemeinen ist eine Vereinbarung hinsichtlich des Arbeitsortes nicht an bestimmte Formvorschriften gebunden (vgl aber § 2 Abs 2 Z 6 AVRAG: Angabe des Arbeitsortes im Dienstzettel). Abweichend davon normiert jedoch § 2h Abs 2 AVRAG, dass Arbeit im Homeoffice „*aus Beweisgründen schriftlich zu vereinbaren*" ist. Das wirft einerseits die Frage auf, unter welchen Voraussetzungen der geforderten Schriftform genüge getan ist, sowie andererseits, welche Rechtsfolgen sich an die Verletzung der Schriftform knüpfen. Ausweislich der Materialien ist mit Schriftform nicht Unterschriftlichkeit iSd § 886 ABGB gemeint, vielmehr soll auch eine Vereinbarung im Wege elektronischer Kommunikation (zB E-Mail) das Schriftformgebot des § 2h Abs 2 AVRAG erfüllen (IA 1301/A 27 GP. Erläut 4). Selbst diesen – im Vergleich zu § 886 ABGB – gelockerten Anforderungen entspricht die bloß mündliche Vereinbarung zwischen *Anna* und *Xaver* jedoch nicht. Dennoch zieht dies keine Auswirkungen auf die Wirksamkeit der Homeoffice-Vereinbarung nach sich. Die Materialien führen nämlich weiters aus, dass der Verstoß gegen das Schriftformgebot des § 2h Abs 2 AVRAG nicht die Nichtigkeit der Vereinbarung nach sich ziehen soll (IA 1301/A 27 GP. Erläut 4). Die hA ist dieser Deutung – für die es auch im Wortlaut der Norm Anhaltspunkte gibt (arg: „*aus Beweisgründen*") – gefolgt (*Marhold/Brameshuber/Friedrich*, Österreichisches Arbeitsrecht$^4$ [2021] 93).

### 4. *Arbeitsort nach der Homeoffice-Vereinbarung*

Obwohl *Anna* und *Xaver* die Homeoffice-Vereinbarung bloß mündlich getroffen haben, ist diese wirksam. Dementsprechend ist *Anna* mittwochs dazu verpflichtet, ihre Arbeitsleistung nicht im Betrieb, sondern im Homeoffice zu erbringen. Fraglich könnte nunmehr sein, ob *Xaver* berechtigt ist, abweichend von der Homeoffice-Vereinbarung ein Erscheinen der *Anna* im Betrieb an ihrem Homeoffice-Tag verlangen zu können. In die Homeoffice-Vereinbarung selbst wurde eine solche Regelung jedenfalls nicht aufgenommen (arg: „*jeden Mittwoch fix im Homeoffice*", „*Homeoffice ist schließlich Homeoffice*"); zudem müsste die Zulässigkeit einer solchen Klausel unter dem Blickwinkel des § 879 Abs 3 ABGB im jeweiligen Einzelfall geprüft werden (*Naderhirn* in *Felten/Trost* [Hrsg], Homeoffice [2021] Rz 7.76). Auch die aus der Treuepflicht abgeleitete Notarbeitspflicht, welche AN – in engen Grenzen (OGH 9 ObA 23/94 Arb 11.177) – dazu verpflichtet, andere als die geschuldeten Tätigkeiten zu erbringen (ausführlich zB *Resch*, Homeoffice im Kontext „außergewöhnlicher Verhältnisse", ZAS 2023/2, 3 [5 ff]), ist nicht einschlägig: Im vorliegenden Fall fehlt es an einem dem AG drohenden erheblichen Nachteil, welcher durch die Fortsetzung der Arbeitsleistung im Betrieb abgewendet werden könnte. Der Nachteil erschöpft sich vielmehr bloß im Unterbleiben der Arbeitsleistung (vgl dazu noch die Prüfung des Entgeltfortzahlungsanspruchs während des Internetausfalles).

*Exkurs: Auflösung der Homeoffice-Vereinbarung aus wichtigem Grund*

Von der Auflösung des (gesamten) Arbeitsverhältnisses aus wichtigem Grund (§ 1162 ABGB, §§ 25 ff AngG, §§ 82 f GewO 1859 etc) gilt es die Auflösung der Homeoffice-Vereinbarung aus wichtigem Grund zu unterscheiden (§ 2h Abs 4 AVRAG). Zwar können sämtliche Dauerschuldverhältnisse aus wichtigem Grund vorzeitig aufgelöst werden. Die einseitige Aufhebung bloßer Teile eines Schuldverhältnisses ist jedoch grundsätzlich unzulässig; andernfalls könnte der Vertragspartner in einen Vertrag gezwungen werden, dem dieser so nie zugestimmt hat. Der Regelung des § 2h Abs 4 AVRAG kommt daher insoweit konstitutive Bedeutung zu, als sie die einseitige Auflösung der Homeoffice-Vereinbarung auch dann erlaubt, wenn die Vertragsparteien dies nicht vorgesehen haben (*Kammler/Resch*, Arbeitsrecht[8] [2023] Rz 497). Die Auflösung der Homeoffice-Vereinbarung bedarf dabei nicht nur der Einhaltung von Frist und Termin, vielmehr muss auch ein wichtiger Grund vorliegen. Aus der Kombination dieser Voraussetzungen wird abgeleitet, dass ein wichtiger Grund iSd § 2h Abs 4 AVRAG nicht das Gewicht eines Grundes zur vorzeitigen Auflösung des (gesamten) Arbeitsverhältnisses aufweisen muss. Das legen im Übrigen auch die Materialien nahe, welche als Beispiele für wichtige Gründe iSd § 2h Abs 4 AVRAG „*wesentliche Veränderungen der betrieblichen Erfordernisse oder wesentliche Veränderungen der Wohnsituation der Arbeitnehmerin oder des Arbeitnehmers*" nennen, die „*die Erbringung der Arbeitsleistung im Homeoffice nicht mehr erlauben*" (IA 1301/A 27 GP. Erläut 5).

*5. Ergebnis*

*Anna* hat keinen wichtigen Grund gesetzt, der *Xaver* zur Entlassung berechtigen würde. Die unbegründete Entlassung löst das Arbeitsverhältnis zwar auf, *Anna* hat jedoch Anspruch auf Kündigungsentschädigung für den Zeitraum, der bis zur Beendigung des Arbeitsverhältnisses durch ordnungsgemäße Kündigung verstreichen hätte müssen. Laut Sachverhalt ist *Anna* seit drei Jahren bei *Xaver* beschäftigt, dementsprechend kann ihr Arbeitsverhältnis gem § 20 AngG unter Einhaltung einer zweimonatigen Kündigungsfrist zum Quartalsende aufgelöst werden. *Anna* hat Anspruch auf Kündigungsentschädigung bis zum 31. Dezember. Die Anrechnungsregel des § 29 AngG greift erst für die nach dem dritten Monat gebührenden Zahlungen (§ 29 Abs 2 AngG).

## II. A gegen X auf Unwirksamerklärung der Entlassung gem § 107 iVm § 105 Abs 3 Z 1 lit i ArbVG

In betriebsratspflichtigen Betrieben, in denen kein Betriebsrat besteht, können Kündigungen und Entlassungen gem § 107 ArbVG durch den AN – in sinngemäßer Anwendung der §§ 105 f ArbVG – angefochten werden. Die erfolgreiche Anfechtung einer Entlassung nach dem allgemeinen Bestandschutz setzt voraus, dass die Entlassung wirksam ist, der AN keinen Entlassungsgrund gesetzt hat und ein Anfechtungsgrund iSd § 105 Abs 3 ArbVG vorliegt (§ 106 Abs 2 ArbVG). Sowohl die Wirksamkeit der Entlassung als auch das Fehlen eines die Entlassung rechtfertigenden wichtigen Grundes wurden bereits im Zusammenhang mit dem Anspruch auf Kündigungsentschädigung geprüft. Als Anfechtungsgrund kommt im vorliegenden Fall das verpönte Motiv gem § 105 Abs 3 Z 1 lit i ArbVG – Auflösung des Arbeitsverhältnisses „*wegen der offenbar nicht unberechtigten Geltendmachung vom Arbeitgeber in Frage gestellter Ansprüche aus dem Arbeitsverhältnis durch den Arbeitnehmer*“ – in Betracht. Dieser Tatbestand ist weit zu verstehen: Nicht nur, dass die Nichtbefolgung einer Weisung unter Berufung auf die eigene Rechtsposition als Geltendmachung eines Anspruchs verstanden werden kann (OGH 9 ObA 223/93 DRdA 1994/38, 409 [*Anzenberger*]), vielmehr muss der Anspruch nicht einmal zu Recht bestehen; es reicht, wenn dieser nicht offenbar unberechtigt – maW nicht „aus der Luft gegriffen“ – ist. Im vorliegenden Fall wurde *Anna* entlassen, weil sie sich unter Berufung auf die Homeoffice-Vereinbarung weigerte, der vertraglich nicht gedeckten Weisung des *Xavers* nachzukommen. Damit ist der Tatbestand des § 105 Abs 3 Z 1 lit i ArbVG erfüllt.

*Anna* hat somit die Möglichkeit, aufgrund der Entlassung entweder Kündigungsentschädigung gem § 29 AngG zu beanspruchen oder die Entlassung durch das ASG für rechtsunwirksam erklären zu lassen. Entscheidet sich *Anna* für die Bekämpfung der Entlassung nach dem allgemeinen Bestandschutz und gibt das Gericht der Anfechtungsklage statt, lebt das Arbeitsverhältnis rückwirkend wieder auf (vgl § 105 Abs 7 ArbVG). *Anna* hat dann nach Maßgabe des § 1155 ABGB Anspruch auf Entgeltfortzahlung für den in der Zwischenzeit eingetretenen Verdienstentfall.

## III. A gegen X auf Zahlung des ausständigen Entgelts gem § 1155 ABGB

Laut Sachverhalt erhielt *Anna* für die Zeit ab Eintritt des Internetausfalls (11:00) bis zum Ende ihrer Arbeitszeit (17:00) kein Entgelt. Fraglich ist, ob für diesen Zeitraum ein Entgeltfortzahlungsanspruch gem § 1155 ABGB besteht. Dieser Anspruch ist zwar bloß dispositiv (§ 1164 ABGB e contrario). Allerdings lässt sich dem Sachverhalt kein Hinweis darauf entnehmen, dass vertraglich von dieser Bestimmung abgewichen worden wäre. Ein Anspruch auf Entgeltfortzahlung gem § 1155 ABGB setzt zum einen voraus, dass die Arbeitsleistung aus Gründen unterbleibt, die vom AG zu vertreten sind. Zum anderen muss der AN aber auch leistungsbereit sein. Schließlich hat sich der AN auf seinen Entgeltfortzahlungsanspruch noch anrechnen zu lassen, was er sich durch das Unterbleiben der

Arbeitsleistung erspart hat, was er anderweitig verdient hat oder zu erwerben absichtlich verabsäumt hat.

### *1. Verhinderung aus von X zu vertretenden Gründen*

Als spezielle Ausprägung der Risikoverteilung im Arbeitsrecht muss der AG gem § 1155 ABGB das Entgelt fortzahlen, wenn die Arbeitsleistung aus von diesem zu vertretenden Gründen unterbleibt. Dies umfasst nach hA sowohl den Annahmeverzug als auch die vom AG zu vertretende Unmöglichkeit der Arbeitsleistung; ein Verschulden des AG ist jedoch nicht erforderlich. Im Detail ist es umstritten, wie weit die Sphäre der vom AG zu vertretenden Hinderungsgründe reicht *(vgl Marhold/Brameshuber/Friedrich*, Österreichisches Arbeitsrecht[4] 238 ff; *Windisch-Graetz*, Arbeitsrecht II[12] [2023] 219 ff). Die Rsp stellt auf Ereignisse und Umstände ab, welche die Person des AG, sein Unternehmen, Organisation und Ablauf des Betriebes, die Zufuhr von Rohstoffen, Energien und sonstigen Betriebsmitteln, die erforderlichen Arbeitskräfte, die Auftragslage und Absatzlage sowie die rechtliche Zulässigkeit der betrieblichen und unternehmerischen Tätigkeit betreffen. Dazu gehören auch Fälle „höherer Gewalt", sofern von ihnen zwar das Unternehmen, nicht aber die Allgemeinheit berührt ist (OGH 9 ObA 202/87 ZAS 1988/21, 167 [*Schnorr*]; weiters OGH 9 ObA 133/22g EvBl 2024/124, 415 [*Greiner*]).

Im vorliegenden Fall fehlt es aufgrund des Internetausfalls an einem für die Erbringung der Arbeitsleistung unerlässlichen Arbeitsmittel. Der AN ist grundsätzlich bloß Tätigkeitsschuldner und daher nicht dazu verpflichtet, die zur Erbringung der Arbeitsleistung erforderlichen Arbeitsmittel beizustellen. Vor diesem Hintergrund verwirklicht sich das Unternehmerrisiko, wenn das Unterbleiben der Arbeitsleistung darauf zurückzuführen ist, dass die Versorgung mit den notwendigen Arbeits- bzw Betriebsmitteln ausbleibt (zB Lieferschwierigkeiten von Rohstofflieferanten, Stromausfall infolge eines Kabelbruches). Der allgemeine Grundsatz, dass AN nicht verpflichtet sind, die Arbeitsmittel zur Verfügung zu stellen, wird in Bezug auf digitale Arbeitsmittel in § 2h Abs 3 S 1 AVRAG sogar ausdrücklich bekräftigt. Zwar räumt § 2h Abs 3 AVRAG auch die Möglichkeit ein, den AN zur Bereitstellung der erforderlichen (digitalen) Arbeitsmittel zu verpflichten, wenn diesem die *„angemessenen und erforderlichen Kosten"* ersetzt werden. Selbst eine solche Vereinbarung ändert allerdings nichts daran, dass das Funktionieren der Arbeitsmittel grundsätzlich weiterhin in die Risikosphäre des AG fällt (*Naderhirn* in *Felten/Trost*, Homeoffice Rz 7.72).

Aufgrund des Internetausfalls fehlt es an einem für die Erbringung der Arbeitsleistung notwendigen Arbeitsmittel. Dabei handelt es sich um einen der Sphäre des *Xavers* zuzurechnenden Umstand.

### *2. Leistungsbereitschaft der A*

Voraussetzung für einen Entgeltfortzahlungsanspruch nach § 1155 ABGB ist weiters die Leistungsbereitschaft des AN. Dieser muss dem AG die geschuldete Arbeitsleistung zur bedungenen Zeit am bedungenen Ort anbieten. Die Leistungsbereitschaft ist nicht gegeben, wenn es an der Leistungsfähigkeit des AN mangelt (zB Arbeitsunfähigkeit infolge Krankheit). Im vorliegenden Fall war *Anna* dazu verpflichtet, während der vereinbarten Lage der Arbeitszeit ihre Arbeitsleistung im Homeoffice zu erbringen. Dazu war *Anna* nach dem Sachverhalt auch bereit (arg: Arbeitsleistung zwischen 8:00 und 11:00). Die Erbringung von Arbeitsleistungen im Betrieb war an einem Homeoffice-Tag nicht geschuldet. Die Leistungsbereitschaft der *Anna* ist daher nicht entfallen, weil sich diese weigerte, in den Betrieb zu kommen.

### *3. Obliegenheit zum Wechsel in den Betrieb*

Auch wenn keine Verpflichtung der *Anna* bestand, sich zur Erbringung ihrer Arbeitsleistung in den Betrieb zu begeben, gilt es zu klären, ob eine Obliegenheit dazu bestand. Unter einer Obliegenheit versteht man eine „Pflicht minderer Sanktion". Deren Verletzung zieht zwar weder Erfüllungs- noch Schadenersatzansprüche nach sich, es knüpfen sich daran jedoch sonstige nachteilige Konsequenzen (zB § 8 Abs 8 AngG: Verlust der Entgeltfortzahlung während der Säumnis mit der Meldung der Dienstverhinderung). Gem § 1155 Abs 1 HS 2, 3. Fall ABGB muss sich der AN auf seinen Anspruch auf Entgeltfortzahlung alles anrechnen lassen, was dieser *„zu erwerben absichtlich versäumt hat."* Dies umfasst auch den Verdienst, den der AN bei seinem eigenen AG zu erwerben verabsäumt hat (*Naderhirn* in *Felten/Trost*, Homeoffice Rz 7.92 mwN).

Die Anrechnungsregel des § 1155 Abs 1 HS 2, 3. Fall ABGB greift allerdings nur dann, wenn dem AN der anderweitige Erwerb sowohl möglich als auch zumutbar ist. Zwar äußert ein Teil des Schrifttums Bedenken gegenüber einer Obliegenheit des AN, ins Homeoffice zu wechseln, diese – auf den Schutz der Privatsphäre (vgl Art 8 EMRK, § 16 ABGB) gestützten – Vorbehalte greifen jedoch jedenfalls nicht in Bezug auf den Wechsel vom Homeoffice in den Betrieb (*Naderhirn* in *Felten/Trost*, Homeoffice Rz 7.71). Aus dem Sachverhalt gehen zudem keine Gründe hervor, die *Anna* an einem Wechsel in den Betrieb gehindert hätten (zB Betreuungspflichten für Kinder). Im Gegenteil: Die Strecke zwischen ihrer Wohnung und dem Betrieb kann offenbar innerhalb einer Stunde zurückgelegt werden, sodass *Anna* noch den gesamten Nachmittag im Betrieb hätte arbeiten können (anders wäre der Fall bspw zu beurteilen, wenn sich der Internetausfall kurz vor dem Ende der Arbeitszeit der *Anna* ereignet hätte).

### *4. Ergebnis*

Ab dem Zeitpunkt, an dem sich *Anna* auf den Weg in den Betrieb hätte machen können, besteht aufgrund der Obliegenheit gem § 1155 Abs 1 HS 2, 3. Fall ABGB kein Anspruch auf Fortzahlung des Entgelts.

**Literatur- und Judikaturhinweise:**

OGH 16.12.1987, 9 ObA 202/87 ZAS 1988/21, 167 (*Schnorr*).
OGH 22.12.1993, 9 ObA 223/93 DRdA 1994/38, 409 (*Anzenberger*).
OGH 16.2.2023, 9 ObA 133/22g EvBl 2024/124, 415 (*Greiner*).
*Brodil/Gruber-Risak*, Arbeitsrecht in Grundzügen[11] (2022) Rz 244a, 261 ff.
*Felten/Trost* (Hrsg), Homeoffice (2021).
*Köck* (Hrsg), Der Homeoffice-Kommentar (2021).
*Marhold/Brameshuber/Friedrich*, Österreichisches Arbeitsrecht[4] (2021) 39, 92 f, 236 ff.
*Resch*, Homeoffice im Kontext „außergewöhnlicher Verhältnisse", ZAS 2023/2, 3.
*Windisch-Graetz*, Arbeitsrecht II[12] (2023) 68 f, 215 f.

# MICHAEL HAT’S SCHWER (FALL 14)

*Michael* arbeitet seit zwei Jahren als Projektmanager bei der *FH Burgenland*. Er bekommt dafür ein Entgelt von € 2.500 brutto, mit dem der alleinerziehende Vater von zwei Kindern gerade so über die Runden kommt. Zu seinen Aufgaben an der Fachhochschule gehören die Planung und Umsetzung von Kommunikationskonzepten und PR-Kampagnen, das Projektmanagement im Bereich Öffentlichkeitsarbeit und der Aufbau eines Veranstaltungsmanagements. Die laufenden operativen Aufgaben erledigt er in tadelloser Weise. Allerdings gelingt es ihm nach Ansicht des Rektorats nicht, das wichtige Projekt „Intranet/interne Kommunikation“ zu einem positiven Abschluss zu bringen. Rektor *Friedlich* meint, *Michael* habe keine ausreichenden Initiativen gesetzt, um Überzeugungsarbeit zu leisten und Akzeptanz für das Projekt zu schaffen. Mit der Leiterin der EDV-Abteilung hat *Michael* – nicht zuletzt aufgrund einer von ihm in scharfem Ton verfassten kritischen E-Mail – kein gutes Verhältnis. Wenngleich er von den ihm unterstellten Mitarbeiter:innen geschätzt und anerkannt wird, gestaltet sich die Zusammenarbeit mit einigen Mitarbeiter:innen auch schwierig und belastet.

Aus diesen Gründen informiert *Friedlich* den Betriebsrat der Fachhochschule am 1. September, einem Montag, dass er beabsichtigt, *Michael* zum nächstmöglichen Termin zu kündigen. Der Betriebsrat übermittelt am Donnerstag, 4. September, eine Stellungnahme, in der er der Kündigung widerspricht. Im Falle einer Kündigung muss *Michael* voraussichtlich mit sechs Monaten Arbeitslosigkeit rechnen, auch danach wird er wohl nur einen im Verhältnis zur Beschäftigung in der Fachhochschule schlechter bezahlten Job finden.

**Frage 1: Wann kann der Arbeitgeber die Kündigung frühestens aussprechen?**

Bereits am 5. September findet *Michael* auf seinem Schreibtisch eine schriftliche Erklärung des Rektors, in der ihm mitgeteilt wird, dass sein Arbeitsverhältnis am 31.12. wegen Arbeitgeberkündigung beendet wird. Am selben Tag informiert *Friedlich* den Betriebsrat von der erfolgten Kündigung.

**Frage 2: Was kann Michael gegen die Kündigung unternehmen? Wie lange hat er dafür Zeit?**

**Frage 3: War die Kündigung durch den Arbeitgeber gerechtfertigt?**

**Variante:**

Als sich herausstellt, dass das Projekt „Intranet/interne Kommunikation“ nicht erfolgreich abgeschlossen werden kann, platzt *Friedlich* der Kragen. Sofort ruft er *Michael* an und teilt ihm mit, er solle seine Sachen zusammenpacken und sich „nicht mehr blicken lassen“.

**Frage 4: Wie ist diese Aussage des Rektors zu beurteilen?**

**Frage 5: Wie kann *Michael* dagegen vorgehen?**

**Variante 2:**

In der Belegschaft haben *Michaels* Launen schon mehrmals für Unmut gesorgt. Der Betriebsrat stimmt der beabsichtigten Kündigung daher zu und übermittelt *Friedlich* am 4. September eine entsprechende Stellungnahme.

**Frage 6: Welche Auswirkungen hat die Zustimmung des Betriebsrats?**

## Lösung Frage 1

Der allgemeine Kündigungsschutz ist als Teil der Betriebsverfassung in § 105 ArbVG geregelt. Der Anwendungsbereich der betriebsverfassungsrechtlichen Vorschriften ergibt sich aus §§ 33 ff ArbVG. Der allgemeine Kündigungsschutzes erstreckt sich daher nur auf Arbeitnehmer:innen iSd § 36 ArbVG, die in betriebsratspflichtigen Betrieben beschäftigt sind. In Kleinstbetrieben (weniger als 5 AN) besteht daher kein allgemeiner Kündigungsschutz.

Wenn ein Betriebsrat besteht, hat der:die Arbeitgeber:in nach § 105 Abs 1 ArbVG diesen vor jeder Kündigung von der Kündigungsabsicht zu verständigen. Der Betriebsrat kann innerhalb einer Woche Beratungen mit dem:der Arbeitgeber:in verlangen, eine Stellungnahme abgeben, in der er der Kündigung zustimmt oder widerspricht, oder schweigen und die Frist zur Stellungnahme verstreichen lassen. Unterlässt der:die Arbeitgeber:in die Verständigung des Betriebsrates oder wartet er:sie die Wochenfrist nicht ab, ist eine dennoch ausgesprochene Kündigung unwirksam.

*Friedlich* kann die Kündigung daher frühestens am 4. September nach Erhalt der fristgerechten Stellungnahme des Betriebsrates aussprechen.

## Lösung Frage 2

Der allgemeine Kündigungsschutz ermöglicht die Anfechtung einer Kündigung wegen eines verpönten Kündigungsmotivs (§ 105 Abs 3 Z 1 ArbVG) oder wegen Sozialwidrigkeit der Kündigung (Z 2 *leg cit*). Der Sachverhalt liefert keine Anhaltspunkte für das Vorliegen eines verpönten Motivs, nur Sozialwidrigkeit kommt in Frage.

Der:die Arbeitgeber:in hat den Betriebsrat nach § 105 Abs 4 ArbVG von der ausgesprochenen Kündigung zu verständigen. Da der Betriebsrat der Kündigung widersprochen hat, kann *Michael* nach § 105 Abs 4 ArbVG vom Betriebsrat verlangen, die Kündigung bei Gericht anzufechten. Die Anfechtung durch den Betriebsrat hat binnen einer Woche nach der Verständigung von der ausgesprochenen Kündigung zu erfolgen. Kommt der Betriebsrat diesem Verlangen nicht nach, kann *Michael* die Kündigung innerhalb von zwei Wochen nach Ablauf der für den Betriebsrat geltenden Frist selbst bei Gericht anfechten.

Der Lauf der im ArbVG normierten Fristen, richtet sich wegen des Verweises in § 169 ArbVG nach den §§ 32 f AVG. Demnach wird der Postlauf nicht in die Fristen eingerechnet, zur Wahrung der Rechtzeitigkeit reicht die fristgerechte Übergabe an einen Zustelldienst (Poststempel). Da *Friedlich* den Betriebsrat am 5. September von der Kündigung verständigt hat, hat der Betriebsrat bis 12. September, 24:00 Uhr, Zeit, die Kündigung anzufechten. Falls der Betriebsrat die Anfechtung unterlässt, kann *Michael* die Kündigung bis 26. September, 24:00 Uhr, selbst anfechten.

## Lösung Frage 3

An dieser Stelle ist zu prüfen, ob die Kündigung durch den Rektor eine unzulässige sozialwidrige Kündigung darstellt. Sozialwidrigkeit liegt nach § 105 Abs 3 Z 2 ArbVG vor, wenn wesentliche Interessen des:der Arbeitnehmers:in beeinträchtigt werden, es sei denn, die Kündigung kann aus betriebsbedingten oder in der Person des:der Arbeitnehmers:in gelegenen Gründen gerechtfertigt werden. Demnach ist eine mehrstufige Prüfung durchzuführen.

Zunächst muss geklärt werden, ob die Kündigung wesentliche Interessen des:der Arbeitnehmers:in beeinträchtigt. Dies kann nach der Judikatur bejaht werden, wenn die Kündigung eine fühlbare, ins Gewicht fallende Beeinträchtigung der wirtschaftlichen Lage zur Folge hat, ohne dass es dabei schon zu einer sozialen Notlage oder einer Existenzgefährdung kommen müsste. Im konkreten Fall kann die wesentliche Interessenbeeinträchtigung unter Berücksichtigung von *Michaels* Unterhaltspflichten und seinen schlechten Aussichten auf dem Arbeitsmarkt wohl bejaht werden.

In einem nächsten Schritt ist zu prüfen, ob Kündigungsrechtfertigungsgründe vorliegen. Die Kündigung kann entweder durch Umstände, die in der Person des:der Arbeitnehmers:in liegen (personenbedingte Kündigung), oder durch betriebliche Erfordernisse (betriebsbedingte Kündigung) gerechtfertigt werden. Da die Kündigung im vorliegenden Fall als Reaktion auf *Michaels* Verhalten ausgesprochen wurde, handelt es sich um eine personenbedingte Kündigung. Für die Rechtfertigung ist entscheidend, ob die in der Person des:der Arbeitnehmers:in gelegenen Gründe die betrieblichen Interessen so stark nachteilig berühren, dass sie bei objektiver Betrachtungsweise einen verständigen Betriebsinhaber zur Kündigung veranlassen würden und die Kündigung als gerechte, dem Sachverhalt adäquate Maßnahme erscheinen lassen.

Die in der Person des:der Arbeitnehmers:in gelegenen Umstände müssen aber – anders als bei der Entlassung – die Weiterbeschäftigung für den:die Arbeitgeber:in nicht unzumutbar machen. Die Anforderungen an die Kündigungsrechtfertigung sind daher weniger streng als bei der Entlassung. Im vorliegenden Fall können *Michaels* fehlender Einsatz und seine mangelnde „Teamfähigkeit" als Rechtfertigungsgründe vorgebracht werden.

Zuletzt ist bei der Beurteilung einer eventuell sozialwidrigen Kündigung eine Interessenabwägung durchzuführen. Die beeinträchtigten Interessen des:der Arbeitnehmers:in sind mit den nachteilig berührten betrieblichen Interessen in Beziehung zu setzen. Werden die betrieblichen Interessen in erheblichem Maße berührt, überwiegen sie das (wesentliche) Interesse des:der Arbeitnehmers:in an der Aufrechterhaltung des Arbeitsverhältnisses. Im vorliegenden Fall werden die betrieblichen Interessen wegen des drohenden Scheiterns des wichtigen Projekts in einem solchen Ausmaß berührt.

Zusammenfassend kann daher von einer gerechtfertigten personenbedingten Kündigung ausgegangen werden.

**Lösung Frage 4**

Bei der fraglichen Aussage könnte es sich um eine Entlassungserklärung handeln. Nach der Rechtsprechung liegt eine – ausdrückliche oder konkludente – Entlassungserklärung vor, wenn der:die Empfänger:in der Erklärung zweifelsfrei erkennen kann, dass der:die Arbeitgeber:in das Arbeitsverhältnis sofort und ohne Einhaltung einer Frist aus wichtigem Grund beenden will. *Friedlichs* Aufforderung, *Michael* solle seine Sachen packen und sich „nicht mehr Blicken lassen" lässt darauf schließen, dass das Arbeitsverhältnis sofort beendet werden soll.

Die Aussage des Rektors ist daher als Entlassung zu qualifizieren.

## Lösung Frage 5

Das österreichische Arbeitsrecht erlaubt eine sofortige Entlassung nur bei Vorliegen eines wichtigen Grundes. Eine nicht begründete und damit rechtswidrige Entlassung ist jedoch dennoch rechtswirksam, weil nach ständiger Rechtsprechung des OGH auf fehlerhafte fristlose Beendigungen des Arbeitsverhältnisses grundsätzlich die Schadenersatztheorie anzuwenden ist. Wird daher ein:e Arbeitnehmer:in zu Unrecht entlassen, wird das Arbeitsverhältnis dennoch mit sofortiger Wirkung beendet. Der:die entlassene Arbeitnehmer:in kann die Entlassung im Rahmen des § 106 ArbVG (allgemeiner Entlassungsschutz) anfechten oder Schadenersatz in Form der Kündigungsentschädigung verlangen.

Es muss daher geprüft werden, ob *Michael* einen Entlassungsgrund gesetzt hat. Als Projektmanager verrichtet *Michael* höhere, nicht kaufmännische Dienste iSd § 1 AngG. Es kommen daher die Entlassungsgründe des § 27 AngG zur Anwendung. Der Sachverhalt liefert keine Ansatzpunkte für das Vorliegen eines Entlassungsgrundes. Eine beharrliche Pflichtverletzung (§ 27 Z 4 AngG) kann etwa schon mangels vorangegangener Ermahnung durch den:die Arbeitgeber:in nicht verwirklicht sein. Es handelt sich daher um eine ungerechtfertigte Entlassung.

Da der allgemeine Entlassungsschutz als notwendige Ergänzung des allgemeinen Kündigungsschutzes dient, kann die Anfechtung einer ungerechtfertigten Entlassung nach § 106 iVm § 105 ArbVG nur erfolgreich sein, wenn Umstände vorliegen, die auch eine anstelle der Entlassung ausgesprochene Kündigung angreifbar machen würden. In der vorliegenden Variante wäre eine Kündigung jedoch personenbedingt gerechtfertigt (vgl Frage 4).

*Michael* kann daher nur Schadenersatz in Form der Kündigungsentschädigung verlangen.

## Lösung Frage 6

Stimmt der Betriebsrat der beabsichtigten Kündigung fristgerecht zu, kommt eine Anfechtung wegen Sozialwidrigkeit gemäß § 105 Abs 6 ArbVG nicht in Betracht. Der Betriebsrat kann damit eine:n Arbeitnehmer:in von der Kündigungsanfechtung ausschließen. Gegen dieses sogenannte Sperrrecht des Betriebsrates wurden in der Literatur verfassungsrechtliche Bedenken vorgebracht. Der VfGH hat sich diesen Bedenken jedoch nicht angeschlossen.

*Michael* kann die ausgesprochene Kündigung auf Grund der Zustimmung des Betriebsrates nicht wegen Sozialwidrigkeit anfechten. Da der Sachverhalt keine Ansatzpunkte für das Vorliegen eines verpönten Motivs enthält, endet das Arbeitsverhältnis am 31.12.

**Literatur- und Judikaturhinweise:**

OGH 27.8.2013, 9 ObA 92/13i.
OGH 29.8.2002, 8 ObA 179/02k.
*Brodil/Gruber-Risak*, Arbeitsrecht in Grundzügen[11] (2022) Rz 153 ff.
*Marhold/Brameshuber/Friedrich*, Österreichisches Arbeitsrecht[4] (2021) 291 ff.
*Windisch-Graetz*, Arbeitsrecht II[12] (2023) 237 ff.
*Wolliger* in *Neumayr/Reissner* (Hrsg), ZellKomm[3] Band 2 (2018) §§ 105 f ArbVG.

[1] Anderes gilt bei Bestehen eines besonderen Bestandschutzes, vgl Fall 15.

# 15 CHAOS IM SAFTLADEN (FALL 15)

Das Geschwisterpaar *Lisa* und *Jan* erkannte früh, dass zuckerfreie Limonaden und Softdrinks immer beliebter werden und gründete 2019 die *Saftladen GmbH*, deren Geschäftsführer:innen die Geschwister auch sind. Die *Saftladen GmbH* ist insb auf die Herstellung und den Vertrieb von hochwertigen zuckerfreien Limonaden und Säften spezialisiert. Aufgrund des Erfolgs der Limonaden hat die *Saftladen GmbH* bereits mehrmals expandieren und sich einen Namen in der Getränkeindustrie machen können. Das Unternehmen hat seinen Sitz im 7. Bezirk in Wien und beschäftigt mittlerweile rund 40 Mitarbeiter:innen. Einen Betriebsrat gibt es nicht.

Eine der ersten Mitarbeiterinnen war *Alma*, die seit der Gründung des Unternehmens bei der *Saftladen GmbH* tätig ist. *Alma* arbeitet in der Qualitätssicherung und nimmt dort eine zentrale Rolle ein. Sie sorgt durch eine umfassende Überwachung und Kontrolle der Produktionsprozesse dafür, dass alle Produkte den hohen Standards der *Saftladen GmbH* entsprechen. Ihr Engagement und ihre Expertise, die gerne von sämtlichen Mitarbeiter:innen beansprucht wird, tragen wesentlich zum Erfolg der *Saftladen GmbH* bei.

In dieser familiären Atmosphäre ist auch *Almas* Wunsch, irgendwann eine Familie zu gründen, kein Geheimnis. *Lisa* und *Jan* ist dieser potenzielle, längere Ausfall *Almas* aus wirtschaftlichen Gründen aber ein Dorn im Auge. Die beiden sind daher besonders alarmiert, als *Alma* in einem morgendlichen Team-JourFixe beiläufig über Übelkeit klagt. Sie sind der Meinung, dass die Kündigung *Almas* die einzige Möglichkeit ist, um die von ihnen gefürchteten wirtschaftlichen Strapazen zu vermeiden. Am 14.5. bitten die beiden *Alma* zu einem Gespräch zu sich, in dem sie schließlich die Kündigung aussprechen.

*Alma* ist außer sich und enttäuscht. Sie versteht nicht, weshalb ihre stets gewissenhaft verrichtete Arbeit plötzlich nicht mehr wertgeschätzt wird. Gründe für die Kündigung wurden ihr nicht genannt. Auch die anhaltende Übelkeit führt *Alma* auf die emotionale Situation im Zusammenhang mit der Kündigung zurück, da dies bei ihr in der Vergangenheit schon oft ein typisches Stresssymptom war. Sicherheitshalber sucht sie dennoch am 3.6. ihre Gynäkologin auf, die der überraschten *Alma* mitteilt, dass sie schwanger ist. Es kann festgestellt werden, dass die Vereinigung von Ei und Samenzelle um den 6.5. mit einer Bandbreite von zwei Tagen (ein Tag vor oder ein Tag nach dem 6.5.) erfolgt ist. *Alma* ist verblüfft, eine so baldige Familiengründung hatte sie nicht geplant. Sie muss diese Nachricht erst einmal verarbeiten und informiert erst am nächsten Tag *Jan* und *Lisa*, die aber die ausgesprochene Kündigung aufrecht halten. Dies möchte *Alma* nicht auf sich sitzen lassen.

**1. Was kann *Alma* tun?**

Auch *Peter* ist bereits seit Beginn treuer Mitarbeiter der *Saftladen GmbH* und arbeitet im Marketing. Er ist für die Entwicklung und Umsetzung von Marketingstrategien zuständig und insb im Social Media Bereich dafür verantwortlich, dass die passenden Marketingstrategien gefunden werden, um das überwiegend junge Publikum zu erreichen. Er organisiert diesbezüglich Werbekampagnen, plant Events und arbeitet eng mit dem Vertriebsteam zusammen, um die Marktpräsenz zu erhöhen. *Lisa* und *Jan* konnten den 52-jährigen *Peter* als erfahrenen Experten im Jahr 2019 für ihr Projekt gewinnen und ihn von einem namhaften Getränkehersteller abwerben.

Seit Beginn letzten Jahres plagen *Peter* jedoch gesundheitliche Probleme, die immer wieder zu langen Krankenständen führen. *Lisa* und *Jan* sind nicht erfreut über *Peters* lange Abwesenheiten, da in dieser Zeit die Social Media Kanäle der *Saftladen GmbH* weitgehend ungenutzt bleiben und das Unternehmen dadurch an Reichweite verliert. Während einer abermaligen krankheitsbedingten Abwesenheit beschließen die beiden schließlich, *Peter* am 4.8. zum 31.12. zu kündigen. Ein entsprechendes Kündigungsschreiben wird noch am selben Tag zur Post gebracht und geht *Peter* am 5.8. zu. Ebenfalls am 5.8. beantragt *Peter* die Feststellung seiner Zugehörigkeit zum Kreis der begünstigten Behinderten (Datum des Einlangens 5.8.). Diesem Antrag wird mit Bescheid vom 18.10. Folge gegeben und festgestellt, dass *Peter* rückwirkend ab 5.8. dem Personenkreis der begünstigten Behinderten mit einer Behinderung von 50% angehört. Peter möchte nach Erhalt des Bescheids gegen die Kündigung vorgehen.

## 2. Was kann *Peter* tun?

## Lösung

Unbefristete Arbeitsverhältnisse können von beiden Seiten grds jederzeit und begründungsfrei unter Einhaltung der gesetzlich (§ 20 AngG, § 1159 ABGB) oder (kollektiv)vertraglich vorgesehenen Kündigungsfristen und -termine gekündigt werden. Der Kündigungs- und Begründungsfreiheit der AG sind jedoch durch die Bestimmungen des allgemeinen (vgl §§ 105, 107 ArbVG) sowie jenen des besonderen Kündigungsschutzes Grenzen gesetzt. Dabei ist der besondere Kündigungsschutz ein wesentliches Instrument, um bestimmte Gruppen von AN (bspw Eltern, Menschen mit Behinderung, Belegschaftsfunktionär:innen) besonders zu schützen. Im Gegensatz zum allgemeinen ist der besondere Kündigungsschutz als ein der Kündigung vorgelagerter Schutz ausgestaltet. Dies bedeutet, dass die Rechtswirksamkeit einer Kündigung an die Zustimmung des Gerichts bzw einer Behörde gebunden ist und idR eines besonderen Grundes bedarf. Kündigt die AG ohne Zustimmung, ist die Kündigung rechtsunwirksam. Dies kann die AN mit einer Klage auf Feststellung des aufrechten Bestands des Arbeitsverhältnisses geltend machen. Hingegen setzt eine Anfechtungsklage nach § 105 ArbVG eine wirksame Kündigung voraus. Sie ist auf die Unwirksamerklärung der Kündigung gerichtet und wirkt im klagsstattgebenden Fall rechtsgestaltend.

### Alma:

In *Almas* Fall ist angesichts des besonderen Kündigungsschutzes für Schwangere bereits fraglich, ob die Kündigung überhaupt wirksam ausgesprochen wurde. Dieser besondere Schutz ist im Mutterschutzgesetz (MSchG) geregelt und kommt gem § 10 MSchG dann zum Tragen, wenn eine Schwangerschaft im Zeitpunkt der Kündigung tatsächlich schon eingetreten ist und die AG von der Schwangerschaft wusste. Die AG-Kündigung ist aber auch dann unwirksam, wenn die Schwangerschaft binnen fünf Arbeitstagen nach Zugang der Kündigung bekannt gegeben und gleichzeitig ein ärztlicher Nachweis über die Schwangerschaft erbracht wird.

Kann die AN der AG aus Gründen, die nicht von ihr zu vertreten sind, die Schwangerschaft nicht innerhalb der Fünftagesfrist bekanntgegeben, so ist die Bekanntgabe rechtzeitig, wenn sie unmittelbar nach Wegfall des Hinderungsgrundes nachgeholt wird (§ 10 Abs 2 MSchG). Ein Hinderungsgrund kann etwa auch die mangelnde Kenntnis der AN sein. Eine Bekanntgabe unmittelbar nach Kenntniserlangung wahrt den besonderen Kündigungsschutz daher ebenfalls.

Der Gesetzgeber knüpft den Schutz an den schützenswerten Zustand der Frau ab der grds zu einer Geburt führenden Empfängnis bis zum Eintritt der Geburt. Die Schutzbedürftigkeit besteht unabhängig davon, ob auch schon eine Einnistung des befruchteten Eies in der Gebärmutterschleimhaut stattgefunden hat und ob der Nachweis der Schwangerschaft leicht zu erbringen ist; es kommt auf den Zeitpunkt der Vereinigung der Ei- und Samenzelle an.

Im vorliegenden Fall wurde die Vereinigung von Ei und Samenzelle mit einer Bandbreite von zwei Tagen um den 6.5. festgestellt. Zum Zeitpunkt des Ausspruches der Kündigung am 14.5. war *Alma* daher bereits schwanger.

Die mangelnde Kenntnis kann *Alma* gegenständlich nicht als von ihr zu vertretendes Fehlverhalten vorgeworfen werden. Gerade bei der ersten Schwangerschaft ist es nach der Rsp grds nicht schädlich, wenn sich die AN in den ersten Monaten noch keine Gewissheit über das Vorliegen der Schwangerschaft verschafft (OGH 16.5.2002, 8 ObA 106/02z).

Hat die AN im Zeitpunkt der Kündigung noch keine Kenntnis von der Schwangerschaft, so ist die Bekanntgabe rechtzeitig, wenn sie unmittelbar nach Kenntnis nachgeholt wird. Die Rsp verlangt diesfalls einen engen zeitlichen Konnex zwischen der positiven Kenntniserlangung der Schwangerschaft und der Bekanntgabe an die AG, ohne dass die Anforderungen überspitzt werden dürfen (OGH 16.5.2002, 8 ObA 106/02z). Eine Mitteilung am folgenden Tag verletzt die Verpflichtung zur unverzüglichen Bekanntgabe nicht. *Almas* Bekanntgabe am Folgetag war daher auch rechtzeitig. Sie unterliegt dem besonderen Kündigungsschutz des § 10 MSchG.

Gem § 10 Abs 3 MSchG kann eine Kündigung nur dann rechtswirksam ausgesprochen werden, wenn vorher die Zustimmung des Gerichts eingeholt wurde. Ohne eine solche ist die Kündigung rechtsunwirksam. Die Zustimmung zur Kündigung ist nur dann zu erteilen, wenn die AG das Arbeitsverhältnis wegen einer Betriebsreduktion nicht ohne Schaden für den Betrieb weiter aufrechterhalten kann oder wenn sich die AN in der Tagsatzung zur mündlichen Streitverhandlung nach Rechtsbelehrung über den Kündigungsschutz mit der Kündigung einverstanden erklärt. Etwaige diesbezügliche Hinweise lassen sich dem Sachverhalt nicht entnehmen.

**Aufgrund der um den 6.5. stattgefundenen Vereinigung der Ei- und Samenzelle und die dadurch begründete Schwangerschaft iVm der rechtzeitigen Bekanntgabe von *Alma* ist die am 14.5. ausgesprochenen Kündigung gem § 10 Abs 6 MSchG unwirksam. *Alma* kann Klage auf Feststellung des aufrechten Bestehens ihres Arbeitsverhältnisses erheben.**

**Anmerkung:**

Nach der Rsp ist es in Hinblick auf § 10 Abs 1 MSchG irrelevant, ob eine „intakte" Schwangerschaft und ein entwicklungsfähiger Embryo vorlagen oder ein schwangerschaftsähnlicher Zustand wie etwa bei einer Eileiterschwangerschaft gegeben war. Für den Kündigungsschutz ist die mit Vereinigung der Ei- und Samenzelle begonnene Schwangerschaft maßgeblich. Gem § 10 Abs 1a MSchG ist eine Kündigung außerdem bis zum Ablauf von vier Wochen nach einer erfolgten Fehlgeburt rechtsunwirksam. Auf Verlangen der AG hat die AN eine ärztliche Bescheinigung über die Fehlgeburt vorzulegen.

Auf den ersten Blick scheint in vorliegendem Fall grds auch eine Anfechtungsklage denkbar: Es handelt es sich um einen betriebsratspflichtigen Betrieb (vgl § 40 ArbVG; ≥ 5 AN). *Alma* ist AN iSd § 36 ArbVG. Eine Anfechtung nach § 107 ArbVG würde in vorliegendem Sachverhalt aber bereits daran scheitern, dass aufgrund des besonderen Kündigungsschutzes keine wirksame Kündigung vorliegt. Ungeachtet dessen ist jedoch auch die zweiwöchige Anfechtungsfrist des § 105 Abs 4 ArbVG verstrichen, da die Kündigung am 14.5. ausgesprochen wurde, *Alma* jedoch erst am 3.6. dagegen vorgehen möchte. Aus dem selben Grund wäre auch eine Anfechtung nach § 12 Abs 7 GlBG (Kündigung im Zusammenhang mit einer Schwangerschaft als unmittelbare Diskriminierung aufgrund des Geschlechts) nicht möglich.

**Peter:**

Ein besonderer Bestandschutz gilt auch für begünstigt behinderte Personen iSd § 2 Behinderteneinstellungsgesetz (BEinstG). Das sind jene Personen, deren Grad der Behinderung mindestens 50% beträgt und dies durch einen Bescheid festgestellt wurde (§ 2 Abs 1 BEinstG). Unabhängig von einem bescheidmäßig festgestellten Status gilt daneben für Menschen mit Behinderung iSd § 3 BEinstG ein Motivkündigungsschutz, der im Rahmen einer Kündigungsanfechtung geltend zu machen ist (§ 7f BEinstG).

Gem § 14 Abs 2 BEinstG werden die Begünstigungen nach dem BEinstG mit dem Zutreffen der Voraussetzungen, frühestens mit dem Tag des Einlangens des Antrages beim Bundesamt für Soziales und Behindertenwesen wirksam.

Die Kündigung eines begünstigten Behinderten darf von der AG erst dann ausgesprochen werden, wenn der Behindertenausschuss zugestimmt hat. Dabei handelt es sich um eine kollegiale Verwaltungsbehörde, die bei jeder Landesstelle des Bundesamtes für Soziales und Behindertenwesen errichtet und insb mit AN-, AG- und Behindertenvertreter:innen besetzt ist (§ 12 BEinstG). Eine Kündigung ohne vorherige Zustimmung des Behindertenausschusses ist rechtsunwirksam, wenn nicht in Ausnahmefällen nachträglich die Zustimmung erteilt wird. Ein Ausnahmefall, der die nachträgliche Zustimmung zu einer bereits ausgesprochenen Kündigung rechtfertigt, ist dann gegeben, wenn der AG zum Zeitpunkt des Ausspruches der Kündigung nicht bekannt war und auch nicht bekannt sein musste, dass der AN dem Personenkreis der begünstigten Behinderten angehört (vgl § 8 Abs 2 BEinstG).

Der Kündigungsschutz selbst ist von der Kenntnis der AG von der Behinderung jedoch unabhängig. Entscheidend ist allein, ob die Begünstigungen im Zeitpunkt des Ausspruchs der Kündigung bereits eingetreten waren.

*Peters* begünstigte Behinderteneigenschaft wurde rückwirkend mit dem Tag des Einlangens des Antrags, somit zum 5.8., festgestellt. *Peter* gehörte daher unabhängig von jeglicher Kenntnis der AG schon mit Tagesbeginn dem Personenkreis der begünstigten Behinderten an. Die Kündigung ging ihm ebenfalls am 5.8. zu. Da der Zugang der Kündigung aber jedenfalls nach Tagesbeginn des 5.8. anzusetzen ist, bedarf die Kündigung der Zustimmung des Behindertenausschusses. Diese lag bei der Kündigung nicht vor. Sofern die Zustimmung auch nachträglich nicht erteilt wurde, ist die Kündigung rechtsunwirksam. *Peter* kann Klage auf Feststellung des aufrechten Bestehens seines Arbeitsverhältnisses (über den 31.12. hinaus) erheben.

**Literatur- und Judikaturhinweise:**

OGH 12.4.1995, 9 ObA 23/95.
OGH 17.1.1996, 9 ObA 8/96.
OGH 10.1.2001, 9ObA269/00z.
OGH 16.5.2002, 8 ObA 106/02z.
OGH 17.12.2018, 9 ObA 116/18a.
Abweichend zur In-vitro-Fertilisation: OGH 23. 11. 2006, 8 ObA 39/06b; OGH 16. 6. 2008, 8 ObA 27/08s; siehe auch EuGH 26.2.2008, C-506/06, *Mayr*.
OGH 8.8.2007, 9 ObA 61/06w.
OGH 28.7.2021, 9 ObA 80/21m.
*Brodil/Gruber-Risak*, Arbeitsrecht in Grundzügen[11] (2022) Rz 486 f, 491 ff, 505 ff.
*Windisch-Graetz*, Arbeitsrecht II[12] (2023) 309 ff.

# DER EHRENHAFTE MANUEL (FALL 16)

Der studierte Kunststofftechniker *Manuel* ist seit mittlerweile fünf Jahren bei der Dreckamstecken-KG, einem bekannten Unternehmen in der Chemiebranche mit über 70 Mitarbeitern, beschäftigt. Aufgrund seiner pflichtbewussten und ordentlichen Leistungen wurde er letzte Woche von der Geschäftsführerin zum stellvertretenden Leiter der Abteilung „Ethische Chemie" befördert. Im Zuge dessen erhielt er neben einer Gehaltserhöhung auch ein neues Büro zugewiesen. In seinem schicken Einzelbüro angekommen, beginnt er sofort damit, die dort vorgefundenen Akten zu durchstöbern. Dabei stößt er auf einen schwarzen Ordner mit der Aufschrift „streng geheim", den er, ohne groß nachzudenken, öffnet. Zu seinem Entsetzen findet er darin Aufzeichnungen über katastrophale Umweltverschmutzungen der Dreckamstecken-KG, die von der Geschäftsführerin angeordnet wurden. Die Aufzeichnungen belegen bspw, dass die Geschäftsführerin dem Unternehmen Kosten erspart, indem sie umweltschädliche Chemikalien anstelle einer fachgerechten Entsorgung einfach heimlich in Kanistern auf dem Betriebsgelände vergraben oder in einen nahegelegenen Fluss leiten lässt.

Obwohl *Manuel* seinen Job sehr gerne macht und ihm die Firma am Herzen liegt, entschließt er sich dazu, seinem Herzen zu folgen und die Sache zu melden. Aufgrund der Befürchtung, dass auch die Bezirkshauptmannschaft involviert sein könnte, bringt er auf Anraten seines Kollegen *Bruno* via E-Mail eine Sachverhaltsdarstellung beim Bundesamt zur Korruptionsprävention und Korruptionsbekämpfung (BAK) ein, ohne der Behörde den Ordner zu übergeben. Drei Monate später erhält *Manuel* eine Rückmeldung vom BAK, dass man seinen Hinweis nicht weiterverfolgt, da keine Beweise für eine vorsätzliche Umweltverschmutzung vorliegen würden.

Als die Geschäftsführerin im Rahmen einer Betriebsfeier von *Manuels* Meldung erfährt, sucht sie diesen umgehend auf und befiehlt ihm wutentbrannt „auf der Stelle das Betriebsgelände für immer zu verlassen". *Manuel* will seine Entlassung jedoch nicht so recht akzeptieren und verlangt von der Geschäftsführerin eine Erklärung. Diese entgegnet ihm mit erboster Stimme, dass er sich angesichts seines „Verrats" nicht „so blöd anstellen soll". Ihr Vertrauen ihm gegenüber sei nun völlig zerstört, da er sich zur Aufklärung zuerst an sie hätte wenden können, ohne sofort die Behörden zu informieren. Darüber hinaus sei er nicht nur moralisch zur Loyalität gegenüber der Dreckamstecken-KG verpflichtet, sondern auch rechtlich. *Manuel* habe immerhin bei Abschluss des Arbeitsvertrages einer Verschwiegenheitsklausel zugestimmt, wonach er sich dazu verpflichte „jedwede Geheimnisse, die das Unternehmen betreffen, geheim zu halten." Einige Zeit später wird auch *Bruno* entlassen, nachdem die Geschäftsführerin Kenntnis davon erlangte, dass dieser *Manuel* geholfen hat.

**Können die beiden ihre Entlassung bekämpfen und auf welche Rechtsgrundlagen können sie sich stützen?**

**Lösung**

## A. Vorbemerkung und Hilfestellung

Im Rahmen dieses Falls soll das Thema „Whistleblowing“ behandelt werden. Als „Whistleblower:innen“ werden Personen bezeichnet, die im Zuge ihrer Erwerbstätigkeit Informationen über Missstände wahrnehmen und Informationen darüber weitergeben. Whistleblowing an sich beruht auf einem Interessenskonflikt. Auf der einen Seite haben die AG ein Interesse daran, vor allem öffentlich wirksames Whistleblowing zu verhindern und bestimmte Informationen geheim zu halten. Dieses Interesse ist völlig wertfrei zu sehen und findet auch rechtliche Anerkennung. Die AG gewähren den AN schließlich einen weitreichenden Einblick in ihren Betrieb, weshalb diese schon auf Basis der nebenvertraglichen Interessenwahrungspflicht (Treuepflicht) verpflichtet sind, Betriebs- und Geschäftsgeheimnisse ihrer AG zu wahren. Einer ausdrücklichen vertraglichen Vereinbarung bedarf es hierfür nicht. Auf der anderen Seite muss den AN zugestanden werden, ihre Meinungsfreiheit möglichst unbeschränkt auszuüben. Darüber hinaus hat auch die Allgemeinheit ein zunehmendes Interesse daran, dass durch Whistleblowing Missstände öffentlich bekannt und aufgeklärt werden. Vor diesem Hintergrund haben die Gerichte regelmäßig mit verschiedenen Formen der Frage zu tun, ob der:die AN von seiner:ihrer Verschwiegenheitspflicht entbunden und demnach auch schutzwürdig ist, wenn er:sie Informationen über ein unmoralisches oder gar rechtswidriges Verhalten seines:ihres AG weitergibt. Seit Inkrafttreten des HinweisgeberInnenschutzgesetzes (HSchG) im Jahr 2023 gibt es hierfür ein allgemein anwendbares Whistleblowing-Gesetz, dessen Geltungsbereich jedoch eingeschränkt ist.

## B. Manuel

### *1. Arbeitsverfassungsgesetz*

Sofern *Manuel* als AN iSd § 36 ArbVG zu qualifizieren ist, könnte er die Entlassung der Geschäftsführerin gem §§ 106 Abs 2 bzw 107 ArbVG vor Gericht anfechten, wenn ein Anfechtungsgrund im Sinne des § 105 Abs 3 ArbVG (vgl Kündigungsanfechtung) vorliegt und er zudem keinen Entlassungsgrund gesetzt hat, also die Weitergabe der Informationen zulässig war. Die Entlassungsgründe sind in § 82 GewO 1859 (für Arbeiter) und – wie in diesem Fall – in § 27 AngG (für Angestellte) geregelt. Die AN verletzen durch die Weitergabe von Informationen aus dem Arbeitsverhältnis im Regelfall die ihnen auferlegte Verschwiegenheitspflicht, was die AG zu einer Entlassung wegen Vertrauensunwürdigkeit gem § 27 Z 1 2. Fall berechtigt. Bei der Meldung von Rechtsverletzungen macht die Jud jedoch auch Ausnahmen. Der OGH hält in stRsp fest, dass „unlautere Geschäftspraktiken oder gesetzwidriges Verhalten“ – wozu Umweltverschmutzungen eindeutig zuzuordnen sind – nicht zu den Umständen zählen, „an deren Geheimhaltung der Arbeitgeber ein objektiv berechtigtes Interesse hat“. Der:die AN ist in solchen Situationen von der Verschwiegenheitspflicht befreit, muss bei der Meldung allerdings in einer für den:die AG „möglichst schonenden Form“ vorgehen. Ob *Manuel* in möglichst schonender Form vorgegangen ist, kann allerdings in Zweifel gezogen werden, weil er seine Annahme direkt an das BAK übermittelte, ohne die Geschäftsführerin selbst, einen anderen Vorgesetzten oder eine andere interne Stelle damit befasst zu haben. Geht man davon aus, dass *Manuel* nicht „schonend“ idS vorgegangen ist, kann argumentiert werden, dass die Entlassung zulässig ist. Alternativ kann ebenso vertreten werden, dass die Entlassung nicht gerechtfertigt war, da Manuel eine vorherige interne Klärung nicht zumutbar war.

### 2. *HinweisgeberInnenschutzgesetz*

Abseits des ArbVG könnte sich *Manuel* auch auf das HSchG stützen. Dazu müsste zunächst der persönliche und sachliche Geltungsbereich gem den §§ 2 und 3 HSchG eröffnet sein. Nach § 2 Abs 1 Z 1 ist *Manuel* als AN vom persönlichen Geltungsbereich erfasst. Da die Aufzählung des § 3 Abs 3 HSchG in ihrer Z 5 den Bereich Umweltschutz enthält und *Manuel* gem § 3 Abs 1 HSchG in einem Unternehmen mit mehr als 50 Mitarbeitern beschäftigt ist, ist sein Hinweis vom sachlichen Geltungsbereich erfasst.

Auf Grund der weiten Auslegung des Begriffs Rechtsverletzung (vgl § 5 Z 12) muss idZ nicht zwingend eine konkrete Gesetzesübertretung genannt werden, es würde sich jedoch eine strafbare Handlung gegen die Umwelt iSd 7. Abschnitts des StGBs anbieten. Auch der Umstand, dass das BAK die Ermittlungen eingestellt hat, ist deshalb nicht von Bedeutung. Im zweiten Schritt ist zu prüfen, ob *Manuel* schutzwürdig iSd § 6 HSchG ist. Nach § 6 Abs 1 HSchG sind Hinweisgeber:innen zur Inanspruchnahme der Verfahren und des Schutzes für die Hinweisgebung berechtigt, „wenn sie zum Zeitpunkt des Hinweises auf der Grundlage der tatsächlichen Umstände und der ihnen verfügbaren Informationen hinreichende Gründe dafür annehmen können, dass die von ihnen gegebenen Hinweise wahr sind und in den Geltungsbereich dieses Bundesgesetzes fallen“. Auch diese Vorgabe ist erfüllt. Aus dem Sachverhalt lassen sich keine Indizien entnehmen, wonach *Manuel* 1) andere Möglichkeiten gehabt hätte, seine Annahme zu überprüfen, zB ein weiterer digital angelegter Akt, und 2) Zweifel daran hätte haben sollen, dass die Informationen unwahr sind.

Als Nächstes muss der Frage nachgegangen werden, ob *Manuels* Meldeweg zulässig war, also ob *Manuel* zunächst einen internen Meldeversuch hätte unternehmen müssen. Hierzu normiert § 14 Abs 1, dass Hinweisgeber:innen zunächst prüfen sollen, ob sie einen Hinweis einer internen Stelle geben können. Der externen Stelle, deren Aufgaben gem § 15 Abs 1 das BAK wahrnimmt, sollen Hinweise vor allem dann übermittelt werden, wenn die interne Meldung nicht möglich, nicht zumutbar oder aussichtslos ist. In diesem Fall könnte ua damit argumentiert werden, dass eine interne Meldung aussichtslos wäre, da die Geschäftsführerin ihre Vorgehensweise auch bei einer Intervention *Manuels* nicht abgestellt hätte. Darauf kommt es aber nicht an, da es sich bei § 14 Abs 1 bloß um eine „Sollensanordnung“ ohne Rechtsverbindlichkeit handelt. Abschließend bleibt noch zu klären, ob die im Arbeitsvertrag vereinbarte Verschwiegenheitsklausel den Schutz von *Manuel* ausschließen kann. Auch das ist zu verneinen, da § 22 Abs 2 klarstellt, dass ein:e Hinweisgeber:in von (vertraglichen) Verschwiegenheitspflichten befreit ist, wenn er:sie einen hinreichenden Grund zu der Annahme hat, dass der Hinweis notwendig ist, um eine Rechtsverletzung aufzudecken oder zu verhindern. Nach § 4 Abs 4 HSchG sind ferner vertragliche Vereinbarungen, welche dem HSchG widersprechen, rechtsunwirksam.

Da *Manuel* die Voraussetzungen für den Schutz nach dem HSchG erfüllt und einen berechtigten Hinweis abgegeben hat, kann er von den Schutzmaßnamen der §§ 20 ff HSchG Gebrauch machen. § 20 HSchG untersagt zwar nicht explizit die Entlassung eines:einer Hinweisgebers:Hinweisgeberin. Da es sich um eine demonstrative Liste handelt, ist die Entlassung jedoch unter § 20 Abs 1 Z 1 HSchG „Suspendierung, Kündigung oder vergleichbare Maßnahme“ zu subsumieren. *Manuel* muss daher die Entlassung nicht mittels § 106 Abs 2 ArbVG bekämpfen, sondern kann sich auf das spezifischere HSchG stützen.

### *3. Umweltinformationsgesetz*

Je nach der konkreten Art der Umweltverschmutzung und der Art des Unternehmens könnte *Manuel* die Entlassung auch gem § 9b UmweltinformationsG (UIG) bekämpfen. Beim UIG handelt es sich allerdings nicht um ein spezifisches Whistleblowing-Gesetz. Anders als das HSchG enthält das UIG nur eine rudimentär gehaltene Bestimmung zum Informantenschutz in Bezug auf die Preisgabe von Umweltinformationen. Konkrete Vorgaben zur Schutzwürdigkeit und zu den Schutzmaßnahmen von Whistleblowern:Whistle blowerinnen fehlen hingegen.

### *4. Europäische Menschenrechtskonvention*

Für den Fall, dass *Manuel* bei Ausschöpfung aller innerstaatlichen Rechtsmittel erfolglos bleibt, könnte er sich mit einer Beschwerde an den EGMR wenden, da dieser unter bestimmten Voraussetzungen einen Schutz von Whistleblowern:Whistleblowerinnen aus Art 10 EMRK, dem Recht auf freie Meinungsäußerung, ableitet.

## C. Bruno

*Bruno* ist zwar nicht als „Whistleblower“ oder „Hinweisgeber“ zu qualifizieren. Er kann sich jedoch ebenso auf das HSchG stützen, da er als „Mittler“, also als eine Person, welche den:die Hinweisgeber:in bei der Hinweisgebung unterstützt, gem § 2 Abs 3 Z 1 HSchG vom persönlichen Geltungsbereich des Gesetzes erfasst ist. Für die Falllösung kann auf die vorherigen Ausführungen verwiesen werden.

**Judikatur und Literaturhinweise:**

OGH 14.06.2000, 9 ObA 118/00v.
*Kühteubl/Komarek*, Das neue HinweisgeberInnenschutzgesetz, ZAS 2023/12, 50.
*Schwertner*, Erste Einschätzungen zum HinweisgeberInnenschutzG, ZAS 2024/2, 3.

# ALLES HAT EIN ENDE (FALL 17)

*Benjamin* ist seit vielen Jahren bei einem Luftfahrtunternehmen, der *EmployAir AG*, als Flugbegleiter beschäftigt. Er hat grundsätzlich den Ruf eines ordentlichen Mitarbeiters, in letzter Zeit neigt er jedoch im Dienst zu einem etwas ungestümen und unbeherrschten Verhalten. Eines Tages ereignet sich folgender Vorfall: Als *Benjamin* wie immer nach Dienstende seine persönlichen Gegenstände aus der Garderobe am Flughafengelände holen möchte, lässt sich die mit einem Magnetschloss versperrte Garderobentür auch bei bestem Willen nicht öffnen. Als *Benjamin* der Geduldsfaden reißt, beschließt er das Problem mit ein wenig Gewaltanwendung zu lösen. Er tritt mehrmals gegen Schloss und Tür bis er schlussendlich erfolgreich ist und die – erheblich beschädigte – Tür aufspringt. Unglücklicherweise wird *Benjamin* von Zeugen beobachtet als er sich kommentarlos vom „Tatort" entfernt. Die Beschädigung zu melden oder sein Verhalten zu erklären, kommt ihm nicht in den Sinn.

Die Leiterin der Personalabteilung *Karin* erhält jedoch noch am selben Tag einen Anruf von einem Mitarbeiter des Sicherheitsdiensts, der sie über den Vorfall in Kenntnis setzen möchte. Aufgrund der Diensteinteilung kann sie den Anruf aber erst einige Tage später, an einem Freitag, dem 1.12.2023, von ihrem Anrufbeantworter im Büro abhören. Noch am selben Tag versucht sie mit der Rechtsabteilung des Luftfahrtunternehmens Kontakt aufzunehmen, um die weitere Vorgangsweise zu besprechen. Sie erreicht die zuständige Juristin allerdings erst am darauffolgenden Montag. Darüber hinaus erkundigt sich *Karin* auch nach *Benjamins* disziplinärer Vorgeschichte.

Schließlich wird *Benjamin*, der an diesem Tag seinerseits dienstfrei hat, von *Karin* zu einem „dringenden" Gespräch gebeten. Dieses verweigert er unter Verweis auf angebliche Terminprobleme, sodass es erst am Folgetag, dem 5.12.2023, stattfinden kann. Nachdem *Karin* ihn auf den Vorfall mit der Garderobentür anspricht, kommt es zu einer hitzigen Diskussion. Schlussendlich fordert ihn *Karin* auf: „Schauen Sie, dass Sie weiterkommen! Räumen Sie Ihren Spind, Sie brauchen sich hier nicht mehr blicken lassen!".

**1. Wurde *Benjamins* Arbeitsverhältnis (rechtmäßig) beendet?**

**Fortsetzung:**

*Benjamins* Arbeitsverhältnis zu dem Luftfahrtunternehmen wurde wirksam beendet. Er ist darüber jedoch gar nicht unglücklich, denn als leidenschaftlicher Eishockeyspieler möchte er nun endlich sein Hobby zum Beruf machen. Nach Probetrainingseinheiten bei verschiedenen Vereinen kann *Benjamin* sich endlich seinen Kindheitstraum erfüllen. Ein Verein in der höchsten Spielklasse wird auf ihn aufmerksam und *Benjamin* kann einen Profivertrag, der unter anderem folgende Klauseln enthält, abschließen:

*„3. Vertragsdauer*
*Die Vereinbarung wird für die Dauer vom 1.8.2024 bis zum Ende der Saison 2024/2025 geschlossen. Der Verein hat das Recht, bis 30.9.2024, 24.00 Uhr, den Vertrag einseitig ohne Angabe von Gründen aufzukündigen. Im Falle der Kündigung durch den Verein wird dem Spieler das Gehalt anteilig bis zum Kündigungszeitpunkt ausbezahlt.*
*[...]*

*5. Sondervereinbarung*
*Der Spieler verpflichtet sich, die Fitness-Voraussetzungen des Vereins am 1.8.2024 zu erfüllen. Sollte der Spieler beim entsprechenden Leistungstest negativ abschneiden, hat dieser die Möglichkeit, sich 30 Tage später einem zweiten Test zu unterziehen. Sollte der Spieler auch den zweiten Test nicht positiv bestehen, so hat der Verein das Recht, den Vertrag aufzulösen."*

Der bei Vertragsabschluss anwesende Vertreter des Vereins erklärt *Benjamin*, er brauche sich deswegen keine Sorgen zu machen, diese Klausel sei im Profisport üblich und man wolle nur sichergehen, dass er auch wirklich auf seine Fitness achte. Anfang August 2024 besteht *Benjamin* den Leistungstest, Ende August erleidet er beim Training allerdings einen Bruch des Wadenbeins. Am 29.8.2024 löst der Verein deshalb den Spielervertrag einseitig auf. Auf Anraten des befreundeten Jusstudenten *Julian* möchte *Benjamin* den Verein auf € 33.215,– brutto an vereinbartem Entgelt bis Saisonende 2024/2025 klagen. *Julian* ist überzeugt, dass mit der „Try-Out-Vereinbarung" irgendetwas nicht stimmt.

**2. Beurteilen Sie die Wirksamkeit der „Try-Out-Vereinbarung"!**

## Lösung

### *1. Vorbemerkung*

Wie alle Dauerschuldverhältnisse kann auch das Arbeitsverhältnis vorzeitig einseitig gelöst werden, wenn ein wichtiger Grund vorliegt, sodass einer Vertragspartei die Aufrechterhaltung nicht einmal bis zum Ablauf der Befristung oder der Kündigungsfrist objektiv zumutbar ist.

Bei der vom AG ausgesprochenen vorzeitigen Auflösung des Arbeitsverhältnisses aus wichtigem Grund spricht man von einer Entlassung. Die Gründe, die einen AG zur Entlassung von Arbeiter:innen berechtigen, sind in § 82 GewO 1859 abschließend (taxativ), jene für Angestellte in § 27 AngG demonstrativ aufgezählt.

Die vorzeitige Beendigung durch den AN hingegen wird als Austritt bezeichnet. Die Austrittsgründe für Arbeiter:innen sind in § 82a GewO 1859 (taxativ), jene für Angestellte in § 26 AngG (demonstrativ) regelt. Daneben bestehen auch einige sondergesetzliche Regelungen, so bspw im TAG, GAngG oder BAG.

### *2. Entlassungserklärung*

Im vorliegenden Fall ist zunächst zu prüfen, ob die Äußerungen der *Karin* als Entlassungserklärung qualifiziert werden können. Nach den allgemeinen zivilrechtlichen Voraussetzungen für die Gültigkeit von Rechtsgeschäften muss sie frei, ernstlich, bestimmt und verständlich sein. Sie kann ferner nicht nur ausdrücklich (mündlich oder schriftlich), sondern auch konkludent (§ 863 ABGB) erfolgen. Die Entlassungserklärung muss so formuliert sein, dass sie der AN eindeutig als sofortige Beendigung des Arbeitsverhältnisses versteht. Dabei muss das Wort „Entlassung" in der Erklärung nicht unbedingt vorkommen. Maßgeblich ist nicht, was der Erklärende zum Ausdruck bringen wollte, sondern wie seine Äußerung bzw sein Verhalten bei objektiver Sachlage von einem redlichen Empfänger verstanden werden musste. Die Entlassung ist wie die Kündigung eine einseitige, empfangsbedürftige Willenserklärung. Folglich wird die Auflösung des Arbeitsverhältnisses mit Zugang der Erklärung wirksam und das Arbeitsverhältnis dadurch idR mit sofortiger Wirkung beendet. Zur Entlassung berechtigt ist der AG bzw der diesbezüglich von ihm Bevollmächtigte.

Im hier vorliegenden Fall sind weder der Zugang der Erklärung noch die Berechtigung zum Ausspruch der Entlassung problematisch. Dem SV können keine Anhaltspunkte entnommen werden, wonach *Karin* als Leiterin der Personalabteilung nicht zur Entlassung befugt gewesen wäre. Als Zwischenergebnis festzuhalten ist daher, dass *Benjamin* aus *Karins* Aussage („Schauen Sie, dass Sie weiterkommen! Räumen Sie Ihren Spind, Sie brauchen sich hier nicht mehr blicken lassen!") zweifelsfrei schließen kann, dass das Arbeitsverhältnis vorzeitig, also ohne Einhaltung einer Frist, beendet werden soll. Die Aussage ist als Entlassungserklärung zu qualifizieren.

### *3. Entlassungsgrund*

In einem nächsten Schritt ist daher zu prüfen, ob die Entlassung rechtmäßig erfolgte. Eine vorzeitige Auflösung des Arbeitsverhältnisses setzt immer einen wichtigen Grund voraus (Grundsatz der Unzumutbarkeit der Fortsetzung des Vertrags).

Als Flugbegleiter hat *Benjamin* nicht nur für das Wohlbefinden der Passagiere an Board zu sorgen, Speisen und Getränke zu servieren, Plätze zuzuweisen oder Gepäck zu verstauen, sondern ist auch für die Gewährleistung der Sicherheit und das Ergreifen entsprechender Maßnahmen in Notfallsituationen verantwortlich. Er ist daher Angestellter iSd § 1 Abs 1 AngG (höhere nicht kaufmännische Dienste, *EmployAir AG* als Formkaufmann bzw Unternehmer kraft Rechtsform), weshalb § 27 AngG heranzuziehen ist.

Vorsätzliche Sachbeschädigung ist nach § 125 StGB eine gerichtlich strafbare Handlung. Die Begehung einer Straftat ist in der demonstrativen Aufzählung des § 27 AngG nicht ausdrücklich als Entlassungsgrund angeführt, es können aber Überlegungen angestellt werden, ob *Benjamin* sich aufgrund der strafbaren Handlung gegen den AG iSd § 27 Z 1 letzter Fall AngG als vertrauensunwürdig erwiesen hat.

(Anmerkung: Bei Arbeitern stellt § 82 lit d GewO 1859 hingegen darauf ab, dass die zur Vertrauensunwürdigkeit beim AG führende Handlung auf der Begehung einer strafbaren Handlung beruht.)

Nach der Rsp soll eine Entlassung aufgrund von Vertrauensunwürdigkeit bei Angestellten gerechtfertigt sein, wenn „für den AG vom Standpunkt vernünftigen dienstlichen und geschäftlichen Ermessens die objektiv gerechtfertigte Befürchtung besteht, dass seine Interessen und Belange durch den Angestellten gefährdet sind" (vgl etwa OGH 25.5.2016, 9 ObA 62/15f). Ausschlaggebend ist, dass durch das Verhalten des Angestellten nach der Auffassung der beteiligten Kreise das Vertrauen des AG so sehr erschüttert wird, dass die Fortsetzung des Arbeitsverhältnisses unzumutbar wird. Dabei kann sich auch aus der Art des Unternehmens ergeben, dass bestimmte Beeinträchtigungen der AG-Interessen besonders schwer wiegen.

Im vorliegenden Fall fand *Benjamin* den Vorfall nicht einmal eine Erwähnung oder Entschuldigung wert. Hinzu kommt, dass er als Flugbegleiter in einem sensiblen Bereich (Sicherheit und Vertrauen als wichtiges Prinzip der Branche) beschäftigt ist. Das Vorliegen des Entlassungsgrunds ist zu bejahen.

### *4. Rechtzeitigkeit der Entlassungserklärung*

Zur Beurteilung der Rechtmäßigkeit der Entlassung ist neben dem Vorliegen eines Entlassungsgrunds auch zu prüfen, ob der Ausspruch der Entlassungserklärung rechtzeitig erfolgte. Das österreichische Recht kennt keine starren zeitlichen Grenzen, innerhalb derer die Auflösung aus wichtigem Grund erklärt werden muss. Rsp und Lit sind sich aber einig darüber, dass der wichtige Grund unverzüglich nach Bekanntwerden geltend zu machen ist (Grundsatz der Unverzüglichkeit). Eine verspätete Geltendmachung führt zum Verlust des Rechts zur sofortigen Beendigung des Arbeitsverhältnisses.

Dieses geht jedoch dann nicht verloren, wenn das Zögern des Erklärenden aufgrund der Sachlage begründet war und die Entlassung zwar nicht sofort, wohl aber ohne unnötigen Aufschub ausgesprochen wurde. Dabei werden dem AG sowohl die sorgfältige Abklärung der Geschehnisse, das etwaige Einholen einer Rechtsauskunft sowie eine angemessene Überlegungsfrist zugebilligt. Ebenso sind die konkreten Betriebsverhältnisse, wie bspw komplexere Organisationsformen zu berücksichtigen.

Im gegenständlichen Fall wurde die zur Entlassung berechtigte Leiterin der Personalabteilung *Karin* vom maßgeblichen Vorfall (Eintreten der Garderobentür) umgehend verständigt, holte dann sogleich erforderliche Auskünfte ein und lud *Benjamin* ohne wesentliche Verzögerungen zum Gespräch. Der Grundsatz, dass Entlassungsgründe unverzüglich geltend zu machen sind, darf nicht überspannt werden; es bedarf vielmehr einer Beurteilung nach den Umständen des Falls. Die Entlassung wurde rechtzeitig ausgesprochen.

Im Ergebnis wurde *Benjamins* Arbeitsverhältnis daher wirksam beendet. Die Entlassung ist unter dem Gesichtspunkt der Vertrauensunwürdigkeit iSd § 27 Z 1 AngG auch gerechtfertigt.

## Fortsetzung

### *1. Vorbemerkung*

In Bezug auf die Erprobung von AN hinsichtlich zukünftiger Verwendungen, sind zwei verschiedene arbeitsrechtliche Gestaltungen möglich: das Arbeitsverhältnis *zur Probe* und ein Arbeitsverhältnis *auf Probe* („Probemonat").

Beim Arbeitsverhältnis zur Probe handelt es sich um ein gewöhnliches befristetes Arbeitsverhältnis. Beim Arbeitsverhältnis auf Probe hingegen sehen § 1158 Abs 2 ABGB für Arbeiter wie auch § 19 Abs 2 AngG für Angestellte die Möglichkeit vor, ein „Probemonat" zu vereinbaren (die beiden Bestimmungen werden deckungsgleich interpretiert; vgl *Reissner* in ZellKomm[3] § 1158 ABGB Rz 6; beachte ferner die sondergesetzlichen Regelungen in § 16 Abs 2 GAngG, § 8 Abs 1 BEinstG, § 5 TAG sowie die gesetzliche Anordnung einer 3-monatigen Probezeit für Lehrverhältnisse gem § 15 Abs 1 BAG). Dabei kann jeder Vertragsteil während eines Monats das Rechtsverhältnis jederzeit ohne Einhaltung von Terminen und Fristen und ohne Vorliegen von Gründen lösen.

Soweit die Parteien in einem Arbeitsverhältnis zur Probe auch ein Probemonat möchten, währenddessen das Arbeitsverhältnis jederzeit fristlos gelöst werden kann, so kann dies zusätzlich vereinbart werden. Die beiden Instrumente können also „kombiniert" werden (siehe dazu *Karl* in *Auer-Mayer/Burgstaller/Preyer*, AngG § 19 Rz 231).

### *2. Die „Try-Out-Vereinbarung"*

Die Parteien haben mit der „Try-Out-Vereinbarung" offensichtlich ein Arbeitsverhältnis zur Erprobung vereinbart. Zweck der Regelung ist nämlich die Testung der Eignung bzw der Fitness des Spielers. Problematisch ist dabei allerdings, dass die gesetzlichen Regelungen über das Probemonat einseitig zwingend sind (vgl § 40 AngG); abweichende Regelungen können nur getroffen werden, sofern sie für den AN günstiger sind.

Die Vereinbarung im vorliegenden Spielervertrag ist insofern rechtlich problematisch als eine Probezeit von zwei Monaten verbunden mit einem nur einseitigen Lösungsrecht des Vereins vereinbart wurde. Einerseits kann ein Arbeitsverhältnis auf Probe nämlich nur für die Höchstdauer von einem Monat vereinbart werden; durch die enge zeitliche Begrenzung der Zulässigkeit der Vereinbarung eines Probemonats soll die Umgehung des arbeitsrechtlichen Bestandschutzes verhindert werden. Anderseits darf das einseitige Auflösungsrecht nicht nur dem AG zugestanden werden.

Daran ändert auch der Umstand, dass derartige Regelungen im Eishockeysport üblich sein sollen und *Benjamin* mit der „Try-Out-Vereinbarung" einverstanden war, nichts.

Die Vereinbarung ist unter dem Gesichtspunkt des § 1158 Abs 2 ABGB bzw § 19 Abs 2 AngG arbeitsrechtlich nicht zulässig.

Eine Auslegung der Klausel im Sinne einer geltungserhaltenden Reduktion kommt nicht in Betracht, weil beim Weglassen des die Unwirksamkeit bewirkenden Teils, nämlich der Einseitigkeit des Lösungsrechts, kein vereinbartes Gestaltungsrecht mehr übrig bliebe. Ebenso ist es nicht möglich, das unzulässige einseitige Auflösungsrecht durch ein gegenseitiges zu ersetzen, weil man diesfalls nicht reduzieren, sondern durch Hinzufügen eine neue, vom ursprünglichen Konsens der Parteien nicht getragene Vereinbarung schaffen würde (vgl OGH 29.1.2014, 9 ObA 118/13p).

Die Klausel und die darauf gegründete Beendigung des Arbeitsverhältnisses durch den Verein sind daher im Ergebnis als unwirksam zu qualifizieren und der Verein zur Zahlung des Entgelts bis zum Ende des befristet abgeschlossenen Arbeitsvertrags (Saisonende) verpflichtet.

Anmerkungen:

- Hätten die Parteien bspw eine beidseitige jederzeitige fristlose Lösbarkeit für die ersten drei Monate des Arbeitsverhältnisses vereinbart, so wäre die Gestaltung für die Lösung von Seiten des AG (teil-)nichtig und auf einen Monat zurückzunehmen, für die Lösung durch den AN hingegen günstiger als das Gesetz und damit gültig.
- Die Auflösung eines Probearbeitsverhältnisses kann nach der Rsp (vgl OGH 21.1.2004, 9 ObA 154/03t) im Übrigen auch während krankheitsbedingter Arbeitsverhinderung des AN jederzeit erfolgen, ohne dass ein Anspruch auf Entgeltfortzahlung entsteht.

**Literatur- und Judikaturhinweise:**

OGH 29.1.2014, 9 ObA 118/13p.
OGH 30.7.2015, 8 ObA 54/15x.
*Brodil/Gruber-Risak*, Arbeitsrecht in Grundzügen[11] (2022) 93, 195 ff.
*Pfeil* in *Neumayr/Reissner* (Hrsg), ZellKomm[3] (2018) § 27 AngG.
*Reissner* in *Neumayr/Reissner* (Hrsg), ZellKomm[3] (2018) § 19 AngG Rz 54 ff.
*Windisch-Graetz*, Arbeitsrecht II[12] (2023) 260 ff, 52 ff.

# DIESER VERMALEDEITE WECKER! (FALL 18)

*Tobias Gruber* ist 19 Jahre alt und hat im Juni 2024 die Matura bestanden – insbesondere Mathematik war sehr mühsam. Insofern ist er ziemlich froh, dass er der lästigen Schule endlich entkommen ist und wenig gewillt, sich wieder ins Bildungswesen zu stürzen, um etwa ein Studium zu beginnen. Da er sich aber allmählich langweilt und ein wenig zusätzliches Geld nie schaden kann, beschließt er, sich zunächst mal eine Arbeit für den Sommer zu suchen.

Im Internet wird *Tobias* auf eine Stellenausschreibung der Eventhelfer GmbH aufmerksam, die Servicepersonal für die Gastronomie sucht – gerne auch ohne einschlägige Berufserfahrung. Die Eventhelfer GmbH ist ein Leiharbeitsunternehmen, welches Arbeitskräfte an Gastronomie- und Cateringunternehmen verleiht. Sie verfügt über eine Gewerbeberechtigung zur Überlassung von Arbeitskräften und ist Mitglied in der Wirtschaftskammer Österreich, Bundessparte Gewerbe und Handwerk, Bundesberufsgruppe Personaldienstleister, Berufszweig der Arbeitskräfteüberlasser im Fachverband der gewerblichen Dienstleister. Daher gilt für sie (was auch in ihren Dienstverträgen nochmal bestätigt wird) der Kollektivvertrag für Arbeiter:innen im Gewerbe der Arbeitskräfteüberlassung in der jeweils aktuellen Fassung.

*Tobias* bewirbt sich bei der Eventhelfer GmbH als Aushilfskellner und erhält rasch eine Zusage. Sein Dienstvertrag ist unbefristet, die monatliche Arbeitszeit von 43,33 Stunden (was 10 Stunden pro Woche entspricht) ist unregelmäßig über die Wochen verteilt. Faktisch ist es so, dass Beschäftigte über WhatsApp zu ihren jeweiligen wöchentlichen Einsätzen oder „Jobs" eingeteilt werden. Dafür erhält *Tobias* einen Monatslohn von € 600,– brutto, 14-mal im Jahr. *Tobias* tritt am 10.8.2024 seinen Dienst an.

Die anfängliche Freude über die Stelle weicht allerdings bald Unmut und Ärger. Die Arbeit in der Gastronomie, oftmals spät am Abend und in die Nachtstunden hinein, ist stressiger als gedacht, Urlaub wird ihm keiner bewilligt und die Vorgesetzten sind, um es vorsichtig auszudrücken, nicht die freundlichsten Leute.

Insofern beschließt *Tobias*, seinen kurzen Ausflug in die Welt der Gastronomie zu beenden und sein Dienstverhältnis zu kündigen. In seinem Dienstvertrag ist folgende Klausel enthalten: *„Das Arbeitsverhältnis kann vom Arbeitnehmer unter vorheriger Einhaltung der Kündigungsfrist gemäß dem anzuwendenden Kollektivvertrag zum Ende der Arbeitswoche aufgelöst werden. Unter Ende der Arbeitswoche ist jeder Freitag zu verstehen."* *Tobias* verfasst, nachdem er die Frist nach Kollektivvertrag recherchiert hat (zwei Wochen) und auf der Website der Arbeiterkammer ein entsprechendes Muster gefunden hat, ein Kündigungsschreiben mit folgendem Inhalt: *„Hiermit kündige ich mein Arbeitsverhältnis unter Einhaltung der gesetzlichen bzw. (kollektiv-) vertraglichen Kündigungsfrist zum 11.10.2024."* Dieses Schreiben bringt er am 27.9.2024 zu seinem Arbeitgeber und lässt sich den Erhalt bestätigen.

Während der Kündigungsfrist wird *Tobias* noch für mehrere Jobs eingeteilt. Beim ersten davon, der für den 30.9.2024 bis 17 Uhr eingeteilt ist, verschläft *Tobias* allerdings. Zwar hatte er sich am Handy einen Wecker gestellt, doch der Akku ist über Nacht leer geworden. Als er etwa gegen 14 Uhr aufwacht, fällt ihm sogleich siedend heiß ein, dass er heute arbeiten sollte. Er meldet sich sofort bei seiner Arbeitgeber:in und entschuldigt sich.

Dieser erwidert daraufhin, *Tobias* sei unentschuldigt dem Dienst ferngeblieben und habe auf Kontaktversuche nicht reagiert. Damit habe *Tobias* seinen unberechtigten Austritt erklärt. Aus diesem Grund habe *Tobias* auch keinen Anspruch auf seine Sonderzahlungen und die Urlaubsersatzleistung. Aufgrund dieser Rechtsansicht seiner Arbeitgeber:in wird *Tobias* auch bis zum 11.10. zu keinem Dienst mehr zugelassen.

**Liegt die Arbeitgeber:in hier richtig? Wenn nicht, welche Ansprüche stehen Tobias noch zu?**

**Lösung**

Aufgrund des Sachverhalts, laut dem Arbeiten als Kellner in Weisungsunterworfenheit verrichtet werden, kann zunächst kein Zweifel daran bestehen, dass *Tobias* als Arbeitnehmer und als Arbeiter tätig geworden ist. Angesichts dessen sowie des Umstandes, dass die Arbeitgeber:in durch ihre Mitgliedschaft im Fachverband der gewerblichen Dienstleister, Bundesberufsgruppe Personaldienstleister, Berufszweig Arbeitskräfteüberlasser unter den fachlichen Geltungsbereich des Kollektivvertrages für Arbeiter:innen im Gewerbe der Arbeitskräfteüberlassung (vgl dessen Art II. Abs 2) fällt, ist auch die Anwendbarkeit dieses Kollektivvertrages unstrittig.

Mit 1.10.2021 ist die weitgehende Angleichung der Kündigungsregelungen von Arbeiter:innen und Angestellten durch BGBl I 2017/153 in Kraft getreten. Sie ist auf Beendigungen, die nach diesem Termin ausgesprochen werden, anwendbar. § 1159 ABGB sieht vor, dass mangels einer für ihn günstigeren Vereinbarung die Dienstnehmer:in das Dienstverhältnis mit dem letzten Tage eines Kalendermonats unter Einhaltung einer einmonatigen Kündigungsfrist lösen kann. Davor sah § 77 GewO 1859 eine Kündigungsfrist von zwei Wochen und keinen konkreten Kündigungstermin vor. Die Kündigungsfrist ist jener Mindestzeitraum, der zwischen Zugang der Kündigungserklärung und Ende des Arbeitsverhältnisses eingehalten werden muss (wobei gemäß § 902 ABGB der Tag des Zugangs der Kündigung nicht eingerechnet wird). Der Kündigungstermin ist jener Zeitpunkt, zu dem das Arbeitsverhältnis beendet wird, also der letzte Arbeitstag.

Der Kollektivvertrag für Arbeiter:innen im Gewerbe der Arbeitskräfteüberlassung sieht in Art IV. Abs 3 allerdings eine kürzere Kündigungsfrist für die Arbeitnehmer:in von zwei Wochen vor (bis zu 24 Monaten Betriebszugehörigkeit), zum Ende der betrieblichen Arbeitswoche.

*Tobias* hat seine Kündigung am 27.9.2024 und zum in zwei Wochen liegenden Termin 11.10.2024 erklärt, der ein Freitag ist. Insofern ist nicht zweifelhaft, dass *Tobias* die kürzeren kollektivvertraglichen Kündigungsfristen und -termine eingehalten und jedenfalls wirksam gekündigt hat.

*1. Liegt ein Austritt vor?*

Der Austritt ist die vorzeitige Beendigung des Arbeitsverhältnisses durch die Arbeitnehmer:in aus wichtigem Grund. Für Arbeiter:innen sind die Gründe für einen Austritt taxativ in § 82a GewO 1859 aufgezählt; laut Sachverhalt scheint allerdings keiner dieser Gründe vorzuliegen. Ein Austritt ohne wichtigen Grund ist nach hA zwar wirksam, führt jedoch bei Verschulden der Arbeitnehmer:in zu einer Schadenersatzpflicht und weiters zum Entfall vieler beendigungsabhängiger Ansprüche (so gebührt gemäß § 10 Abs 2 UrlG nur ein Teil der Urlaubsersatzleistung). Die vorzeitige Beendigung des Arbeitsverhältnisses ist grundsätzlich formfrei und könnte insofern nach § 863 ABGB (der auch im Arbeitsrecht zur Anwendung kommt) auch mündlich oder stillschweigend (konkludent) erklärt werden. Hier käme höchstens ein konkludenter Austritt in Betracht, eine ausdrückliche Erklärung hat *Tobias* ja keine abgegeben.

Einem konkludent erklärten Austritt könnte zunächst ein kollektiv- oder einzelvertragliches Schriftformgebot für solche Erklärungen entgegenstehen. Ein solches sieht der Kollektivvertrag für Arbeiter:innen Gewerbe der Arbeitskräfteüberlassung allerdings nicht vor.

Damit hängt alles davon ab, ob man das Fernbleiben von *Tobias* als stillschweigende Erklärung eines vorzeitigen Austritts ansieht. Nach der ständigen Rsp des OGH rechtfertigt das bloße Nichterscheinen am Arbeitsplatz für sich allein noch nicht den Schluss, dass die Arbeitnehmer:in vorzeitig ausgetreten ist. Es müssen noch weitere Umstände hinzutreten, aus denen eine solche Absicht der Arbeitnehmer:in erschlossen werden kann (einen Austritt ablehnend zB 9 ObA 139/94 zu einem jugoslawischen Gastarbeiter, der auf Grund der Kriegsereignisse an der Rückkehr nach Österreich gehindert wurde; 9 ObA 396/97v und 9 ObA 144/19w zu unentschuldigtem Fernbleiben wegen Krankheit). Dabei ist der objektive Erklärungswert maßgeblich und wird ein strenger Maßstab angewendet, weil die Gefahr besteht, dass dem Handelnden Äußerungen unterstellt werden, die nicht in seinem Sinn sind. Zur Annahme einer schlüssigen Austrittserklärung darf das Verhalten der Arbeitnehmer:in daher unter Berücksichtigung aller Umstände des Falles „keinen vernünftigen Grund" übriglassen, an seiner auf vorzeitige Auflösung des Arbeitsverhältnisses aus wichtigen Gründen gerichteten Absicht zu zweifeln.

Auch aus dem obigen Sachverhalt sind keine „weiteren Umstände" iS der zitierten Judikatur ersichtlich. Vielmehr bildet er ein Paradebeispiel, warum die Judikatur mit der Annahme eines konkludenten Austritts derart vorsichtig ist, weil eben eine Abwesenheit viele Gründe haben kann. Als Zwischenergebnis ist daher festzuhalten, dass *Tobias* keinen Austritt erklärt hat. Daher hat das Dienstverhältnis wie ursprünglich geplant am 11.10.2024 geendet.

Möglicherweise hat *Tobias* hier einen Entlassungsgrund gesetzt, konkret in Betracht käme ein unbefugtes Verlassen der Arbeit (§ 82 lit f 1. Satz GewO 1859). Da die Arbeitgeber:in hier allerdings keine Entlassung ausgesprochen, sondern sich ausdrücklich auf einen Austritt berufen hat, ist die Frage nach einem Entlassungsgrund theoretischer Natur.

*2. Welche Ansprüche stehen Tobias noch zu?*

Das Arbeitsverhältnis ist, wie unter 1. festgestellt, weder durch Austritt noch Entlassung beendet worden, sondern ist erst mit dem Kündigungstermin 11.10.2024 ausgelaufen. Für die Zeit bis dahin besteht Anspruch auf das laufende Entgelt. Hierbei handelt es sich nicht um eine Kündigungsentschädigung, sondern um einen Fall der Entgeltfortzahlung. Anspruchsgrundlage ist § 1155 ABGB, da die Arbeitgeber:in infolge ihrer unrichtigen Rechtsansicht *Tobias* nicht zur Arbeit zugelassen hat. Dieser Umstand ist der „Sphäre" der Arbeitgeber:in zuzurechnen. Seine Arbeitsbereitschaft hat *Tobias* bereits durch seine Nachricht am 30.9.2024 erklärt. Zusätzliche Erklärungen, arbeitsbereit zu sein, erscheinen angesichts der eindeutigen, wenngleich falschen Rechtsansicht der Arbeitgeber:in entbehrlich.

Über eine Anrechnung dessen, was *Tobias* infolge Unterbleibens der Dienstleistung erspart oder durch anderweitige Verwendung erworben oder zu erwerben absichtlich versäumt hat, wäre nachzudenken; allerdings bietet der Sachverhalt dafür keine Anhaltspunkte und nach der Rsp (siehe zB OGH 9 Ob A 115/03g) kann die Anrechnung auch entfallen, wenn die Arbeitgeber:in die Arbeitnehmer:in rechtsmissbräuchlich nicht zur Arbeit zulässt.

Aliquotiert man das Monatsgehalt von € 600,– brutto für Oktober, kommt man auf € 212,90 (600 /31 * 11 Tage). Da *Tobias* allerdings am 30.9.2024 nicht zum Dienst erschienen ist und für diesen Tag kein Entgeltfortzahlungsanspruch besteht, wird seine Arbeitgeber:in entsprechend dem Grundsatz „ohne Arbeit kein Entgelt" den Lohn für diesen Tag davon abziehen können.

Laut Sachverhalt wurde *Tobias* kein Urlaub bewilligt. Daher bestehen bei Beendigung noch offene Urlaubsansprüche und *Tobias* hat Anspruch auf eine **Urlaubsersatzleistung** nach § 10 UrlG. Zu deren Bestimmung muss erst ein täglich zustehendes Entgelt berechnet. Dieses beträgt € 600,– + 2*50 (je 1/12 der Sonderzahlung)/26 (mangels anderer Angaben im Sachverhalt wird der Urlaubsanspruch, wie es dem Urlaubsgesetz entspricht, in Werktagen berechnet), also etwa € 26,92.

Der Anspruch auf Urlaub entsteht in den ersten sechs Monaten des ersten Arbeitsjahres im Verhältnis zu der im Arbeitsjahr zurückgelegten Dienstzeit (§ 2 Abs 2 UrlG). Das Beschäftigungsverhältnis von *Tobias* hat vom 10.8.2024 bis zum 11.10.2024 gedauert. Dies sind 63 Kalendertage bzw 9 Wochen. Um die Zahl an aliquot zustehenden Urlaubstagen zu ermitteln, rechnet man 30 Werktage * zurückgelegter Wochen im Dienstverhältnis durch 52 (Wochen eines Jahres), was im vorliegenden Fall ca 5,19 ergibt. Ob in solchen Fällen, bei denen Bruchteile von Urlaubstagen herauskommen, eine kaufmännische Rundung (also Aufrundung ab 0,5 und Abrundung darunter), keine Rundung oder eine automatische Aufrundung erfolgen soll, ist strittig (nach wohl hA erfolgt keine Rundung, vgl *Reissner* in ZellKomm[3] § 10 UrlG Rz 15). Eine „Doppelaliquotierung" in der Form, dass bei der Urlaubsersatzleistung der infolge der Wartefrist des § 2 Abs 2 UrlG ohnehin in den ersten sechs Monaten des Arbeitsverhältnisses nur anteilig zustehende Urlaub nochmals entsprechend der Dauer der Beschäftigung geteilt wird, findet nicht statt, vgl OGH 8 ObA 2318/96g. Unter Zugrundelegung von 5,19 Urlaubstagen ergibt sich eine Urlaubsersatzleistung von ca € 139,71.

Ebenso zu prüfen ist ein Anspruch auf aliquote Sonderzahlungen. Die Bestimmung des § 16 AngG ist auf *Tobias* als Arbeiter nicht (auch nicht analog) anwendbar. Allerdings sieht der anwendbare Kollektivvertrag in Art XVI. Abs 6 und XVII. Abs 3 einen Anspruch auf einen der Dienstzeit entsprechenden Teil der Sonderzahlung vor, je Woche 1/52. Die Auslegung einer solchen wochenmäßigen Aliquotierung kann im Einzelfall strittig sein, bereitet hier jedoch insofern keine Probleme, als das Dienstverhältnis hier neun Wochen (10.8.–11.10.2024) gedauert hat. Damit gebühren *Tobias* je 9/52 von je € 600,– Urlaubszuschuss und Weihnachtsremuneration, also jeweils mindestens € 103,84, (uU mehr, sollte er regelmäßige Überstunden geleistet haben).

Für offene Mehr- oder Überstunden gibt es im Sachverhalt keine Anhaltspunkte; gibt es solche, wären sie bei Beendigung ebenfalls auszubezahlen (vgl § 19e AZG). Nicht relevant erscheint hier angesichts der kurzen Dauer des Dienstverhältnisses die Abfertigung.

**Literatur- und Judikaturhinweise:**

OGH 28.9.1994, 9 ObA 139/94.

OGH 28.1.1998, 9 ObA 396/97v.

OGH 26.02.2020, 9 ObA 144/19w.

*Brodil/Gruber-Risak*, Arbeitsrecht in Grundzügen[11] (2022) Rz 418 ff, 513a f.

*Majoros*, Konkludente Austritte im Arbeitsrecht, ecolex 2005, 549.

*Schindler* in *Mazal/Gruber-Risak*, Das Arbeitsrecht – System und Praxiskommentar[42] (2023) Kap XX Rz 23, 135 f.

*Windisch-Graetz*, Arbeitsrecht II[12] (2023) 98 f, 237, 266 ff, 279 f.

# ABFERTIGUNGSBERECHNUNG (FALL 19)

*Hans* war mit einem fünf Jahre befristeten und zweimal kurz vor Ablauf jeweils um weitere fünf Jahre verlängerten Dienstverträgen von 1.2.2002 bis 31.1.2017 bei der *European Evolution Ltd* in Wien als Marketing Manager beschäftigt. Neben seinem Fixgehalt von € 3.000,– monatlich (14 mal jährlich) bekam er für jeden Arbeitstag eine Essensmarke für die Kantine im Wert von € 4,–. Ferner erhielt er eine Jahresvergütung entsprechend den jeweiligen Konzernrichtlinien. Diese stellten einerseits auf den Gewinn der Tochtergesellschaft, aber auch jenen der Muttergesellschaft ab. Die Jahresvergütung war jeweils am 31.3. des Folgejahres fällig. Allerdings hielt der Arbeitsvertrag fest, dass auf diese Jahresvergütung kein Rechtsanspruch bestehe. Für 2015 betrug diese Jahresvergütung anteilig € 3.300,– und für 2016 € 4.000,–. Diese € 4.000,– wurden am 31.3.2017 ausbezahlt. Ab 2017 wurde die Jahresvergütung wegen der schwierigen wirtschaftlichen Lage generell eingestellt. Im Zeitpunkt der Beendigung war auch die Jahresvergütung für 2016 noch nicht fällig.

*Hans* hat während der ersten beiden Jahre regelmäßig Überstunden geleistet. Es war vereinbart, dass diese durch Zeitausgleich zu konsumieren sind. In den letzten Monaten gingen die Aufträge zurück und es wurden keine Überstunden mehr geleistet. Es waren allerdings noch 40 Überstunden aus früheren Monaten offen, für die bei Beendigung ein Überstundenentgelt von € 1.200,– zu bezahlen war.

**Hat *Hans* einen Anspruch auf Abfertigung?**
**Wie viele Monatsentgelte stehen ihm zu? Wie ist dieser zu berechnen?**
**Ist der Wert der Essensmarken zu berücksichtigen?**
**Schlagen sich die Überstunden in der Abfertigung nieder?**
**Ist die Jahresvergütung zu berücksichtigen und wenn ja, jene für welches Jahr?**
**Wirkt sich die Einstellung der Jahresvergütung ab 2017 rechtlich aus?**

**Lösung**

Da das Dienstverhältnis vor dem 31.12.2002 begründet wurde, kommen hier noch die Regelungen der sogenannten Abfertigung „alt" in § 23 AngG zur Anwendung (vgl § 42 Abs 3 AngG). Nach § 23 Abs 1 AngG haben die Dienstnehmer:innen Anspruch auf Abfertigung, wenn das Dienstverhältnis zumindest 3 Jahre gedauert hat. § 23 Abs 7 AngG sieht vor, dass der Anspruch auf Abfertigung nur entfällt, wenn die Beendigung des Dienstverhältnisses durch Arbeitnehmerkündigung, unberechtigten vorzeitigen Austritt oder verschuldete berechtigte Entlassung erfolgt. Das Dienstverhältnis von *Hans* hat drei Jahre gedauert. Der Ablauf des befristeten Dienstverhältnisses zählt nicht zu den abfertigungsschädlichen Beendigungsformen nach § 23 Abs 7 AngG. *Hans* hat daher Anspruch auf Abfertigung.

Da die Parteien jeweils vor Ablauf den Vertrag um weitere 5 Jahre verlängerten, kam es zu keiner Beendigung und wurde vor dem Ende der letzten Befristung kein Abfertigungsanspruch fällig (vgl allgemein zu Maßgeblichkeit der tatsächlichen Beendigung des Dienstvertrages RIS-Justiz *RS0028144*).

Die Höhe des Anspruches auf Abfertigung berechnet sich nach § 23 Abs 1 AngG mit einem Vielfachen des Entgeltes des „letzten Monats". Die Höhe des „Vielfachen" hängt von der Dauer des Dienstverhältnisses ab. So stehen nach drei Jahren Dienstverhältnis zwei Monatsentgelte und nach mehr als 25 Dienstjahren zwölf Monatsentgelte als Abfertigung zu. Das für den letzten Monat „des Dienstverhältnisses gebührende Entgelt" ist die Basis für die Berechnung des Abfertigungsanspruchs. Unter diesen wird der Durchschnittsverdienst verstanden, bei dem die mit einer gewissen Regelmäßigkeit – wenn auch nicht jeden Monat – wiederkehrende Bezüge berücksichtigt werden. Die Abfertigung darf diesen als Bemessungsgrundlage dienenden Durchschnittsverdienst weder übersteigen noch hinter ihm zurückbleiben (RIS-Justiz *RS0028943*). Schwankt die Höhe des Entgelts innerhalb des letzten Jahres vor Beendigung des Arbeitsverhältnisses, ist ein Zwölftel des gesamten Entgelts dieses Jahres als Bemessungsgrundlage der Abfertigung zugrunde zu legen. Dabei macht es keinen Unterschied, ob diese Schwankungen durch variable Prämien, Zulagen, Provisionen, Sonderzahlungen oder Überstundenentgelte bewirkt werden (RIS-Justiz *RS0043295*). Es sind auch die aliquoten Sonderzahlungen miteinzubeziehen. Als Ausgangsbasis dienen daher das monatliche Gehalt von € 3.000,– und ein Zwölftel der beiden Sonderzahlungen (13. und 14. Gehalt – Urlaubsgeld und Weihnachtsremuneration 2 x 3000 = 6000 : 12 = 500 EUR), insgesamt also € 3.500,–. Der Abfertigungsanspruch beträgt nach 15 Jahren sechs Monatsentgelte, somit € 21.000,–.

Der weite Entgeltbegriff des § 23 AngG umfasst jede Leistung, die die Arbeitnehmer:innen dafür bekommen, dass sie den Arbeitgeber:innen ihre Arbeitskraft zur Verfügung stellen, nicht aber den zweckgebundenen Aufwandersatz (etwa Diäten oder Kilometergeld). Bei den Essensmarken stellt sich die Frage, ob diese bloß Aufwandersatz oder Entgelt sind. Dafür ist auf die Funktion der jeweiligen Leistung als Abgeltung der Arbeitsleistung, nicht aber auf die Bezeichnung oder die steuer- oder die sozialrechtliche Beurteilung abzustellen. Ob eine bestimmte Leistung des:der Arbeitgebers:in unter den Begriff des Aufwandersatzes fällt, bestimmt sich danach, ob diese der Abdeckung eines konkreten finanziellen Aufwands des:der Arbeitnehmers:in dient oder (auch) Gegenleistung für die Bereitstellung seiner:ihrer Arbeitskraft ist. Wird ein Aufwand des:deer Arbeitnehmers:in überhöht abgegolten, dann handelt es sich nur im Umfang des tatsächlichen Aufwands um Aufwandersatz, darüber hinaus jedoch um Entgelt (*9 ObA 101/03y*). Sachleistungen können der Abgeltung eines konkreten Aufwand des:der Arbeitnehmers:in dienen (zB Straßenbahnnetzkarte) oder aber als Gegenleistung für die Arbeitsleistung des:der Arbeitnehmers:in vereinbart werden, wodurch sie grundsätzlich Entgelt darstellen (*9 ObA 101/03y* – Dienstwagen zur privaten Nutzung; *9 ObA 2019/96v* – Freiflüge). Der Zweck der Gewährung freier oder verbilligter Mahlzeiten am Arbeitsplatz liegt primär in den arbeitsökonomischen Vorteilen einer solchen Verköstigung während des Arbeitstags, weil sie im Interesse von Arbeitgeber:in und Arbeitnehmer:in eine Konzentration der Arbeitszeit ermöglicht (keine Notwendigkeit von Heimfahrten zur Nahrungsaufnahme). Es soll typischerweise der höhere finanzielle Aufwand eines:r Arbeitnehmers:in für arbeitsbedingt außer Haus konsumierte Mahlzeiten verringert oder vermieden werden. Das gilt auch für Essensgutscheine, die widmungsgemäß nur am Arbeitsplatz oder in einer nahen Gaststätte zur dortigen Konsumation eingelöst werden können. Im Ergebnis sind die in dieser Höhe gewährten Essensgutscheine Aufwandersatz und daher nicht in die Bemessung der Abfertigungsgrundlage miteinzubeziehen.

Die Vereinbarung, dass Zeitguthaben durch Zeitausgleich abzubauen sind, führt im Ergebnis nur zu einer anderen Verteilung der Arbeitszeit, ohne dass die Gewährung eines auf die Normalarbeitszeit anzurechnenden Freizeitausgleichs ein zusätzliches Entgelt für die Zurverfügungstellung der Arbeitskraft darstellt (RIS-Justiz *RS0051784*; *RS0051781*). Kann ein Zeitguthaben nicht mehr vor Beendigung des Dienstverhältnisses ausgeglichen werden, so ist der dafür bezahlte Geldersatz nicht in die Bemessungsgrundlage für die Abfertigung einzubeziehen. Dieser bloß einmaligen Zahlung mangelt es am Charakter eines regelmäßigen Bezugs (RIS-Justiz *RS0028524*). Unabhängig davon, ob es sich um ein vor oder im letzten Beschäftigungsjahr erwirtschaftetes Zeitguthaben handelt, ist der bei Beendigung dafür bezahlte Geldersatz nicht in die Bemessungsgrundlage für den Abfertigungsanspruch einzubeziehen. Anders wäre dies, wenn es sich um regelmäßig entlohnte Überstunden handelt.

Der heranzuziehende Durchschnittsverdienst umfasst nicht nur die regelmäßig im Monat wiederkehrenden Bezügen, sondern auch in größeren Abschnitten oder nur einmal im Jahr zur Auszahlung gelangenden Gewinnbeteiligungen (*9 ObA 22/11t ua*) und Erfolgsprämien (*9 ObA 125/01z ua*), aber auch die hier zu prüfende Jahresvergütung. Dabei ist regelmäßig fraglich, auf welchen Zeitraum abzustellen ist, ob es also auf die Fälligkeit dieses Entgelts ankommen soll oder auf den Bezugszeitraum, für den sie erworben wurden. § 23 Abs 1 AngG zweiter Satz ordnet an, dass für die Berechnung der Abfertigung auf das „für" den letzten Monat des Dienstverhältnisses „gebührende" Entgelt abzustellen ist. Es ist also nicht das „im" letzten Monat gebührende Entgelt maßgeblich, sondern jenes „für" diesen Monat. Es geht nicht darum, welche Entgelte im letzten Monat/Jahr fällig und auszuzahlen sind, sondern welche als Gegenleistung für die in diesem Zeitraum zu erbringende Arbeitsleistung „gebühren" (*9 ObA 22/11t*). Erst nach dem Ende des Arbeitsverhältnisses fällig werdende Entgelte, etwa Gewinnbeteiligungen für das letzte Jahr, sind bei der Abfertigungsberechnung nachträglich zu berücksichtigen. In diesem Umfang wird die Abfertigung erst mit dem Anspruch auf Abrechnung fällig (*9 ObA 22/11t*). Entscheidend wäre hier also eine Jahresvergütung für das Jahr 2017.

Abfertigungswirksam sind grundsätzlich auch freiwillige regelmäßige Leistungen des:r Arbeitgebers:in, weil die Freiwilligkeit nichts am Entgeltcharakter der Leistung ändert (*Holzer* in *Marhold/Burgstaller/Preyer*, AngG § 23 Rz 35). Die auf das letzte Jahr vor Beendigung des Dienstverhältnisses abzustellende Durchschnittsberechnung kommt jedoch nur für eine Leistung des:r Arbeitgebers:in in Betracht, die „für" den letzten Monat überhaupt noch zusteht *(9 ObA 8/14p)*. Damit kommt aber hier eine Einbeziehung der für frühere Jahre gebührenden, zuletzt aber eingestellten Jahresvergütung in die Berechnungsgrundlage der Abfertigung nicht in Betracht. Die Abfertigung soll dem:r Arbeitnehmer:in für den durch die Abfertigung abgedeckten Zeitraum nur den zuletzt bezogenen Verdienst sichern (*9 ObA 8/14p*). Soweit Arbeitnehmer:innen im Rahmen von einseitigen Gestaltungsbefugnissen des:r Arbeitgebers:in wegen des Ausscheidens aus dem Betrieb benachteiligt wurden, werden allerdings derartige Gestaltungen als für die Berechnung der Abfertigung unwirksam qualifiziert (*9 ObA 22/11t*). Davon kann hier aber nicht ausgegangen werden, da die Ltd wegen der schlechten wirtschaftlichen Lage die Jahresvergütungen für alle Arbeitnehmer:innen einstellte.

**Literatur- und Judikaturhinweise:**

OGH 28.2.2011, 9 ObA 121/10z (Essensmarken).

OGH 27.7.2011, 9 ObA 22/11t (Gewinnbeteiligung).

OGH 29.1.2013, 9 ObA 124/12v (Zeitguthaben).

OGH 29.4.2014, 9 ObA 8/14p (Widerruf freiwilliger Leistungen).

*Holzer/Vinzenz* in *Auer-Mayer/Burgstaller/Preyer* (Hrsg), Kommentar zum AngG 39. Lieferung 2022 § 23.

*Mayr* in *Neumayr/Reissner* (Hrsg), ZellKomm[3] (2018) § 23 AngG.

*Schindler* in *Gruber-Risak/Mazal*, Das Arbeitsrecht – System und Praxiskommentar 40. Lieferung, 2022, Band II, Kapitel XX Rz 39 ff.

*Wachter* in *Reissner* (Hrsg), Kommentar zum AngG[4] (2022) § 23.

*Windisch-Graetz*, Arbeitsrecht II[12] (2023) 330 ff.

# AUF ZUR KONKURRENZ! (FALL 20)

*Konstantin* ist seit 3.1.2022 als Unternehmensberater bei der *Consulting-AG,* einem österreichweit tätigen Beratungsunternehmen, tätig. Seine Aufgaben als Unternehmensberater bestehen darin, komplexe Geschäftsprozesse zu analysieren und maßgeschneiderte Lösungen zu entwickeln, um Unternehmen, die Kund:innen der *Consulting-AG* sind, auf Erfolgskurs zu bringen. Dazu berät er Unternehmen bei strategischen Entscheidungen, hilft ihnen Prozesse zu optimieren und Wachstumschancen zu identifizieren. Als vollzeitbeschäftigter Arbeitnehmer steigt *Konstantin* zunächst mit einem Monatsentgelt von EUR 3.700,– brutto bei der *Consulting-AG* ein. Ab 2.1.2024 wird sein Monatsentgelt aber wegen seiner hervorragenden Performance auf EUR 4.500,– brutto erhöht. Dennoch bekommt *Konstantin* von der *Konkurrenz-AG,* die ein direktes Konkurrenzunternehmen der *Consulting-AG* ist und ebenfalls Dienstleistungen im Bereich der Unternehmensberatung anbietet, im ersten Halbjahr 2024 ein noch besseres Angebot. Zudem scheinen die Arbeitszeiten bei der *Konkurrenz-AG* besser zu sein als bei der *Consulting-AG*, was dem 45-jährigen *Konstantin,* der Vater von zwei minderjährigen Kindern ist, sehr zugute kommt. Aus diesem Grund beschließt *Konstantin* zur *Konkurrenz-AG* zu wechseln. Er bittet die *Consulting-AG* um eine einvernehmliche Auflösung des Arbeitsverhältnisses zum 31.7.2024. Die *Consulting-AG* stimmt der einvernehmlichen Auflösung zu, weist aber ausdrücklich auf die Klausel zum nachvertraglichen Wettbewerbsverbot, die im Arbeitsvertrag zwischen ihr und *Konstantin* vereinbart ist, hin und besteht auf deren Einhaltung:

*„Es wird vereinbart, dass dem Arbeitnehmer für die Zeit von einem Jahr nach der Beendigung des Arbeitsverhältnisses untersagt wird,*

1. *unmittelbar oder mittelbar in einem Konkurrenzunternehmen der Consulting-AG tätig zu sein,*
2. *ein solches Unternehmen zu errichten oder zu erwerben,*
3. *an der Gründung eines solchen Unternehmens mittelbar oder unmittelbar mitzuwirken und*
4. *sich finanziell an einem solchen Unternehmen, ganz gleich in welcher Rechtsform, zu beteiligen.*

*Diese Verbote beziehen sich auf alle Wettbewerbsunternehmen, die gleichartige oder ähnliche Dienstleistungen anbieten oder gleichartige oder ähnliche Produkte vertreiben wie die Consulting-AG sowie auf alle Tätigkeiten im Arbeitsgebiet der Consulting-AG und zwar ohne räumliche Beschränkung.*

*Bei Verstoß gegen diese Vereinbarung schuldet der Arbeitnehmer der Consulting-AG eine Konventionalstrafe in der Höhe von acht netto-Monatsentgelten."*

*Konstantin* macht sich wegen der Klausel keine Sorgen, weil er davon überzeugt ist, dass sie sowieso unwirksam ist. Mit 1.8.2024 wechselt er daher zur *Konkurrenz-AG* und übt dort die gleichen Tätigkeiten wie bei der *Consulting-AG* aus. Noch vor seinem Wechsel zur *Konkurrenz-AG* schreibt *Konstantin* im Juli 2024 – ohne Wissen der *Consulting-AG* – die Kund:innen der *Consulting-AG*, die er bislang betreut hat, an, um sie über seinen Wechsel zur *Konkurrenz-AG* ab 1.8.2024 zu informieren. In dem Schreiben gibt er auch seine neuen Kontaktdaten bekannt und fordert die Kund:innen aktiv auf, ihre Verträge zur *Consulting-AG* zu beenden und zur *Konkurrenz-AG* zu wechseln, um weiterhin von ihm betreut zu werden. Dadurch kommt es bei der *Consulting-AG* ab August 2024 zu einem Anstieg an Vertragsbeendigungen durch Kund:innen; der Schaden der *Consulting-AG* beläuft sich auf EUR 12.000,-. Es handelt sich dabei um Kund:innen, die nicht von *Konstantin* für die *Consulting-AG* angeworben worden sind, sondern die bereits vor dem 3.1.2022 Kund:innen der *Consulting-AG* waren und von *Konstantin* lediglich betreut wurden. Die *Consulting-AG* möchte sich das keinesfalls gefallen lassen und verlangt von *Konstantin* wegen Verstoßes gegen die vereinbarte Klausel die Zahlung von acht netto-Monatsentgelten. Zudem klagt die *Consulting-AG Konstantin* auf Unterlassung seiner Tätigkeit bei der *Konkurrenz-AG* sowie auf Unterlassung des Abwerbens von Kund:innen der *Consulting-AG*.

**Wird die *Consulting-AG* Erfolg haben?**

**Lösung**

**Zu prüfen ist der Anspruch der *Consulting-AG* gegen *Konstantin* auf Zahlung von acht netto-Monatsentgelten in Höhe von EUR 23.438,24 (EUR 2.929,78 netto Monatsentgelt x 8) sowie auf Unterlassung der Tätigkeit von *Konstantin* bei der *Konkurrenz-AG* und auf Unterlassung des Abwerbens von Kund:innen der *Consulting-AG* gem §§ 36 ff AngG.**

Ob der Anspruch zu Recht besteht, hängt davon ab, ob die Arbeitsvertragsparteien wirksam eine Konkurrenzklausel vereinbart haben, auf die sich die *Consulting-AG* nach der Beendigung des Arbeitsverhältnisses (AV) berufen kann. Dazu müssen mehrere Voraussetzungen erfüllt sein, die für Angestellte in den §§ 36 ff AngG und für Arbeiter:innen in § 2c AVRAG geregelt sind. Vorwegzunehmen ist, dass die Konkurrenzklausel iSd §§ 36 ff AngG bzw § 2c AVRAG nicht mit dem Konkurrenzverbot iSd § 7 AngG verwechselt werden darf. Während sich das Konkurrenzverbot auf Konkurrenztätigkeiten des AN während des laufenden AV bezieht und kraft Gesetzes gilt, regeln die §§ 36 ff AngG bzw § 2c AVRAG die Voraussetzungen für ein nachvertragliches Wettbewerbsverbot, welches einer Vereinbarung der Parteien bedarf.

Wenngleich die Voraussetzungen für eine Konkurrenzklausel in den §§ 36 ff AngG und § 2c AVRAG für Angestellte und Arbeiter:innen ident sind, muss in einem ersten Schritt dennoch geprüft werden, ob *Konstantin* Arbeiter oder Angestellter ist, um die richtige Rechtsgrundlage heranzuziehen (Anmerkung: Dass *Konstantin* als Arbeitnehmer [AN] zu qualifizieren ist, kann schon dem Sachverhalt entnommen und muss daher nicht nochmals geprüft werden. Es empfiehlt sich, bei der Klausur in solchen Fällen keine Zeit etwa zur Prüfung der persönlichen Abhängigkeit zu „verschwenden", wenn der Sachverhalt eindeutig vorgibt, dass es sich um einen AN handelt, zumal dafür keine Punkte vergeben werden).

## 1. Angestellte – Arbeiter:innen

Angestellte sind gem § 1 Abs 1 AngG Personen, die im Geschäftsbetrieb eines Kaufmanns vorwiegend zur Leistung kaufmännischer oder höherer nicht kaufmännischer Dienste oder Kanzleiarbeiten angestellt sind. Arbeiter:innen üben dagegen überwiegend manuelle Tätigkeiten aus. Als Unternehmensberater ist *Konstantin* als Angestellter zu qualifizieren, zumal er höhere nicht kaufmännische Dienste ausübt, für die er entsprechende Vorkenntnisse und Schulungen/Ausbildungen benötigt. Ferner verlangt die Judikatur bei höheren nicht kaufmännischen Diensten das Vertrautsein mit den Arbeitsaufgaben und eine gewisse fachliche Durchdringung, die hier auch gegeben sind. Die Voraussetzung, dass er im Geschäftsbetrieb eines Kaufmanns tätig sein muss, ist hier auch unproblematisch.

In weiterer Folge werden daher die §§ 36 ff AngG als Rechtsgrundlage herangezogen (Anmerkung: Die nachfolgenden Ausführungen können aber gem §§ 2c und 2e AVRAG ident auch auf Fälle, in denen es um Arbeiter:innen geht, umgelegt werden).

## 2. Definition der Konkurrenzklausel

Gem § 36 Abs 1 AngG liegt eine Konkurrenzklausel vor, wenn der:die AN durch eine Vereinbarung für die Zeit nach Beendigung des AV in seiner:ihrer Erwerbstätigkeit beschränkt wird. Um jedoch zu verhindern, dass AN aufgrund des Abschlusses von Konkurrenzklauseln ihre Kenntnisse und Berufserfahrungen am Arbeitsmarkt gar nicht mehr verwerten können, sehen die §§ 36 f AngG unterschiedliche Voraussetzungen vor, die erfüllt sein müssen, damit die Vereinbarung wirksam ist. Dadurch soll ein Ausgleich zwischen den entgegengesetzten Interessen der AN und AG geschaffen werden. Während nämlich AN ein Interesse daran haben, nach der Beendigung des AV ihre Kenntnisse und Berufserfahrungen weiterhin am Arbeitsmarkt verwerten zu können, wollen AG ihr Know-How und ihre wirtschaftlichen Werte schützen, die nicht durch ausgeschiedene AN in die Hände der Konkurrenz gelangen sollen. Es liegt aber auch im öffentlichen Interesse, dass wirtschaftliche Kräfte nicht brachgelegt werden sollen. Durch die in den §§ 36 f AngG normierten Voraussetzungen soll dieser Interessenkonkflikt zwischen AN, AG und dem öffentlichen Interesse bewältigt werden.

Neben den unterschiedlichen Wirksamkeitsvoraussetzungen, die erfüllt sein müssen (dazu gleich unten Punkt 3), kann ein:e AG gem § 36 Abs 2 und § 37 AngG nur dann eine Konkurrenzklausel nach der Beendigung des AV geltend machen, wenn der:die AN eine bestimmte Entgeltgrenze erreicht und das AV auf eine bestimmte Art beendet worden ist (dazu unten Punkt 5). Zu beginnen ist mit der Prüfung der Wirksamkeitsvoraussetzungen.

## 3. Voraussetzungen für eine wirksame Konkurrenzklausel

Eine Konkurrenzklausel ist gem § 36 Abs 1 Z 1-3 AngG nur insoweit wirksam, als der:die Angestellte im Zeitpunkt des Abschlusses der Vereinbarung nicht minderjährig ist, sich die Beschränkung auf die Tätigkeiten im Geschäftszweig des:der AG bezieht, den Zeitraum eines Jahres nicht übersteigt und weder nach Gegenstand, Zeit oder Ort oder im Verhältnis zu dem geschäftlichen Interesse des:der AG an ihrer Einhaltung eine unbillige Erschwerung des Fortkommens des:der Angestellten enthält.

### *a. Keine Minderjährigkeit*

Erste Voraussetzung ist, dass der:die AN beim Abschluss der Konkurrenzklausel nicht minderjährig sein darf. Im vorliegenden Fall geht aus dem Sachverhalt hervor, dass *Konstantin* 45 Jahre alt ist, sodass diese Voraussetzung erfüllt ist.

### *b. Geschäftszweig des:der AG*

Ferner muss sich die Konkurrenzklausel auf eine Tätigkeit im Geschäftszweig des:der AG beziehen. Unter Geschäftszweig ist der berufliche Tätigkeitsbereich des:der AG zu verstehen, wobei der Geschäftszweig eng auszulegen ist. Im vorliegenen Fall bezieht sich die Konkurrenzklausel auf alle Wettbewerbsunternehmen, die gleichartige oder ähnliche Dienstleistungen wie die *Consulting-AG* ausüben oder gleichartige oder ähnliche Produkte vertreiben sowie auf alle Tätigkeiten im Arbeitsgebiet der *Consulting-AG*. Gleichartige Dienstleistungen und Produkte beziehen sich jedenfalls unmittelbar auf den Tätigkeitsbereich des AG. Auch bei ähnlichen Dienstleistungen und Produkten ist dies nicht ausgeschlossen, sofern sie immer noch unter den Tätigkeitsbereich der *Consulting-AG* fallen.

*c. Dauer: Einjahresgrenze*

Des Weiteren darf die Beschränkung den Zeitraum von einem Jahr nicht übersteigen. Im vorliegenden Fall wurde die Einjahres-Grenze nicht überschritten.

*d. Keine unbillige Erschwerung des Fortkommens des:der AN*

Schließlich ist eine Konkurrenzklausel gem § 36 Abs 1 Z 3 AngG unbeschadet der sonstigen Voraussetzungen des § 36 AngG nur insoweit wirksam, als die Beschränkung nicht nach Gegenstand, Zeit und Ort und im Verhältnis zu dem geschäftlichen Interesse, das der:die AG an ihrer Einhaltung hat, eine unbillige Erschwerung des Fortkommens des:der AN enthält. Es ist daher eine Interessenabwägung nach Gegenstand, Zeit und Ort vorzunehmen; auf Seiten des:der AG ist das geschäftliche Interesse zu berücksichtigen. Die Lehre geht in diesem Zusammenhang von einem beweglichen System zwischen der sachlichen, örtlichen und zeitlichen Kompenente aus, die zueinander in einem Verhältnis der Interdependenz stehen, sodass bei starker Ausprägung eines Elements die anderen beiden Elemente nur schwach ausgeprägt sein dürfen. Dabei gilt für den Gegenstand die Sperre des gesamten Geschäfszweigs des:der AG als Obergrenze. Für die Zeit gilt die Einjahres-Grenze als Obergrenze. Örtlich hat der Gesetzgeber keine starren Grenzen gesetzt; die Konkurrenzklausel kann sich auf ganz Österreich und aus unionsrechtlichen Gründen sogar darüber hinaus auch auf andere Mitgliedstaaten erstrecken. Die Obergrenze für die Erschwerung des Fortkommens ist die Existenzgefährdung des:der AN. Für den OGH ist entscheidend, dass der:die AN wegen der Erwerbsbeschränkung nicht gezwungen werden darf, seine:ihre Kenntnisse und Berufserfahrungen brachliegen zu lassen, einen allenfalls erlernten Spezialberuf aufzugeben und damit zwangsläufig in eine berufsfremde Sparte mit geringerem Einkommen zu wechseln (OGH 9 ObA 59/15i).

Bei der Beurteilung, ob eine unbillige Erschwernis des Fortkommens des:der AN vorliegt, ist auch das geschäftliche Interesse des:der AG an der Einhaltung der Konkurrenzklausel zu berücksichtigen. Entscheidend ist dabei, dass die selbständige oder unselbständige Tätigkeit des:der AN eine Konkurrenz für den:die ehemalige:n AG darstellt, ihm:ihr also zB Kund:innen abwandern oder Marktanteile verloren gehen oder der:die AG in seinem Erwerbsinteresse geschädigt wird.

Zwar wirkt sich der Wechsel von *Konstantin* zur *Konkurrenz-AG* im vorliegenden Fall nachteilig auf die Interessen der *Consulting-AG* aus. Dennoch ist die Konkurrenzklausel zu weit formuliert. Sowohl sachlich als auch zeitlich und örtlich wurde die maximal zulässige Obergrenze herangezogen. Die Literatur verlangt jedoch, dass bei starker Ausprägung eines Elements die anderen Elemente abgeschwächt werden müssen. Die vorliegende Konkurrenzklausel ist daher zu weit formuliert und führt zu einer unbilligen Erschwerung des Fortkommens des AN.

## 4. Rechtsfolgen bei Nichterfüllung der Wirksamkeitsvoraussetzungen

Eine zu weit formulierte Konkurrenzklausel ist jedoch nicht automatisch unwirksam. Vielmehr sind Konkurrenzklauseln, die die gesetzlichen Grenzen überschreiten (zB die Geschäftszweiggrenze oder den 1-Jahres-Zeitraum) nicht gänzlich unwirksam, sondern nur teilnichtig.

In einem ähnlich gelagerten Fall wie hier hat der OGH die zu weit formulierte Konkurrenzklausel unter Anwendung der §§ 914 f ABGB ausgelegt und sah darin auch eine Kundenschutzklausel mitvereinbart, die wirksam vereinbart worden ist und gegen die der AN verstoßen hat (OGH 8 ObA 12/19a). Nach ständiger Rechtsprechung sind Konkurrenzklauseln nämlich nach den §§ 914 f ABGB auszulegen. Es ist daher nicht am Wortlaut der Konkurrenzklausel zu haften, sondern die Absicht der Parteien zu erforschen und der Vertrag so zu verstehen, wie es der Übung des redlichen Verkehrs und dem Verständnis eines redlichen Erklärungsempfängers entspricht. Vereinbarten die Parteien, dass der:die AN ein Jahr nach Beendigung des AV kein konkurrenzierendes Unternehmen eröffnen oder sich daran beteiligen darf, so gehen sie nach Ansicht des OGH davon aus, dass er:sie während dieser Zeit auch keine Kund:innen des:der AG abwerben darf. Daher wurde auch eine Kundenschutzklausel mitvereinbart. Selbst wenn daher das Verbot, sich überhaupt konkurrenzierend zu verhalten, in diesem Fall unbillig ist, verbleibt es dem OGH zufolge aufgrund des Vertragswillens bei dem mitvereinbarten, weniger weitgehenden Verbot, dem:der AG ein Jahr lang keine Kund:innen abzuwerben.

Nach ständiger Rechtsprechung stellen auch Kundenschutzklauseln Konkurrenzklauseln dar. Kundenschutzklauseln bezwecken den Schutz des Kundenstocks des:der AG und sollen das Abwerben des bestehenden Kundenkreises verhindern. Auch bei Kundenschutzklauseln wird ein:e AN nach der Beendigung des AV in seiner:ihrer Erwerbstätigkeit beschränkt, zumal er:sie nicht alle während des AV rechtmäßig gewonnenen Informationen und Kenntnisse nach der Beendigung des AV umfassend einsetzen kann (zB OGH 8 ObA 50/22v; 9 ObA 134/19z).

Im vorliegenden Fall wurde daher nach Ansicht des OGH wirksam eine Kundenschutzklausel vereinbart, gegen die *Konstantin* aufgrund des aktiven Abwerbens von Kund:innen verstoßen hat. Bevor jedoch auf die Rechtsfolgen bei Verstoß gegen eine Konkurrenzklausel näher eingegangen wird, sind vorab noch die Voraussetzungen für die Geltendmachung der Konkurrenzklausel zu prüfen, die bei einer Kundenschutzklausel genauso gelten, zumal es sich dabei auch um eine Konkurrenzklausel iSd §§ 36 f AngG handelt (OGH 8 ObA 50/22v).

## 5. Voraussetzungen für die Geltendmachung der Konkurrenzklausel

Damit der:die AG nach Beendigung des AV eine Konkurrenzklausel (hier in Form einer Kundenschutzklausel) geltend machen kann, müssen noch zwei weitere Voraussetzungen erfüllt sein, die erst am Ende des AV beurteilt werden können: Erstens muss der:die AN im letzten Monat des AV bestimmte Entgeltgrenzen erreicht haben und zweitens muss das AV auf eine bestimmte Art beendet worden sein.

### *a. Entgeltgrenzen*

Gem § 36 Abs 2 AngG ist eine Konkurrenzklausel unwirksam, wenn sie im Rahmen eines AV getroffen wird, bei dem das für den letzten Monat des AV gebührende Entgelt das 20-Fache der Höchstbeitragsgrundlage nach § 45 ASVG nicht übersteigt. Allfällige Sonderzahlungen sind bei der Ermittlung des Entgelts außer Acht zu lassen. Das gilt für Vereinbarungen, die seit dem 29.12.2015 neu abgeschlossen worden sind. Da im vorliegenden Fall die Vereinbarung am 2.1.2022 abgeschlossen worden ist, sind die genannten Entgeltgrenzen relevant. Für Konkurrenzklauseln, die zwischen dem 17.3.2006 und 29.12.2015 abgeschlossen worden sind, betrug die Entgeltgrenze das 17-Fache der täglichen Höchstbeitragsgrundlage; vor dem 17.3.2006 gab es keine Entgeltgrenzen.

Das 20-Fache der täglichen Höchstbeitragsgrundlage ergibt für das Jahr 2024 eine brutto-Monatsentgeltgrenze von EUR 4.040,-. Das ist im vorliegenden Fall erfüllt, weil *Konstantin* im letzten Monat vor der Beendigung des AV EUR 4.500,– brutto verdient hat. Dass er zu Beginn seines AV die Entgeltgrenze nicht erreicht hat, schadet nicht. Denn entscheidend ist, dass die Entgeltgrenze im letzten Monat des AV überschritten wird; es stellt sich daher erst am Ende des AV heraus, ob die Konkurrenzklausel wirksam ist und geltend gemacht werden kann. Selbst wenn daher der:die AN zwar zu Beginn des AV die Entgeltgrenze unterschreitet, kann die Konkurrenzklausel dennoch mit ihm:ihr abgeschlossen werden und wird die Entgeltgrenze im letzten Monat des AV überschritten, kann sie geltend gemacht werden. Etwas anderes würde nur dann gelten, wenn der:die AG grundlos kurz vor Beendigung des AV plötzlich das Entgelt des:der AN erhöht, wohl mit der Intention, die Entgeltgrenze für die Geltendmachung der Konkurrenzklausel zu überschreiten. Das ist hier jedoch nicht der Fall, zumal *Konstantin* bereits seit 2.1.2024 EUR 4.500,– verdient und sein Entgelt wegen seiner herausragenden Leistung erhöht worden ist. Die erforderlichen Entgeltgrenzen sind daher im vorliegenden Fall erfüllt.

### *b. Beendigungsformen*

Ob die Konkurrenzklausel bei der Beendigung des AV geltend gemacht werden kann, hängt zudem von der Beendigungsform des AV ab. Gem § 37 Abs 1 AngG kann der:die AG die durch die Konkurrenzklausel begründeten Rechte gegen den:die AN nicht geltend machen, wenn der:die AG durch schuldbares Verhalten dem:der AN begründeten Anlass zum vorzeitigen Austritt oder zur Kündigung des AV gegeben hat. Gleiches gilt gem § 37 Abs 2 AngG auch dann, wenn der:die AG das AV löst, es sei denn, der:die AN hat durch schuldbares Verhalten dazu begründeten Anlass gegeben oder der:die AG hat bei der Auflösung des AV erklärt, während der Dauer der Beschränkung dem:der AN das ihm:ihr zuletzt zukommende Entgelt zu leisten. Dem liegt die Wertung zu Grunde, dass derjenige Vertragsteil, der die Lösung des AV verursacht hat, nicht schutzwürdig ist.

Das bedeutet, dass der:die AG die Konkurrenzklausel bei folgenden Beendigungsarten geltend machen kann:

- gerechtfertigte Entlassung, zu der der:die AN durch schuldbares Verhalten einen begründeten Anlass gegeben hat,
- unberechtigter vorzeitiger Austritt, wenn der:die AG nicht durch schuldbares Verhalten dem:der AN begründeten Anlass zum vorzeitigen Austritt gegeben hat,
- AN-Kündigung, es sein denn, der:die AG hat dafür durch schuldbares Verhalten Anlass gegeben,
- Kündigung durch den:die AG, ohne durch den:die AN schuldhaft dazu veranlasst worden zu sein, wenn sich der:die AG für den Zeitraum, für den die Konkurrenzklausel gilt, zur Fortzahlung des vollen Entgelts verpflichtet (Karenzentschädigung).

Im vorliegenden Fall wurde das AV einvernehmlich aufgelöst. Die Beendigungsform der einvernehmlichen Auflösung ist in § 37 Abs 1 und 2 AngG nicht ausdrücklich erwähnt. Aus diesem Grund gehen Rechtsprechung und ein Teil der Lehre davon aus, dass eine

Geltendmachung der Konkurrenzklausel durch den:die AG auch bei der einvernehmlichen Auflösung möglich ist, ohne dass es einer Erklärung des:der AG gem § 37 Abs 2 Fall 2 AngG bedarf (OGH 9 ObA 141/09i).

In der Literatur wird das zum Teil dann anders gesehen, wenn die einvernehmliche Auflösung vom:von der AG initiiert worden ist, zumal der:die AG bei einvernehmlichen Auflösungen, die er:sie selbst initiiert hat, nicht die Möglichkeit haben soll, die Konkurrenzklausel geltend zu machen (zB *Russ,* Die einvernehmliche Auflösung von Arbeitsverhältnissen 278). Da im vorliegenden Fall aber die einvernehmliche Auflösung von *Konstantin* selbst initiiert worden ist und die *Consulting-AG* diese auch in keiner Weise verursacht oder verschuldet hat, ist jedenfalls davon auszugehen, dass eine Geltendmachung der Konkurrenzklausel durch die *Consulting-AG* möglich ist.

### *c. Zwischenfazit*

Als Zwischenfazit ist festzuhalten, dass alle Voraussetzungen vorliegen, damit die *Consulting-AG* die Konkurrenzklausel geltend machen kann. Obgleich die Konkurrenzklausel zu weit formuliert war, ist sie nicht unwirksam. Vielmehr hat der OGH eine Kundenschutzklausel in eine solche Klausel hineingelesen, für die sonst alle Voraussetzungen gegeben sind und gegen die der:die AN verstoßen hat. Zuletzt ist daher auf die Rechtsfolgen bei Verstoß gegen die Konkurrenzklausel (hier in Form einer Kundenschutzklausel) einzugehen.

## 6. Rechtsfolgen bei Verstoß gegen die Konkurrenzklausel

Für den Fall des Zuwiderhandelns gegen die Konkurrenzklausel kann gem § 37 Abs 3 AngG eine Konventionalstrafe vereinbart werden. Der Zweck der Konventionalstrafe liegt in der Pauschalierung des Schadens sowie in der Bekräftigung der abgesicherten Verpflichtung und der Verstärkung des Erfüllungsdrucks für den:die AN. Wird eine Konventionalstrafe vereinbart, ist diese gem § 37 Abs 3 AngG nur insoweit wirksam, als sie das Sechsfache des für den letzten Monat des AV gebührenden netto-Monatsentgelts nicht übersteigt. Dies gilt für Konkurrenzklauseln, die nach dem 29.12.2015 abgeschlossen worden sind, was im vorliegenden Fall zutrifft. Allfällige Sonderzahlungen sind bei der Berechnung des netto-Entgelts nicht zu berücksichtigen. Übersteigt die Konventionalstrafe das Sechsfache des monatlichen netto-Monatsentgelts, ist die Konventionalstrafenvereinbarung teilnichtig und wird auf das Sechsfache reduziert. Im vorliegenden Fall wurde eine Konventionalstrafe in der Höhe von acht netto-Monatsentgelten vereinbart, was rechtlich unzulässig ist. Maximal zulässig wäre ein Betrag von EUR 17.578,68,–, der sechs netto-Monatsentgelten entspricht (EUR 2.929,78,– netto Monatsentgelt x 6).

Darüber hinaus kommt aber dem:der Richter:in gem § 38 AngG auch noch ein Mäßigungsrecht zu. Bei der Ausübung des Mäßigungsrechts hat das Gericht die Interessen der Vertragsparteien gegeneinander abzuwägen. Obere Grenze der Vertragsstrafe ist die vereinbarte Vergütungshöhe; das absolute Mindestausmaß ist der Betrag des tatsächlichen Schadens. Die Ausübung des Mäßigungsrechts kann nur nach den konkreten Umständen des Einzelfalls erfolgen. Das Gesetz sieht keine taxative Aufzählung von Mäßigungskriterien vor. Bei der Beurteilung, ob die vereinbarte Konventionalstrafe überhöht ist, sind aber vor allem der tatsächlich entstandene Schaden, der die Untergrenze der Mäßigung darstellt, die wirtschaftlichen oder sozialen Verhältnisse des AN, die Art und das Ausmaß seines Verschuldens an der Vertragsverletzung und die Verhältnismäßigkeit der Strafe zu berücksichtigen (OGH 9 ObA 134/19z; 8 ObA 80/20b). Im vorliegenden Fall betrug der Schaden der *Consulting-AG* EUR 12.000,-. Dieser Betrag stellt daher die Untergrenze der Mäßigung dar. Das aktive Abwerben von Kund:innen durch *Konstantin* spricht zunächst gegen eine Mäßigung des vereinbarten Betrags; Gleiches gilt für den Umstand, dass er selbst die Initiative zur Auflösung des AV gesetzt hat, um zur Konkurrenz zu wechseln. Im Rahmen der richterlichen Mäßigungsrechts wird aber jedenfalls zu berücksichtigen sein, dass *Konstantin* Vater von zwei minderjährigen Kindern ist, für die er unterhaltspflichtig ist, sodass der rechtlich maximal zulässige Betrag von EUR 17.578,68 zumindest teilweise zu reduzieren sein wird.

Hat der:die AG im Zusammenhang mit einem nachvertraglichen Wettbewerbsverbot eine Konventionalstrafe vereinbart, kann er:sie außerdem nur die Konventionalstrafe verlangen. Der:die AG kann gem § 37 Abs 3 AngG nicht kumulativ dazu auf Erfüllung der Vereinbarung bestehen und auf Unterlassung klagen. Die Klage der *Consulting-AG* auf Unterlassung der Tätigkeit von *Konstantin* bei der *Konkurrenz-AG* sowie auf Unterlassung des Abwerbens von Kund:innen der *Consulting-AG* ist daher abzuweisen (Anmerkung: Der Unterlassungsanspruch gem § 1 UWG bleibt davon jedoch unberührt. Das UWG war hier aber nicht gefragt und müsste bei einer arbeitsrechtlichen Klausur/Prüfung grundsätzlich nicht geprüft werden, außer es wird ausdrücklich verlangt).

**Literatur- und Judikaturhinweise:**

OGH 3.9.2010, 9 ObA 141/09i.
OGH 28.5.2015, 9 ObA 59/15i.
OGH 29.4.2019, 8 ObA 12/19a.
OGH 17.12.2019, 9 ObA 134/19z.
OGH 29.6.2022, 8 ObA 50/22v.
OGH 25.8.2020, 8 ObA 80/20b.
*Brodil/Gruber-Risak,* Arbeitsrecht in Grundzügen[11] (2022) Rz 544 ff.
*Windisch-Graetz*, Arbeitsrecht II[12] (2023) 340 ff.
*Reissner,* Lern- und Übungsbuch Arbeitsrecht[7] (2023) 285 ff.

# TEURE FAHRER NICHT ERWÜNSCHT* (FALL 21)

Die *Brau-GmbH* betreibt eine eigene Bierbrauerei und beliefert einen Großteil der umliegenden Gasthöfe und Hotels mit dem selbstgebrauten Bier. Eines Tages beschließt die Geschäftsführung der *Brau-GmbH*, aus Einsparungsgründen die bisher selbst durchgeführte Kundenbelieferung dem Frächter *Carlo* zu übertragen, der eine Gewerbeberechtigung für das Frachtgewerbe besitzt. *Carlo* erklärt sich auch bereit, die beiden für die Auslieferung notwendigen LKW samt den beiden Fahrern von der *Brau-GmbH* zu übernehmen.

*Emma* war seit fünf Jahren als LKW-Fahrerin bei der *Brau-GmbH* beschäftigt und hatte nie Grund zur Beschwerde. Nach der Übernahme weigert sich *Carlo* aber, ihr den nach Brauerei-KollV zustehenden 15. und 16. Monatslohn sowie den in diesem KollV vorgesehenen Überstundenzuschlag von 100 % weiterhin auszubezahlen. *Carlo* begründet dies damit, dass er dem Frächter-KollV unterliege, der diese Leistungen nicht vorsieht. Auch seine beiden anderen AN hätten ja keinen Anspruch auf diese Leistungen. Als *Emma* mit klagsweiser Einforderung der zusätzlichen Monatslöhne sowie des zusätzlichen Überstundenzuschlages droht, wird sie von *Carlo* unter Einhaltung der im Frächter-KollV vorgesehenen Fristen und Termine gekündigt.

**Bestehen die von *Emma* gegen *Carlo* erhobenen Ansprüche (zumindest bis zum Ablauf der Kündigungsfrist)?**

**Kann sich *Emma* gegen die Kündigung zur Wehr setzen?**

* Dieser Fall baut auf der Bearbeitung durch *Kietaibl* in der 10. Auflage auf.

**Lösung**

## I. Anspruch der *Emma* gegen *Carlo* auf Zahlung eines 15. und 16. Monatslohns sowie des zusätzlichen Überstundenzuschlages bis Ablauf der Kündigungsfrist

### *1. Bestand ein Arbeitsvertrag zu Carlo?*

Voraussetzung für einen Entgeltanspruch der *Emma* gegen den *Carlo* ist, dass *Carlo* überhaupt *Emmas* AG ist. Dies ist der Fall, wenn die Ausgliederung der Kundenbelieferung von der *Brau-GmbH* an den *Carlo* als Betriebs(teil)übergang zu werten ist und es dadurch zu einem automatischen Übergang des Arbeitsverhältnisses der *Emma* auf *Carlo* gekommen ist (§ 3 Abs 1 AVRAG). Voraussetzung eines Betriebsübergangs ist der Übergang einer die Identität wahrenden wirtschaftlichen Einheit vom Veräußerer auf den Erwerber (Art 1 Abs 1 Betriebsübergangs-RL).

Die beiden LKW und die Fahrer stellen eine organisierte Zusammenfassung von Ressourcen zur Verfolgung einer wirtschaftlichen Tätigkeit dar und sind daher zumindest als Betriebsteil zu qualifizieren. Dieser Betriebsteil geht von der *Brau-GmbH* (Veräußerin) auf *Carlo* (Erwerber) über. Der Rechtsgrund für die Übertragung ist irrelevant, entscheidend ist der Wechsel der faktischen Verfügungsmacht.

Ob die Identität des Betriebsteils trotz Übergang gewahrt ist und daher ein Betriebsübergang iSd § 3 AVRAG vorliegt, ist nach der Methode des beweglichen Systems zu beurteilen. Zu prüfen ist, ob materielle und immaterielle Betriebsmittel sowie die Hauptbelegschaft und die Kundschaft auf den Erwerber übergegangen sind. Zu berücksichtigen ist auch, wie lange eine allfällige Unterbrechung der Tätigkeit gedauert hat und wie ähnlich die vor und nach dem Betriebsübergang ausgeübten Tätigkeiten sind. Hier liegt eindeutig ein Betriebsübergang vor: Es wird die gesamte Belegschaft übernommen, die wesentlichen materiellen Betriebsmittel (LKW) werden übernommen und sowohl die Tätigkeit als auch die Kunden bleiben gleich. Die Arbeitsverhältnisse gehen daher *ex lege* auf den neuen Betriebsinhaber *Carlo* über, weshalb jedenfalls bis zur Kündigung ein Arbeitsvertrag zwischen *Emma* und *Carlo* bestand.

### *2. Welche KollV-Bestimmungen gelten für die übergegangenen Arbeitsverhältnisse?*

Nach § 3 Abs 1 AVRAG tritt der Erwerber „*mit allen Rechten und Pflichten*" in die im Zeitpunkt des Überganges bestehenden Arbeitsverhältnisse ein. Die (rechtlichen) Arbeitsbedingungen sollen also durch den Betriebsübergang grds nicht berührt werden. Allerdings kann es durch den Wechsel des anzuwendenden KollV zu Änderungen (auch Verschlechterungen) der Arbeitsbedingungen kommen.

Unterliegt der Erwerber einem KollV, so ist nur dieser auf die übernommenen AN anzuwenden. Gem § 8 Z 1 ArbVG gilt daher für den Arbeitsvertrag der *Emma* ab Betriebsübergang der Frächter-KollV. Ein Günstigkeitsvergleich ist dabei nicht vorzunehmen.

Allerdings darf das für die regelmäßige Arbeit in der Normalarbeitszeit gebührende kollektivvertragliche Mindestentgelt durch einen solchen KollV-Wechsel nicht geschmälert werden (§ 4 Abs 2 S 1 AVRAG), wobei auch regelmäßige Sonderzahlungen von dieser Entgeltgarantie erfasst sind. Daher besteht der Anspruch auf einen 15. und 16. Monatslohn nach dem Brauerei-KollV weiter.

Da sich der besondere Überstundenzuschlag jedoch wesensgemäß nicht auf die Normalarbeitszeit bezieht, gebührt dieser nach dem KollV-Wechsel nicht mehr. Zusammenfassend lässt sich daher festhalten, dass das Arbeitsverhältnis der *Emma* grds dem Frächter-KollV unterliegt, hinsichtlich des Entgelts für die Normalarbeitszeit – und damit auch hinsichtlich der Sonderzahlungen –aber die Bestimmungen des Brauerei-KollV maßgeblich sind.

*Anmerkung: Hinsichtlich des Entfalles des Überstundenzuschlages könnte man allenfalls ein begünstigtes Kündigungsrecht der* Emma *wegen wesentlich verschlechterter Arbeitsbedingungen nach § 3 Abs 5 AVRAG erwägen. Da* Emma *das Arbeitsverhältnis aber offenbar fortsetzen möchte, ist diese Frage hier nicht relevant.*

**Ergebnis: *Emma* hat gegen *Carlo* einen Anspruch auf Auszahlung des 15. und 16. Monatslohns. Der Anspruch auf besonderen Überstundenzuschlag besteht hingegen nicht.**

## II. Feststellungsklage der *Emma* auf aufrechten Bestand des Arbeitsverhältnisses gegen *Carlo*

Eine erfolgreiche Feststellungsklage auf aufrechten Bestand des Arbeitsverhältnisses über das beabsichtigte Beendigungsdatum hinaus setzt voraus, dass die Kündigung unwirksam war und das Arbeitsverhältnis daher nicht beendet wurde. Dass die Kündigung rechtswidrig war, reicht für sich genommen nicht aus.

### *1. Unwirksamkeit der Kündigung wegen Zusammenhang mit Betriebsübergang?*

Nach Art 4 Abs 1 der Betriebsübergangs-RL sind Kündigungen verboten, deren tragender Grund der Betriebsübergang ist. Das AVRAG kennt zwar kein der RL entsprechendes Kündigungsverbot, die Rsp bejaht ein solches aber auf Grundlage von § 879 ABGB. Die zeitliche Nähe der Kündigung zum Betriebsübergang spricht für eine „verbotene" Kündigung aufgrund des Betriebsübergangs. Nach dem Sachverhalt ist aber nicht der Betriebsübergang als solcher das Kündigungsmotiv des *Carlo*, sondern die Klagsdrohung der *Emma*. Andererseits resultieren die strittigen Forderungen unmittelbar aus dem Betriebsübergang, weshalb man eine Kündigung, deren tragender Grund der Betriebsübergang ist, annehmen könnte.

*Bejaht man dies, so ist die Kündigung nach § 879 Abs 1 ABGB nichtig.*

### *2. Unwirksamkeit der Kündigung wegen Nichteinhaltung des betrieblichen Vorverfahrens (§ 105 Abs 2 ArbVG)?*

Die Unwirksamkeit der Kündigung könnte auch aus der Nichteinhaltung des betrieblichen Vorverfahrens (§ 105 Abs 1 und 2 ArbVG) resultieren. Zunächst ist zu prüfen, ob ein betriebsratsfähiger Betrieb vorliegt. Da *Carlo* nach den Angaben im SV lediglich vier AN beschäftigt, handelt es sich nicht um einen betriebsratspflichtigen Betrieb – § 105 ArbVG ist daher nicht anwendbar.

*Die Kündigung ist daher nicht gem § 105 Abs 2 ArbVG unwirksam.*

*3. Unwirksamkeit der Kündigung wegen sittenwidrigen Motivs?*

Einige besonders relevante sittenwidrige Motive für die Beendigung eines Arbeitsverhältnisses hat der Gesetzgeber in § 105 Abs 3 Z 1 ArbVG mit der Rechtsfolge der Anfechtbarkeit belegt. Soweit § 105 Abs 3 Z 1 ArbVG eine Anfechtbarkeit normiert, wird die Nichtigkeit der Kündigung nach § 879 ABGB verdrängt. Wenn § 105 Abs 3 Z 1 ArbVG das betreffende Motiv aber nicht erfasst oder – wie hier – gar nicht zur Anwendung gelangt, dann ist die Kündigung an § 879 ABGB zu messen. Das sittenwidrige Motiv für die Kündigung liegt hier in der Geltendmachung offenbar nicht unberechtigter Ansprüche (jedenfalls 15. und 16. Monatslohn, aber wohl auch die Überstundenzuschläge). Nach der Rsp sind Vergeltungskündigungen im Arbeitsrecht ein zentraler Anwendungsfalls des § 879 ABGB.

*Die Kündigung ist nach § 879 Abs 1 ABGB nichtig.*

**Ergebnis: *Emma* kann erfolgreich auf Feststellung des aufrechten Bestands des Arbeitsverhältnisses klagen.**

## III. Kündigungsanfechtungsklage der *Emma* gegen *Carlo*

In Betracht käme insb eine Anfechtung wegen der Geltendmachung nicht offenbar unberechtigter, vom AG in Frage gestellter Ansprüche aus dem Arbeitsverhältnis durch den AN (§ 105 Abs 3 Z 1 lit i ArbVG). Da *Emma* in einem Kleinstbetrieb mit vier AN beschäftigt ist, ist § 105 ArbVG jedoch nicht anwendbar. Diese Anfechtungsmöglichkeit steht daher nicht offen.

**Ergebnis: *Emma* kann die Kündigung nicht wegen Motivwidrigkeit anfechten.**

**Literatur- und Judikaturhinweise:**

*Brodil/Gruber-Risak*, Arbeitsrecht in Grundzügen[11] (2022) Rz 393 ff, 449 ff, 552 ff.
*Löschnigg*, Arbeitsrecht[13] (2017) Rz 8/009 ff, 9/050 ff.
*Marhold/Brameshuber/Friedrich*, Österreichisches Arbeitsrecht[4] (2021) 341 ff, 359 ff.
*Windisch-Graetz*, Arbeitsrecht II[12] (2023) 260 ff, 291 ff, 362 ff.

# BANKROTT (FALL 22)

Eine *GmbH* betreibt ein Handwerksunternehmen. Einziger Gesellschafter ist *Herbert P.* Im Februar 2021 stellen sich ernsthafte finanzielle Schwierigkeiten ein, weshalb *Herbert* ein Sanierungskonzept in Auftrag gibt, um der Insolvenz vorzubeugen.

*Gilbert P.*, *Herberts* Sohn, ist seit 3.6.2019 bei der *GmbH* als Angestellter beschäftigt. Er hat Einblick in die Finanzgebarung, doch hört sein Vater in keiner Weise auf seine Ratschläge – ihr persönliches Verhältnis ist „schwierig". Ab Februar 2021 erhält *Gilbert* sein Entgelt nur noch unregelmäßig und unvollständig, bis letztlich ein Rückstand von neun Monatsgehältern zu je € 2.000,– entsteht, wobei geleistete Zahlungen jeweils auf die älteste Schuld angerechnet wurden.

*Johann K.* ist seit 1.7.2019 bei der *GmbH* beschäftigt und verwendet, wie vereinbart, eigenes Spezialwerkzeug.

Im Juli 2023 wird der *GmbH* ein größerer Auftrag in Aussicht gestellt. Um diesen bewältigen zu können, wird mit *Josef H.* ein Arbeitsvertrag abgeschlossen. *Josef* soll die Arbeit am 1.8.2023 antreten.

Am 25.7.2023 wird aber schließlich doch das Insolvenzverfahren eröffnet und *Freya B.* wird zur Insolvenzverwalterin (IV) bestellt. Als eine der ersten Handlungen tritt *Freya* vom Vertrag mit *Josef* zurück. Nach eingehender Prüfung spricht sich *Freya* am 28.7.2023 für die Schließung des Betriebes aus, die vom Insolvenzgericht bewilligt wird.

*Gilbert* erklärt am 1.8.2023 seinen Austritt. Seit 1.10.2023 erzielt er wieder ein Arbeitseinkommen (bei einer anderen Unternehmerin) in Höhe von € 1.500,–.

Das Dienstverhältnis zu *Johann* wurde am 31.7.2023 von der IV beendet. Nach Ende des Arbeitsverhältnisses hat *Johann* keinen Zugang mehr zum Baucontainer, in dem sein Werkzeug gelagert wurde. Als er *Freya* darauf anspricht, teilt sie ihm mit, dass das genannte Werkzeug im Gegenwert von € 1.000,– leider verloren gegangen ist.

1. **Wie kommt *Gilbert P.* zu seinem noch ausstehenden Lohn?**
2. **Erhält *Johann K.* Ersatz für sein Werkzeug?**
3. **Was passiert mit *Josef H.s* Arbeitsvertrag?**

**Lösung**

*1. Gilbert P.*

*1.1 Anspruch auf Kündigungsentschädigung nach § 25 Abs 2 IO?*

Ein Anspruch auf Kündigungsentschädigung (Schadenersatz) könnte sich aus § 25 Abs 2 IO ergeben, setzt aber die wirksame Auflösung des Arbeitsverhältnisses nach § 25 Abs 1 IO voraus.

*1.1.1 Der Austritt nach § 25 Abs 1 IO*

a) Mit der Insolvenzeröffnung wird dem:der Schuldner:in die Verfügung über sein:ihr Vermögen entzogen und dem:der Insolvenzverwalter:in (IV) übertragen. Der:Die IV hat die wirtschaftliche Lage des Unternehmens zu prüfen und insb zu beurteilen, ob seine Fortführung aus wirtschaftlicher Sicht zielführend ist (§ 81a Abs 3 IO). Der:Die IV kann ein Unternehmen oder einzelne Bereiche nur nach Bewilligung durch das Insolvenzgericht schließen oder wiedereröffnen (§ 114a Abs 2 IO).
b) Ist das Arbeitsverhältnis – wie im vorliegenden Fall – bereits angetreten worden, räumt § 25 IO dem Arbeitnehmer bzw der Arbeitnehmerin (AN) zusätzlich zu den allgemeinen Auflösungsgründen das Recht ein, im Schuldenregulierungsverfahren innerhalb eines Monats nach Eröffnung desselben, sonst innerhalb eines Monats nach öffentlicher Bekanntmachung des Beschlusses, mit dem die Schließung des Unternehmens oder eines Unternehmensbereichs angeordnet, bewilligt oder festgestellt wird, oder der Berichtstagsatzung, es sei denn, das Gericht hat dort die Fortführung des Unternehmens beschlossen, oder im vierten Monat nach Eröffnung des Insolvenzverfahrens, wenn bis dahin keine Berichtstagsatzung stattgefunden hat und die Fortführung des Unternehmens nicht in der Insolvenzdatei bekannt gemacht wurde, das Arbeitsverhältnis durch vorzeitigen Austritt zu beenden. Die Eröffnung des Insolvenzverfahrens *gilt* als wichtiger Grund für den Austritt.
c) Gelöst werden können jedoch nur solche Arbeitsverhältnisse, die von der Insolvenzeröffnung konkret betroffen sind. Dies ist der Fall, wenn der:die AN in einem Unternehmensbereich beschäftigt ist, der eingestellt werden soll (§ 25 Abs 1b IO). Nach Insolvenzeröffnung ist ein Austritt, der allein darauf gestützt ist, dass dem:der AN das *vor* Eröffnung des Insolvenzverfahrens zustehende Entgelt ungebührlich geschmälert oder vorenthalten wurde, gem § 25 Abs 3 IO unwirksam.

*Gilberts* Austritt erfolgte rechtzeitig und ist gem § 25 IO gerechtfertigt; es wurde ein Insolvenzverfahren eröffnet und die Eröffnung des Insolvenzverfahrens gilt als wichtiger Grund für den Austritt.

*1.1.2 Die Kündigungsentschädigung*

a) Wurde das Arbeitsverhältnis, wie in diesem Fall, gem § 25 Abs 1 IO gelöst, so steht dem:der AN gem § 25 Abs 2 IO der Ersatz des Schadens als Insolvenzforderung zu.

b) Der:Die AN hat Anspruch auf das Entgelt für den Zeitraum, der bis zur Beendigung des Arbeitsverhältnisses durch Zeitablauf oder durch ordentliche Kündigung hätte verstreichen müssen.
c) Im vorliegenden Sachverhalt hätte die Arbeitgeberin eine Kündigungsfrist von min 2 Monaten einzuhalten und das Arbeitsverhältnis erst zum 31.12.2023 (Quartalsende) kündigen können (§ 20 AngG).

*Gilbert* hat, vorbehaltlich einer Anrechnung, Anspruch auf Kündigungsentschädigung für die Zeit vom Austritt bis zum 31.12.2023.

### *1.1.3 Anrechnung anderweitig verdienten Entgelts auf die Kündigungsentschädigung*

Nach § 29 AngG muss sich der:die AN das, was er:sie durch anderweitige Verwendung erworben oder sich erspart oder zu erwerben absichtlich versäumt hat, auf die Kündigungsentschädigung anrechnen lassen. Soweit der Zeitraum der fiktiven Kündigungsfrist drei Monate nicht übersteigt, kann der:die Angestellte das ausgefallene Entgelt für diese Zeit *ohne* Abzug sofort fordern; gem § 29 Abs 2 AngG.

*Gilbert* bekommt nach § 25 Abs 2 IO für den Zeitraum bis 1.11.2023 (3 Monate) das volle Entgelt (€ 6.000,–), das sogleich fällig ist (§ 29 Abs 2 AngG). Für den Zeitraum bis 31.12.2023 erhält er die Differenz zwischen dem neuen und dem alten Entgelt, also € 500,– pro Monat.

### *1.1.4 Anspruch auf Auszahlung der Kündigungsentschädigung gegen die IEF-Service GmbH*

a) Ein Anspruch auf Kündigungsentschädigung ist ein gesicherter Anspruch gem § 1 Abs 2 Z 2 IESG; er ist gem § 3 Abs 3 IESG bis zum Ablauf der gesetzlichen oder kollektivvertraglichen Kündigungsfristen unter Bedachtnahme auf die Kündigungstermine gesichert.
b) Geltend machen kann *Gilbert* den Anspruch auf Insolvenz-Entgelt binnen sechs Monaten ab Eröffnung des Insolvenzverfahrens bei der zuständigen Geschäftsstelle der Insolvenz-Entgelt-Fonds-Service GmbH (IEF-Service GmbH), die über den Antrag mit Bescheid entscheidet. Voraussetzung für die Antragstellung ist, dass der Anspruch im Insolvenzverfahren angemeldet wurde (§ 1 Abs 5 IESG).
c) Für gesichertes Entgelt gibt es einen Grenzbetrag; höhere Ansprüche sind gem § 1 Abs 3 Z 4 IESG von der Sicherung ausgeschlossen. Maßgeblich ist die Höhe der doppelten ASVG-Höchstbeitragsgrundlage (§ 1 Abs 4 IESG). Nach § 1 Abs 3 Z 3 IESG gebührt kein Insolvenz-Entgelt für Ansprüche auf Kündigungsentschädigung, sofern dieser Anspruch das Entgelt für den Zeitraum von drei Monaten übersteigt, hinsichtlich jenes Betrages, den der:die AN infolge des Unterbleibens der Arbeitsleistung sich erspart oder durch anderweitige Verwendung erworben oder zu erwerben absichtlich versäumt hat.

*Gilbert* hat im zuvor dargelegten Rahmen einen Anspruch auf Insolvenz-Entgelt für die Kündigungsentschädigung.

*1.2 Das ausstehende Gehalt*

a) *Gilbert* kann weiterhin die für die Zeit vor dem Austritt ausstehenden Gehälter als Insolvenzforderung geltend machen. Mit ihrer Begleichung ist aber idR mangels Vermögen nicht zu rechnen. Durch das Insolvenzentgeltsicherungsgesetz (IESG) werden aus diesem Grund offene Entgeltansprüche der betroffenen AN bei Insolvenz ihrer AG gesichert; ihnen wird ein Anspruch auf Insolvenz-Entgelt aus dem Insolvenz-Entgelt-Fonds (IEF) eingeräumt. Es sind aber nicht alle Ansprüche der AN gesichert (siehe insb § 1 Abs 2 IESG).
b) Entgelt, das bereits mehr als sechs Monate vor der Eröffnung des Insolvenzverfahrens fällig war, ist nur insoweit gesichert, als es bereits gerichtlich oder im Rahmen eines in Normen der kollektiven Rechtsgestaltung vorgesehenen Schlichtungsverfahrens oder eines Verfahrens vor der Gleichbehandlungskommission zulässigerweise geltend gemacht und das Gerichtsverfahren gehörig fortgesetzt wurde (§ 3a IESG).

*Gilbert* hat sonach gegen die IEF-Service GmbH den Anspruch auf Insolvenz-Entgelt für das nachzuzahlende Entgelt für die Monate Februar bis Juli. Ältere Forderungen kann er lediglich als Insolvenzforderungen geltend machen. Die vom Fonds befriedigten Ansprüche gehen im Wege der Legalzession auf diesen über (§ 11 IESG).

*1.3 Sittenwidrige Überwälzung des Insolvenzrisikos?*

a) Der Anspruch nach dem IESG kann ausnahmsweise ausgeschlossen sein, wenn seine Geltendmachung missbräuchlich ist. Dies ist der Fall, wenn AN ihre Entgeltansprüche „stehen lassen" und überdies Verdachtsmomente hinzutreten, die auf den (bedingten) Vorsatz der Vertragsteile schließen lassen, das Risiko auf den IEF zu überwälzen.
b) Weder lässt das laut Sachverhalt „schwierige" Verhältnis von *Gilbert* und *Herbert* eine Absprache darüber, das Insolvenzrisiko zu überwälzen, vermuten, noch lässt ihr Verhalten in Anbetracht der Sanierungsbemühungen darauf schließen, dass sie einer Insolvenz entgegengesehen haben.

Die Indizien sind nicht stark genug, um von einer sittenwidrigen Überwälzung des Risikos sprechen zu können (vgl OGH 8 Ob S 22/04z).

*1.4 Anspruch auf Auszahlung der Abfertigung*

Im vorliegenden Fall wurden alle Arbeitsverhältnisse nach dem 31.12.2002 begründet. Es kommen daher die Regeln der Abfertigung *neu* nach dem BMSVG (Betriebliches Mitarbeiter- und Selbständigenvorsorgegesetz) zur Anwendung. Ansprüche auf Abfertigung neu bleiben von der Insolvenz unberührt, sie richten sich lediglich gegen die Betriebliche Vorsorgekasse (BV-Kasse). Da bereits drei Einzahlungsjahre vorliegen und *Gilbert* berechtigt ausgetreten ist, kann er sich seine Abfertigung von der zuständigen BV-Kasse auszahlen lassen (§§ 14 ff BMSVG).

*Anmerkung: Zum Anspruch auf Abfertigung alt siehe § 1 Abs 4a IESG.*

*1.5 Urlaubsersatzleistung*

Bei einem berechtigten vorzeitigen Austritt gem § 25 IO besteht iVm § 10 UrlG ein Anspruch auf Urlaubsersatzleistung.

*2. Johann K.*

*2.1 Kündigungsentschädigung nach § 25 Abs 2 IO?*

a) Die IV hat nach § 25 Abs 1 IO eine spezielle Kündigungsmöglichkeit: Sie kann das Arbeitsverhältnis unter Einhaltung der gesetzlichen, der kollektivvertraglichen oder der zulässigerweise vereinbarten *kürzeren* Kündigungsfrist unter Bedachtnahme auf die gesetzlichen Kündigungsbeschränkungen auflösen.
b) Hinsichtlich der *Kündigungsentschädigung* gilt, sofern *Johann* Arbeiter ist, § 1162b iVm § 1159 ABGB.

*2.2 Das Werkzeug*

Hinsichtlich des Werkzeugs hat *Johann* zunächst Anspruch auf Herausgabe. Da diese aber nicht mehr möglich ist (das Werkzeug ging verloren), ist zu prüfen, ob Schadenersatz zusteht. Als Fürsorgepflicht ergibt sich aus dem Arbeitsvertrag grds die Verpflichtung, die von dem:der AN eingebrachten Gegenstände sicher zu verwahren und sie ihm:ihr bei der Beendigung des Arbeitsverhältnisses auszufolgen. Dem ist nicht nachgekommen worden, weshalb die *GmbH* (Arbeitgeberin) für den Schaden von *Johann* haftet.

*Johann* hat damit eine Insolvenzforderung, welche jedoch, wenn überhaupt, dann nur zu einem geringen Teil wird erfüllt werden können. Vorteilhaft wäre daher für ihn, wenn die Forderung als Schadenersatzanspruch aus dem *Arbeitsverhältnis* gem § 1 Abs 2 Z 2 IESG gesichert wäre. Die erforderliche Verbindung zum Arbeitsverhältnis kann aus der Verletzung der Fürsorgepflicht abgeleitet werden.

b) *Johann* hat daher einen Anspruch gegen die IEF-Service GmbH in Höhe von € 1.000,–.

*3. Josef H.*

*3.1 Auflösung des Arbeitsvertrages durch den Rücktritt der IV?*

Hat der:die AN das Arbeitsverhältnis noch nicht angetreten, so kann die IV gem § 21 IO vom Vertrag zurücktreten. Die Rücktrittsvoraussetzungen nach § 21 IO sind erfüllt; die IV hat den Rücktritt wirksam erklärt. Das Arbeitsverhältnis ist somit beendet.

*3.2 Schadenersatz nach § 21 Abs 2 IO*

An den Rücktritt der IV knüpft § 21 Abs 2 IO die Verpflichtung, dem Vertragspartner den verursachten Schaden zu ersetzen. Dabei wird regelmäßig jenes Entgelt zu ersetzen sein, das dem:der AN in der Kündigungsfrist gebührt hätte.

*Josef H.* hat folglich Anspruch auf Schadenersatz (Kündigungsentschädigung).

**Literatur- und Judikaturhinweise:**

*Brodil/Gruber-Risak*, Arbeitsrecht in Grundzügen[11] (2022) Rz 583 ff.
*Windisch-Graetz*, Arbeitsrecht II[12] (2023) 380 ff.

# 2. Kollektivarbeitsrecht

# KOLLISION IM STUDENTENHEIM (FALL 23)

Das „*Studierendensozialwerk*" ist ein gemeinnütziger Verein, der ein aus einem Studierendenheim und einem Hotel bestehendes Studierendenzentrum in der Nähe der Universität Wien betreibt. In diesem befindet sich ein kleines, ebenfalls vom *Studierendensozialwerk* geführtes Reisebüro, das insb günstige Flüge und Reisen zu Studierendentarifen verkauft. Das Reisebüro wird von den beiden anderen Bereichen organisatorisch getrennt von einer selbständig agierenden Geschäftsführerin betrieben.

Zwischen den beiden anderen Bereichen, dem Studierendenheim und dem Hotel, die gemeinsam unter dem Namen „Studierendenzentrum Wien" geführt werden, besteht hingegen weder eine räumliche noch eine organisatorische Trennung. Sie stehen unter einheitlicher Leitung und benützen dieselben Räumlichkeiten. Es ist sogar so, dass dieselben Zimmer einmal als Studierendenzimmer bzw – insb in den Ferien – als Hotelzimmer vermietet werden. Der Schwerpunkt des Studierendenzentrums liegt jedoch eindeutig auf dem Betrieb des Studierendenheims, aus dem zu 90 % der Umsatz erwirtschaftet wird.

Der Verein unterliegt hinsichtlich des Hotelbetriebs sowie des Reisebüros der Gewerbeordnung und besitzt auch die einschlägigen Gewerbeberechtigungen. Aufgrund dieser kommen auf ihn der Kollektivvertrag für das Hotel- und Gastgewerbe sowie jener für Reisebüros zur Anwendung. Der Studierendenheimbetrieb unterliegt hingegen keinem Kollektivvertrag.

*Alexandra* ist als Angestellte im Reisebüro, *Betty* als Portierin für das Studierendenheim sowie für das Hotel beschäftigt. *Clara* arbeitet sowohl im Reisebüro als auch im Studierendenzentrum als Buchhalterin, wobei sie 70 % ihrer Arbeitszeit für das Studierendenzentrum und 30 % für das Reisebüro aufwendet.

1. **Welchem Kollektivvertrag unterliegt *Alexandra*?**
2. **Welchem Kollektivvertrag unterliegt *Betty*?**
3. **Welchem Kollektivvertrag unterliegt *Clara*?**
4. **Für wie lange zurück können diese Arbeitnehmerinnen einen allfälligen Entgeltrückstand wegen des Unterschreitens des kollektivvertraglichen Mindestlohns mit Erfolg einklagen?**
5. **In welcher Höhe können Verzugszinsen geltend gemacht werden?**

**Lösung**

*1. Kollektivvertragsunterworfenheit von Alexandra (Kollektivvertragskollision)*

Das *Studierendensozialwerk* unterliegt mehreren Kollektivverträgen, es liegt somit ein Fall einer Kollektivvertragskollision vor. Die Frage, welcher Kollektivvertrag auf das Arbeitsverhältnis von *Alexandra* zur Anwendung gelangen soll, löst § 9 ArbVG nach dem Grundsatz der fachlichen Nähe: Verfügt ein:e mehrfach kollektivvertragsangehörige:r Arbeitgeber:in über zwei oder mehrere Betriebe, so findet auf die Arbeitnehmer:innen der jeweilige dem Betrieb in fachlicher und örtlicher Beziehung entsprechende Kollektivvertrag Anwendung.

Das *Studentensozialwerk* ist in zwei organisatorische Einheiten untergliedert, nämlich in das Reisebüro und den aus Studierendenheim und Hotel bestehenden „Mischbetrieb" des Studierendenzentrums. Aufgrund von § 9 Abs 1 ArbVG kommt für das Reisebüro wegen dessen fachlicher Nähe der Kollektivvertrag für Reisebüroangestellte zur Anwendung, dem somit auch *Alexandra* unterliegt.

*2. Kollektivvertragsunterworfenheit von Betty (Mischbetrieb mit kollektivvertragsfreiem Raum)*

Für „Mischbetriebe" sieht § 9 Abs 3 ArbVG vor, dass diesfalls der Kollektivvertrag Anwendung finden soll, der für den fachlichen Wirtschaftsbereich gilt, welcher für den Betrieb die maßgebliche wirtschaftliche Bedeutung hat. Bestünde ein Kollektivvertrag für den Betrieb von Studierendenheimen, wäre dieser auf alle Arbeitnehmer:innen im Mischbetrieb Studierendenzentrum anwendbar, da dieser mit 90% des Umsatzes maßgebliche wirtschaftliche Bedeutung hat.

Dies ist jedoch nicht der Fall, da ein solcher Kollektivvertrag gerade nicht besteht; hinsichtlich des Studierendenheims besteht ein sog „kollektivvertragsfreier" Raum. Es kollidieren somit nicht zwei Kollektivverträge miteinander, sondern ein Kollektivvertrag (Hotel) und ein kollektivvertragsfreier Raum (Studierendenheim), der jedoch maßgebende wirtschaftliche Bedeutung hat. Fraglich ist nun, ob der kollektivvertragsfreie Raum den fachlich untergeordneten Kollektivvertrag verdrängt oder ob der Kollektivvertrag des untergeordneten fachlichen Wirtschaftsbereichs im gesamten Mischbetrieb zur Anwendung kommen soll.

Die Rsp spricht sich unter Berufung auf das auch das kollektive Arbeitsrecht beherrschende soziale Schutzprinzip, welches kollektivvertragsfreie Räume vermeiden und für die Arbeitnehmer:innen einen möglichst intensiven Schutz schaffen will, für die zweite Lösung aus. Damit ist der Kollektivvertrag des nicht überwiegenden Bereichs (Hotel) auf den gesamten Betrieb und somit auch auf *Betty* anwendbar.

*3. Kollektivvertragsunterworfenheit von Clara (Arbeitnehmerin in Mischverwendung)*

Bei *Clara* ist problematisch, dass sie in zwei Betrieben des *Studierendensozialwerks* beschäftigt ist, für die verschiedene Kollektivverträge gelten. § 10 ArbVG löst dieses Kollisionsproblem dahingehend, dass auf solche Arbeitnehmer:innen jener Kollektivvertrag Anwendung findet, der ihrer (zeitlich) überwiegend ausgeübten Beschäftigung entspricht.

*Clara* unterliegt daher dem Kollektivvertrag für Angestellte im Hotel- und Gastgewerbe.

### 4. *Verjährung/Verfall*

Die Arbeitnehmerinnen können eine allfällige Differenz zwischen dem tatsächlich bezahlten Entgelt und dem Mindestentgelt aufgrund des zur Anwendung kommenden Kollektivvertrages geltend machen. Dabei haben sie jedoch zu beachten, dass Ansprüche auf Entgelt gem § 1486 Z 5 ABGB nach drei Jahren verjähren. Kollektivverträge und Arbeitsverträge können diese Fristen zwar nicht verlängern, aber verkürzen. Solche Vereinbarungen sind so weit zulässig, als sie nicht die Geltendmachung von Ansprüchen ohne sachlichen Grund übermäßig erschweren. Als absolute Untergrenze gilt dabei nach der Rspr eine Frist von drei Monaten.

### 5. *Zinsen*

Die gesetzlichen Zinsen für Forderungen im Zusammenhang mit einem Arbeitsverhältnis betragen gem § 49a ASGG 9,2 % über dem am Tag nach Eintritt der Fälligkeit geltenden Basiszinssatz, der von der Österreichischen Nationalbank festgelegt wird. Seit dem 20.09.2023 (aktuelle Sätze siehe https://www.oenb.at/Service/Zins--und-Wechselkurse.html ) beträgt dieser + 3,88 %, die Verzugszinsen somit 13,08 %.

**Literatur- und Judikaturhinweise:**

OGH 25.1.2006, 9 ObA 139/05i, ZAS 2007/5 (*Friedrich*) = DRdA 2007/38 (*Kallab*).
*Brodil/Gruber-Risak*, Arbeitsrecht in Grundzügen[11] (2022) Rz 132 ff.
*Kietaibl*, Arbeitsrecht I[12] (2023) 233 ff.

# DIE FEHLERHAFTE BETRIEBSRATSWAHL (FALL 24)

Die *Messtrupp GmbH* führt geophysikalische Bodenuntersuchungen zur Auffindung von Erdöl- und Erdgasvorräten in Österreich durch. Die Zentrale befindet sich in Wien. Im Jahr 2019 wurde *Messtrupp A* eingerichtet, in dem 30 Angestellte und 75 Arbeiter:innen tätig sind. Er bearbeitet Aufträge von Erdölaufsuchungsgesellschaften und ist hauptsächlich in Oberösterreich und Salzburg tätig, je nachdem, wo gerade Aufträge erteilt werden. *Messtrupp A* verfügt über ein eigenes Truppbüro und einen eigenen Truppleiter. Das Truppbüro wird für jeden Auftrag jeweils an dem bestimmten Ort, wo der Messtrupp gerade tätig wird, vorübergehend eingerichtet. Der Truppleiter ist für die Aufnahme und Kündigung von AN zuständig, er koordiniert die Arbeitseinsätze, ordnet Überstunden an und genehmigt Urlaube. Die technische Ausrüstung, insbesondere die Geräte und Maschinen, werden *Messtrupp A* von der Zentrale zur Verfügung gestellt. In der Zentrale werden auch die Urlaube registriert und sonstige Personalangelegenheiten durchgeführt.

Im Jänner 2021 wird aufgrund vermehrter Aufträge ein weiterer Messtrupp, *Messtrupp B*, zusammengestellt, um Aufträge von Erdgasaufsuchungsgesellschaften, hauptsächlich in Tirol, aber auch in Niederösterreich durchzuführen. In diesem Trupp sind 20 Angestellte und 45 Arbeiter:innen beschäftigt. Auch für *Messtrupp B* wird ein eigenes Truppbüro eingerichtet und ein eigener Truppleiter bestellt.

Beide Messtrupps arbeiten räumlich getrennt, wobei die Zentrale in Wien entscheidet, welcher Trupp welche Aufträge zu bearbeiten hat.

Am 25.1.2023 wird im *Messtrupp B* ein gemeinsamer Betriebsrat (BR) gewählt, ohne vorher eigene Gruppenversammlungen der Arbeiter:innen und Angestellten abzuhalten und in diesen die Beschlüsse zur Bildung eines gemeinsamen BR zu fassen. Am 7.2.2023 wird das Wahlergebnis kundgemacht. Am 6.3.2023 bringt *Antonia*, eine Angestellte des *Messtrupps B*, die Klage zur Post, in der sie die Anfechtung der Wahl mangels Vorliegens eines Betriebes und mangels Abhaltung einer Gruppenversammlung der Arbeiter:innen und Angestellten begehrt. Die Klage geht am 8.3.2023 bei Gericht ein.

**Wird *Antonia* mit der Klage Erfolg haben?**

**Variante:**

Wie oben wird am 25.1.2023 im *Messtrupp B* ein gemeinsamer BR gewählt, ohne zuvor eigene Gruppenversammlungen der Arbeiter:innen und Angestellten abzuhalten und in diesen die Beschlüsse zur Bildung eines gemeinsamen BR zu fassen. Das Wahlergebnis wird am 7.2.2023 kundgemacht. Allerdings wird diese Wahl nicht angefochten.

Da die Arbeitnehmer:innen jedoch davon ausgehen, dass die Wahl vom 25.1.2023 ungültig sei, und mit dem Ergebnis der am 25.1.2023 durchgeführten Wahl ohnehin nicht ganz zufrieden sind, wählen sie am 21.3.2023 im *Messtrupp B* einen neuen BR; das Wahlergebnis wird am 3.4.2023 kundgemacht.

Am 15.5.2023 bringt der Betriebsinhaber Klage gegen den am 21.3.2023 gewählten BR ein, in der er die Feststellung der Nichtigkeit dieser BR-Wahl begehrt.

**Wie ist die Rechtslage?**

**Lösung**

## 1. Anfechtung der BR-Wahl gemäß § 59 ArbVG

Gem § 59 ArbVG kann eine BR-Wahl aus zwei Gründen angefochten werden:

a) *Verfahrensmängel: § 59 Abs 1 ArbVG*
Die einzelnen Wahlberechtigten und jede wahlwerbende Gruppe sind berechtigt, die Wahl binnen Monatsfrist anzufechten, wenn wesentliche Bestimmungen des Wahlverfahrens oder leitende Grundsätze des Wahlrechts verletzt wurden und hierdurch das Wahlergebnis beeinflusst werden konnte.

b) *Unzulässige Wahl: § 59 Abs 2 ArbVG*
Die in Abs 1 genannten Anfechtungsberechtigten und zusätzlich der Betriebsinhaber sind berechtigt, die Wahl binnen Monatsfrist anzufechten, wenn diese ihrer Art oder ihrem Umfang nach oder mangels Vorliegens eines Betriebes nicht durchzuführen gewesen wäre.

Die Monatsfrist beginnt am Tag der Kundmachung der Wahlergebnisse. Für die Berechnung und den Lauf der Fristen ordnet § 169 ArbVG die Geltung der §§ 32, 33 AVG an. Danach enden nach Wochen, Monaten oder Jahren bestimmte Fristen mit dem Ablauf desjenigen Tages der letzten Woche oder des letzten Monats, der durch seine Benennung oder Zahl dem Tag entspricht, an dem die Frist begonnen hat. Eine nach Monaten berechnete Frist wie in unserem Fall endet daher am entsprechenden Monatstag. Der Postlauf ist in die Anfechtungsfrist nicht einzurechnen.

Zunächst ist zu prüfen, ob in unserem Fall ein Anfechtungsgrund vorliegt. Aus den oben genannten Gründen kommt hier die unzulässige Wahl gemäß § 59 Abs 2 ArbVG in Betracht. Die Wahl könnte
- mangels Vorliegens eines Betriebes gemäß § 34 ArbVG oder
- da sie ihrer Art nach nicht durchzuführen gewesen wäre,

anfechtbar sein.

### *1.1 Anfechtung mangels Vorliegens eines Betriebes gemäß § 34 ArbVG?*

Ein BR ist nur dann zu wählen, wenn ein Betrieb mit mindestens fünf stimmberechtigten AN vorliegt. Nach herrschender Lehre und Rspr sind Hauptelemente eines Betriebes die Arbeitsstätte als örtlich abgegrenzte Einrichtung, wo Arbeitsergebnisse hervorgebracht werden; die organisatorische Einheit; der Betriebsinhaber; der Betriebsstandort; die Beschäftigten; die Betriebsmittel; der Betriebszweck; der Betriebsgegenstand und der Dauercharakter.

Die *organisatorische Einheit* kommt in dreifacher Weise zum Ausdruck:
- Einheit des Betriebsinhabers
- Einheit des Betriebszwecks
- Einheit der Organisation

Der Begriff der organisatorischen Einheit ist primär technischer und nicht rechtlicher Natur. Um von einem Betrieb sprechen zu können, ist es daher erforderlich, dass der organisatorischen Einheit ein gewisses Mindestmaß an Selbständigkeit, insbesondere in technischer Hinsicht eingeräumt ist. Der Betriebscharakter geht nicht verloren, wenn bestimmte administrative Angelegenheiten, zB Personalangelegenheiten (Einstellungen, Kündigungen, Genehmigung der Urlaube etc) für mehrere Betriebe gemeinsam in einer zentralen Verwaltungsstelle durchgeführt werden. Entscheidend ist aber, dass die Arbeitsstätte Entscheidungsfreiheit bei Tagesfragen zur Erfüllung des technischen Zwecks besitzt.

Darüber hinaus ist ein gewisses Maß an Eigenständigkeit erforderlich. Das Ergebnis des Arbeitsvorgangs muss eine – wenn auch beschränkte – Abgeschlossenheit oder Unabhängigkeit von anderen Betriebsvorgängen aufweisen.

Die räumliche Entfernung ist nur ein Hilfsargument zur Bestimmung der Betriebseigenschaft, wenn Zweifel bestehen.

Nun ist zu prüfen, ob *Messtrupp B* die einzelnen Betriebsmerkmale erfüllt.

Unproblematisch sind bei beiden Trupps die Merkmale des Betriebsinhabers (Messtrupp GmbH), die Betriebsmittel (auch wenn sie von der Zentrale zur Verfügung gestellt werden), die Beschäftigten und der Dauercharakter (da beide Trupps längere Zeit hindurch mit Bodenuntersuchungen beschäftigt und für eine dauernde Tätigkeit eingerichtet worden sind).

Der Betriebszweck beider Trupps ist die Aufsuchung von Erdöl- und Erdgasvorräten in Österreich. Da beide Trupps inhaltlich dieselbe Tätigkeit ausführen, stellt sich die Frage, ob sie unabhängig voneinander tätig sind. Dies ist zu bejahen, weil beide Trupps räumlich getrennt arbeiten und keine wechselseitige Abhängigkeit besteht. Darüber hinaus arbeitet *Messtrupp A* vor allem für Erdölaufsuchungsgesellschaften, während *Messtrupp B* Aufträge von Erdgasaufsuchungsgesellschaften bearbeitet. Jeder Trupp hat daher eigene Auftraggeber und verfolgt für sich einen einheitlichen Betriebszweck.

In einem nächsten Schritt ist zu prüfen, ob eine organisatorische Einheit vorliegt. Ein gewisses Maß an Selbständigkeit ist zu bejahen, weil jeder Trupp einen eigenen Truppleiter hat, der die Arbeitseinsätze einteilt und koordiniert und dem Weisungs- und Disziplinargewalt zukommt. Dass bestimmte Personalangelegenheiten von der Zentrale durchgeführt werden, ist unerheblich. Auch die Eigenständigkeit ist gegeben, weil beide Messtrupps eine eigenständige Leistung erbringen, die im Aufsuchen von Erdöl- und Erdgasvorräten in Österreich besteht.

Ein Sonderproblem, das sich aber in unserem Fall stellt, ist der Betriebsstandort. Weder *Messtrupp A* noch *Messtrupp B* weisen eine ständige örtliche Fixierung auf; beide verlagern ihren Standort jeweils dorthin, wo sie gerade tätig werden. Der Einsatzort richtet sich immer nach dem jeweiligen Auftrag, wo auch ein Truppbüro eingerichtet wird. Da der Standort als ein wesentliches Merkmal eines eigenständigen Betriebes fehlt, stellt sich die Frage, ob der ständige Wechsel des Standortes die Betriebseigenschaft ausschließt. Der OGH vertritt die Auffassung, dass eine ständige örtliche Fixierung der Arbeitsstätte nicht notwendig ist, wenn sich der Einsatzort laufend verändert und damit auch der Standort der Betriebsleitung verändert wird. Wesentlich ist, dass die organisatorische Einheit der Einsatztrupps bestehen bleibt. Da dies in unserem Fall zu bejahen ist, hat der OGH beide Trupps als Betriebe iSd § 34 ArbVG qualifiziert.

Im Ergebnis handelt es sich bei *Messtrupp B* um einen eigenständigen Betrieb, sodass die Anfechtung mangels Vorliegens eines Betriebes gemäß § 59 Abs 2 ArbVG ausgeschlossen ist.

### *1.2 Anfechtung, da die Wahl ihrer Art nach nicht durchzuführen gewesen wäre?*

Im nächsten Schritt ist zu prüfen, ob die Wahl des gemeinsamen BR gemäß § 59 Abs 2 ArbVG anfechtbar ist, weil sie ihrer Art nach nicht durchzuführen gewesen wäre. Gemäß § 40 Abs 3 ArbVG können Arbeiter:innen und Angestellte anstelle von getrennten BR auch einen gemeinsamen BR errichten. Dies muss allerdings gemäß §§ 42 Abs 2, 49 Abs 2 ArbVG von beiden Gruppenversammlungen in getrennten Abstimmungen mit einer Mehrheit von zwei Drittel der jeweiligen aktiv Wahlberechtigten beschlossen werden. In unserem Fall wurde ein gemeinsamer BR gewählt, ohne vorher eine getrennte Beschlussfassung der Angestellten- und der Arbeiter:innengruppenversammlung zur Bildung eines gemeinsamen BR durchzuführen. Aufgrund der fehlenden getrennten Beschlussfassung hätte kein gemeinsamer BR errichtet werden dürfen. Es liegt eine BR-Wahl vor, die ihrer Art nach nicht durchzuführen gewesen wäre. Somit handelt es sich um eine unzulässige BR-Wahl.

Ein Anfechtungsgrund gemäß § 59 Abs 2 ArbVG liegt daher vor. *Antonia* ist auch als Arbeitnehmerin des *Messtrupps B* nach § 59 Abs 2 ArbVG zur Anfechtung berechtigt. Die Monatsfrist beginnt in unserem Fall am 7.2.2023 um 24.00 Uhr und endet am 7.3.2023 um 24.00 Uhr. Gemäß § 33 Abs 3 AVG genügt es, wenn *Antonia* die Klage am letzten Tag der Frist zur Post bringt. In unserem Fall wurde die Klage bereits am 6.3.2023 zur Post gegeben, sodass die Monatsfrist eingehalten wurde. Dass die Klage erst am 8.3.2023, also nach Ablauf der Monatsfrist, bei Gericht eingelangt ist, ist unerheblich. Das Gericht hat die durchgeführte BR-Wahl für ungültig zu erklären.

## 2. Folgen einer erfolgreichen Wahlanfechtung

Die Tätigkeitsdauer des BR wird bei einer erfolgreichen Wahlanfechtung aus Gründen der Rechtssicherheit *ex nunc* beendet. Es liegt zunächst ein gültig gewählter BR vor, dessen Tätigkeitsdauer gemäß § 62 Z 5 ArbVG vorzeitig beendet wird, falls das Gericht die Wahl für ungültig erklärt. Gemäß § 61 Abs 3 ArbVG wird die Rechtswirksamkeit der in der Zwischenzeit getätigten Rechtshandlungen nicht berührt. Hat der BR in der Zwischenzeit bspw Betriebsvereinbarungen abgeschlossen, so bleiben diese gültig.

## Variante

Auch in der Variante ist die Wahl des ersten BR – wie im Ausgangsfall – anfechtbar, weil sie ihrer Art nach nicht durchzuführen gewesen wäre. Es handelt sich um eine unzulässige Wahl gemäß § 59 Abs 2 ArbVG. Allerdings wurde die Wahl in diesem Fall nicht bei Gericht angefochten. Durch das Verstreichen der einmonatigen Anfechtungsfrist ist der Anfechtungsgrund geheilt und der BR gültig gewählt; die Tätigkeitsdauer des ersten BR wurde daher nicht beendet. Wenn nun am 21.3.2023 ein neuer BR gewählt wird, greift er in die Funktionsperiode des bisherigen BR ein. Zu prüfen ist, ob es sich dabei um eine nichtige Wahl gemäß § 60 ArbVG handelt.

### 1. Nichtigkeit der Wahl gemäß § 60 ArbVG

Nichtigkeit liegt vor, wenn elementarste Grundsätze einer Wahl außer Acht gelassen werden und der Vorgang nur noch als ein „Zerrbild" einer Wahl bezeichnet werden kann, etwa wenn schwere Verstöße gegen die Prinzipien einer demokratischen Wahl vorliegen.

In unserem Fall ist die Nichtigkeit zu bejahen. Es entspricht ständiger Rspr, dass bei Missachtung der Funktionsperiode des bisherigen BR durch Wahl eines neuen BR diese Wahl den elementarsten Grundsätzen einer Wahl widerspricht und als absolut nichtig zu qualifizieren ist. Dadurch sollen Kollisionen zwischen zwei Betriebsräten vermieden werden.

Die Nichtigkeit ist jederzeit von Amts wegen wahrzunehmen und kann auch von jedermann bei Vorliegen eines rechtlichen Interesses durch Feststellungsklage geltend gemacht werden. Ein rechtliches Interesse des Betriebsinhabers ist jedenfalls zu bejahen. Anders als bei der Anfechtung der BR-Wahl ist auch keine Monatsfrist vorgesehen; vielmehr kann das Feststellungsbegehren jederzeit eingebracht werden, sodass es zu keiner Verfristung des Klagerechts kommt. Aus diesen Gründen ist der vom Betriebsinhaber am 15.5.2023 eingebrachten Feststellungsklage stattzugeben.

### 2. Folgen der Nichtigkeit

Während bei der Anfechtung einer BR-Wahl die Gültigkeit der Rechtshandlungen des BR nicht berührt wird, ist bei Nichtigkeit die Rechtsunwirksamkeit aller Rechtshandlungen, die der „BR" zwischen der „Wahl" und der Feststellung der Nichtigkeit getätigt hat, die Folge. Die Nichtigkeit wirkt im Gegensatz zur Anfechtung *ex tunc*. Die Tätigkeitsdauer des „BR" hat niemals wirksam begonnen; sämtliche Rechtshandlungen des „BR" gelten als nicht gesetzt. Auch in der Zwischenzeit vereinbarte Betriebsvereinbarungen gelten als nicht abgeschlossen.

**Literatur- und Judikaturhinweise:**

OGH 10.4.2000, 9 ObA 206/00k.
OGH 29.3.2001, 8 ObA 207/00z, DRdA 2002/11, 144 (*Naderhirn*).
*Kietaibl,* Arbeitsrecht I[12] (2023) 93 ff, 117 ff.
*Reissner,* Lern- und Übungsbuch Arbeitsrecht[7] (2023) 442 ff.

# VIENNA CALLING (FALL 25)

Die *Beta Warenhandels- und Vertriebs GmbH* betreibt mit 123 Mitarbeiter:innen am Standort Wien Vösendorf einen Versandhandel mit Softwareprodukten. Es besteht ein gemeinsamer Betriebsrat. Im Sommer 2019 wird die bestehende, hoffnungslos veraltete Telefonanlage gegen eine aktuelle, computergestützt arbeitende ausgetauscht. Diese besteht aus einem Main-Server, der sämtliche gewählte Rufnummern unter Anonymisierung der letzten drei Ziffern den Nebenstellen zuordnet sowie Gesprächsdauer und -kosten protokolliert und auf der Festplatte speichert. Die Daten werden nach dem Prinzip „first in – first out", längstens jedoch nach 180 Tagen gelöscht. Diese Konfiguration entspricht der Standardauslieferung der Anlage eriksson 5200, die von der *Beta GmbH* unverändert übernommen wird. Naturgemäß kann die Anlage von einem Berechtigten passwortgeschützt anders konfiguriert werden, sodass etwa bestimmte Rufnummern gesperrt sind oder die Anrufe von bestimmten Nebenstellen in anderer Form protokolliert werden könnten. Der Geschäftsführer der *Beta GmbH, Erhard Ebentaler*, hat allerdings von derartigen Dingen keine Ahnung. Auch der EDV-Leiter, *Peter Rastl*, hat an der Anlage keinerlei Konfigurationsänderungen vom Lieferzustand vorgenommen, weiß aber um die Möglichkeiten.

Im Oktober 2019 ersucht der Betriebsratsvorsitzende, *Sigurd Steiner*, *Peter Rastl* um nähere Informationen zur Anlage, weil im Betrieb Gerüchte über geheime Überwachungen der (an sich geduldeten) Privatgespräche kursieren. *Rastl* klärt ihn über die Anlage auf und weist auf den unveränderten Auslieferungszustand hin.

Der Betriebsrat möchte sich damit nicht begnügen und urgiert bei *Ebentaler* den Abschluss einer Betriebsvereinbarung. *Ebentaler* weigert sich und meint, der Betriebsrat hätte dabei „gar nichts zu sagen". Am 2.12.2019 bringt der Betriebsrat Unterlassungsklage samt Antrag auf Erlassung einer einstweiligen Verfügung gegen die *Beta GmbH* ein.

1. **Wie ist diese Klage zu erklären?**
2. **Wie ist die Rechtslage?**

**Lösung**

1. Der Betriebsrat geht offenbar davon aus, dass es sich bei der gegenständlichen Telefonanlage um ein technisches System zur Kontrolle der AN handelt, wodurch die zwingende Mitbestimmung gem § 96 Abs 1 Z 3 ArbVG gegeben wäre. In diesem Fall könnte der Betriebsinhaber die Telefonanlage nur nach Abschluss einer Betriebsvereinbarung installieren bzw nutzen. Das sofortige Sicherungsinteresse deckte der Antrag auf Erlassung einer einstweiligen Verfügung ab. Demgegenüber vermeint der Betriebsinhaber, es handle sich hierbei um eine mitbestimmungsfreie Maßnahme.

2. Technische Systeme unterliegen gem § 96 Abs 1 Z 3 ArbVG dann einer zwingenden Mitbestimmung, wenn zwei Voraussetzungen erfüllt sind. Einmal muss die Anlage nach hA zur Kontrolle der AN zumindest abstrakt geeignet sein. Zum anderen muss die (auch abstrakte) Kontrolle die Menschenwürde der AN berühren. Nach der jüngeren Judikatur des OGH stellt eine Telefonanlage mit der oben dargestellten Konfiguration ein von § 96 Abs 1 Z 3 ArbVG erfasstes technisches System dar, das nicht nur zur Kontrolle geeignet ist, sondern bei gänzlicher Erfassung aller gewählten Rufnummern, die den Nebenstellen zugeordnet werden, als kontrollierendes System anzusehen ist. Auch ist nach Ansicht des Gerichts die Menschenwürde berührt. Das Interesse der AN an der Wahrung ihrer Privatsphäre iwS ist über das aus dem Eigentumsrecht erfließende Recht des AG (Betriebsinhabers) auf Kontrolle der bestimmungsgemäßen Benutzung der Betriebsmittel zu stellen.

Nach der Rechtsprechung kann es aber nicht gänzlich in das Belieben des Betriebsrates gestellt werden, die Einführung derartiger Telefonanlagen generell zu verhindern. Vielmehr trifft den Betriebsinhaber die Obliegenheit, dem Betriebsrat den Abschluss einer Betriebsvereinbarung anzubieten, die eine Informationspflicht über die tatsächliche Konfiguration der Anlage sowie ein Regulativ, dass die erweiterte Überwachung allenfalls unter Beiziehung des Betriebsrates und bei Vorliegen besonderer Verdachtsmomente eingeschaltet wird, enthält. Verweigert der Betriebsrat daraufhin die Zustimmung zum Abschluss einer derartigen Betriebsvereinbarung, kann der Betriebsinhaber sodann gem § 96a ArbVG die Schlichtungsstelle anrufen, weil in diesem Fall die Menschenwürde nicht mehr berührt wird – somit ein Tatbestandsmerkmal der Kontrollmaßnahmen gem § 96 Abs 1 Z 3 ArbVG entfällt. Aus der zwingenden Mitbestimmung wird so eine ersetzbare Zustimmung; die Telefonanlage ist dann als Personalinformations- bzw -beurteilungssystem anzusehen.

*Anmerkung:*

Kritisch ist festzuhalten, dass die höchstrichterliche Judikatur die Mitbestimmung bei die Menschenwürde berührenden Kontrollmaßnahmen im Ergebnis zu einer Publizitätsvorschrift „degradiert“. Legt der Betriebsinhaber die technischen Maßnahmen, die die Anlage tatsächlich durchführt, offen und skizziert er ein System zumutbarer Kontrolle in Missbrauchsfällen, berührt die Kontrollmaßnahme nicht mehr die Menschenwürde. Eine Informationspflicht über die Verarbeitung personenbezogener Arbeitnehmerdaten ergibt sich allerdings bereits aus § 91 Abs 2 ArbVG. Ebenso kritisch ist der Wechsel der Maßnahme von der notwendigen in die ersetzbare Zustimmungspflicht zu sehen, weil dies im betriebsratslosen Betrieb nicht möglich ist. Vielmehr wäre dort mit jedem einzelnen AN eine individuelle Vereinbarung über die Menschenwürde berührende technische Systeme gem § 10 AVRAG abzuschließen.

Zuletzt ist auch festzuhalten, dass das Berühren der Menschenwürde *an sich* höchst strittig ist. Der Verwaltungsgerichtshof hatte in früheren Fällen die Registrierung von dienstlich gewählten Rufnummern als völlig unbedenklich und vom arbeitgeberischen Kontrollinteresse gedeckt angesehen. Lediglich Privatgespräche waren von der Rufnummernregistrierung auszunehmen. Im Ergebnis bedeutet die Ansicht des OGH, dass bereits die Existenz eines digitalen Kommunikationssystems wegen der anfallenden Daten die Mitbestimmung auslöst, unabhängig davon, was mit den anfallenden Verkehrsdaten tatsächlich passiert. Im Hinblick auf betriebliche Internet-Systeme, welchen die bloße Existenz von Verkehrsdaten (IP-Adressen, Log-Files etc) in weit höherem Maße systemimmanent ist, ist demnach davon auszugehen, dass jedenfalls eine Betriebsvereinbarung gem § 96 oder 96a ArbVG notwendig ist.

**Literatur- und Judikaturhinweise:**

OGH 13.6.2002, 8 ObA 288/01p, ZAS 2004, 17.
Zuletzt OGH 14.7.2022, 9 ObA 60/22x, ZAS 2023, 246 (*Brodil*).
*Brodil/Gruber-Risak*, Arbeitsrecht in Grundzügen[11] (2022) Rz 176a, 178d ff.
*Brodil*, Die Registrierung von Vermittlungsdaten im Arbeitsverhältnis, ZAS 2004, 17.
*Brodil,* Kontrolle und Datenschutz im Arbeitsrecht, ZAS 2009, 121.

# ÜBERWACHT VON DER KAFFEE-MAFIA (FALL 26)

*Emilia Ehrlich* ist seit Jänner 2019 Außendienstmitarbeiterin des Kaffeemaschinenherstellers *Il cuore del café.* Zu ihren Aufgaben gehört es, von *Il cuore del café* verkaufte Kaffeemaschinen in der Gastronomie zu warten und zu reparieren. Da *Emilia* dadurch sehr viel in Österreich unterwegs ist, wird ihr von ihrem AG ein Dienstwagen zur Verfügung gestellt. Im Arbeitsvertrag wird dazu festgehalten:

> *„Die Arbeitnehmerin ist befugt, den von Il cuore del café zur Verfügung gestellten Dienstwagen auch für private Zwecke zu nutzen. Die Privatfahrten sind in einem Fahrtenbuch gesondert zu vermerken, das zum letzten Tag des jeweiligen Monats beim Vorgesetzten abzugeben ist."*

*Emilia* bekommt immer zu Beginn der Woche einen Plan mit den jeweiligen Gastronomiebetrieben, die sie „anzufahren" hat. Neben den Adressen ist auch immer eine genaue Uhrzeit angegeben, wann sie dort zu erscheinen hat. Leider ist *Emilia* kein wirklicher Morgenmensch und kommt hin und wieder ein paar Minuten zu spät zum ersten Termin des Tages. Am 10.1.2020, einem Montag, verschläft *Emilia* auch noch und steigt erst um 9:00 in ihr Dienstauto, obwohl sie zu dieser Uhrzeit schon 30 Minuten unterwegs sein sollte. Plötzlich klingelt ihr Diensthandy, *Emilias* Vorgesetzter *Volker* fragt sie aufgebracht, warum sie immer noch zu Hause sei und nicht schon am Weg zu dem ersten Kunden des Tages. *Emilia* fragt *Volker* erstaunt, woher er wisse, wo sie sich gerade befinde. Im Laufe des Telefonats erfährt sie, dass alle Firmenwagen zum „besseren Fuhrparkmanagement und Ressourceneinsatz" mit GPS-Ortung ausgestattet sind. Die Geschäftsführung der *Il cuore del café* sowie *Volker* können jederzeit den Standort des Wagens einsehen, in *Emilias* Freizeit werde das aber angeblich unterlassen.

*Emilia* ist äußerst schockiert und fordert *Volker* im Telefonat und die Geschäftsführung per Mail auf, diese Überwachung zu unterlassen. Sie fühle sich zutiefst in ihrer Privatsphäre verletzt. *Il cuore del café* geht aber nicht auf diese Aufforderung ein und greift weiterhin auf die Standortdaten zu. Der Geschäftsführer sieht sich im Recht. *Emilia* fühlt sich dadurch zutiefst verunsichert und fühlt sich während ihrer Arbeitszeit dauerüberwacht, was zu leichten Anzeichen einer Angststörung führt. In ihrer Freizeit verwendet sie den Dienstwagen – aus Angst überwacht zu werden – überhaupt nicht mehr.

Eine befreundete Anwältin rät *Emilia* rechtlich gegen *Il cuore del café* vorzugehen. Infolgedessen bringt *Emilia* am 20.3.2020 eine Klage auf Unterlassung und Zahlung von Schadenersatz beim zuständigen Arbeits- und Sozialgericht ein. In der ganzen Aufregung vergisst *Emilia* Ende März die Abgabe des Fahrtenprotokolls. Am 2.4.2020 übergibt *Volker Emilia* persönlich ein Schriftstück, in dem ihre fristlose Entlassung ausgesprochen wird. Als Gründe nennt er ihre Unpünktlichkeit in der Vergangenheit sowie die unterlassene Abgabe des Fahrtenprotokolls. *Emilia* möchte die ihrer Meinung nach ungerechtfertigte Entlassung bekämpfen.

*Emilia* ist Arbeiterin. *Il cuore del café* ist ein Betrieb iSd § 34 ArbVG, hat aber keinen Betriebsrat.

**Wie ist die Rechtslage? Lassen Sie die Beurteilung des Schadenersatzanspruchs außer Betracht.**

## Lösung

### *1. (Un-)Zulässigkeit der GPS-Ortung*

Betriebsvereinbarungen sind Vereinbarungen zwischen Betriebsrat und Betriebsinhaber mit normativer Wirkung. Sie können nur in den im Gesetz oder KV vorgesehenen Angelegenheiten abgeschlossen werden. Gemäß § 96 Abs 1 Z 3 ArbVG ist die Einführung von Kontrollmaßnahmen und technischen Systemen zur Kontrolle der AN, welche die Menschenwürde berühren, nur zulässig, wenn dies durch eine Betriebsvereinbarung geregelt ist. Die Zustimmung des Betriebsrats kann in diesem Fall auch nicht ersetzt werden (notwendige Mitbestimmung). In Betrieben ohne Betriebsrat ist gemäß § 10 AVRAG die Zustimmung der einzelnen AN notwendig.

Technische Systeme unterliegen einer zwingenden Mitbestimmung, wenn zwei Voraussetzungen erfüllt sind. Zum einen muss die Anlage nach hA zur Kontrolle der AN zumindest abstrakt geeignet sein. Als Kontrollmaßnahme versteht der OGH die „systematische Überwachung von Eigenschaften, Handlungen oder des allgemeinen Verhaltens von AN durch den:die Betriebsinhaber:in". Eine derartige systematische Überwachung ist durch die (potenziell mögliche) ständige Überwachung des Standorts zweifelsfrei gegeben.

Zum anderen muss die Kontrolle die Menschenwürde der AN berühren. Der sehr abstrakte Begriff der Menschenwürde wird vom OGH mit Hilfe privatrechtlicher Generalklauseln (§§ 879, 1157 ABGB, § 18 AngG) sowie des Persönlichkeitsrechts (§ 16 ABGB, Art 8 EMRK) konkretisiert. Es sind die Persönlichkeitsrechte des:der AN gegen die Kontrollinteressen des:der AG abzuwägen. Ein effizientes Fuhrparkmanagement rechtfertigt allerdings keinesfalls derart intensive Eingriffe in die Privatsphäre durch ständige GPS-Überwachung – insbesondere auch (potenziell) in der Freizeit. Unabhängig von Eingriffen in die Privatsphäre erreicht eine derartige Dauerüberwachung auch eine Intensität an Überwachung, die jedenfalls die Menschenwürde berührt.

Folglich bedarf die GPS-Überwachung in diesem Fall der Zustimmung von *Emilia Ehrlich* gemäß § 10 AVRAG. Da keine Zustimmung vorliegt, ist die Maßnahme rechtswidrig. Bei noch aufrechtem Dienstverhältnis wäre eine Klage/ein Antrag auf einstweilige Verfügung der Unterlassung der Überwachung durchaus erfolgsversprechend.

### *2. Entlassung*

*Emilia* kann versuchen, die Entlassung gemäß §§ 105 ff ArbVG anzufechten. Für eine erfolgreiche Anfechtung müssen zwei Voraussetzungen vorliegen: Zum einen darf die AN keinen Entlassungsgrund gesetzt haben. Der AG kann auf Grundlage des Zuspätkommens sowie des nicht abgegebenen Fahrtenprotokolls am ehesten mit einer beharrlichen Pflichtverletzung iSd § 82 GewO 1859 argumentieren. Allerdings Zuspätkommen in der Vergangenheit ist bereits verfristet (Unverzüglichkeitsgrundsatz bei Entlassungen!) und kann nicht mehr als Entlassungsgrund geltend gemacht werden. Die Tatsache, dass *Emilia* ein einziges Mal – von Beharrlichkeit kann nicht gesprochen werden – vergessen hat, das Fahrtenbuch abzugeben, rechtfertigt ebenfalls keine Entlassung.

Zum anderen muss ein gesetzlich normierter Anfechtungsgrund erfüllt sein. Insbesondere kommt in diesem Fall die Anfechtung wegen offenbar nicht unberechtigter Geltendmachung von Ansprüchen aus dem Arbeitsverhältnis iSd § 105 Abs 3 Z 1 lit i iVm § 106 ArbVG in Betracht. Es ist stark davon auszugehen, dass *Il cuore del café* aufgrund *Emilias* Klagserhebung aufgrund der GPS-Überwachung die Entlassung ausgesprochen hat und die kleinen Verfehlungen als nicht verpönte Motive „vorgeschoben" hat. Wie die obige Analyse (1.) zeigt, sind die Ansprüche keinesfalls unberechtigt. Sie betreffen auch das Arbeitsverhältnis. *Il cuore del café* stellt diese Ansprüche auch eindeutig in Frage (der Geschäftsführer sieht sich trotz der Anschuldigungen von *Emilia* im Recht).

Das Gericht wird der Anfechtung stattgeben, was eine rückwirkende Aufhebung der Entlassung (ex tunc) sowie folglich ein Wiederaufleben des Arbeitsvertrags zur Folge hätte.

**Literatur- und Judikaturhinweise:**

OGH 22.1.2020, 9 Ob A 120/19s.

*Brodil/Gruber-Risak*, Arbeitsrecht in Grundzügen[11] (2022) Rz 176a, 178d ff, 418 ff.

*Trost* in *Strasser/Jabornegg/Resch* (Hrsg), Kommentar zum ArbVG (26. Lieferung, Teil 1, 2012) §§ 105, 106.

# SONDERPRÄMIEN (FALL 27)

Am 24.10.2022 schlossen die Wirtschaftskammer Österreich, Fachverband der Gießereiindustrie, und der Österreichische Gewerkschaftsbund, Gewerkschaft PRO-GE, einen „Kollektivvertrag über die befristete Zulassung von Sonntagsarbeit gemäß § 12a Arbeitsruhegesetz" ab. Darin wurde für die *Easyguss Glockengießerei GmbH* vom 30.10.2022 bis 12.5.2024 zur Aufrechterhaltung der Produktion während der Durchführung eines Investitionsprogramms für alle Mitarbeiter:innen verschiedener, im Einzelnen aufgelisteter Produktionsbereiche Sonntagsarbeit unter bestimmten Bedingungen zugelassen. Die relevanten Bestimmungen lauteten auszugsweise wie folgt:

> *„Abs 1: Voraussetzung ist, dass eine Betriebsvereinbarung Sonntagsarbeit zulässt und zumindest die Verteilung der Arbeitszeit (Schichtplan), Zuschläge für Wochenendarbeit und die Beschäftigung von überlassenen Arbeitskräften regelt. [...]*
>
> *Abs 5: Allen Arbeitnehmer:innen, die auf Grundlage dieses Kollektivvertrags Sonntagsarbeit leisten, gebührt für jede geleistete Arbeitsstunde an einem Samstag ein Zuschlag von mindestens 50% und an einem Sonntag ein Zuschlag von mindestens 100%.*
>
> *Abs 8: Eine solche Betriebsvereinbarung gilt befristet bis längstens 12.5.2024, sofern sie nicht schon vorher einvernehmlich beendet wird. [...]"*

Der Betriebsinhaber der *Easyguss Glockengießerei GmbH* schloss in der Folge mit dem zuständigen Betriebsrat die „BV XI – Betriebsvereinbarung über ein Schichtenmodell in der *Easyguss Glockengießerei GmbH*" ab. Diese wurde in der Personalabteilung des Betriebs und beim Betriebsrat aufgelegt und ist über das Intranet des Unternehmens abrufbar, worauf die AN im wöchentlichen E-Mail-Newsletter auch aufmerksam gemacht wurden. Neben der Regelung des Anspruchs der AN auf Zuschläge für Wochenendarbeit findet sich in der BV auch folgender Passus:

> *„Es wird ohne Präjudiz für die Zukunft vereinbart, dass jedem:r Arbeitnehmer:in, der:die dieser Betriebsvereinbarung unterliegt, eine einmalige Sonderprämie von brutto € 125,– pro Geltungsmonat für die Bereitschaft zur Schichtabdeckung ausbezahlt wird."*

In den Schlussbestimmungen der BV wurde ferner festgehalten, dass die Vereinbarung unter Einhaltung einer 4-wöchigen Frist gekündigt werden kann. Mit Schreiben vom 19.9.2023 kündigte der Betriebsinhaber die BV auch wirklich.

Die BV ist den Mitarbeiter:innen bekannt, die Sonderprämie wurde auch bis zur Kündigung der BV entsprechend ausgezahlt. Ein AN der *Easyguss Glockengießerei GmbH*, *Nikolaus*, der wie seine Kolleg:innen gerne weiterhin die Sonderprämie erhalten würde, wendet sich daher an Sie als Arbeitsrechtsexpert:in.

**Haben die AN nunmehr Anspruch auf die Bezahlung der Sonderprämie?**

**Lösung**

*1. Vorbemerkung*

Kollektivverträge (KollV) sind Vereinbarungen, die zwischen kollektivvertragsfähigen Körperschaften der AG einerseits und der AN andererseits schriftlich abgeschlossen werden (§ 2 Abs 1 ArbVG). Betriebsvereinbarungen (BV) sind schriftliche Vereinbarungen, die vom Betriebsinhaber einerseits und dem Betriebsrat (BR) andererseits in Angelegenheiten abgeschlossen werden, deren Regelung durch Gesetz oder Kollektivvertrag der Betriebsvereinbarung vorbehalten ist (§ 29 ArbVG).

*2. Gültige BV?*

Voraussetzungen für den Abschluss einer gültigen BV (§ 29 ArbVG) sind:
- Abschlussberechtigung der Parteien
- Form
- Zulassungsnorm

Dem Sachverhalt zu Folge wurde die BV vom Betriebsinhaber und dem zuständigen BR abgeschlossen und die Schriftform eingehalten. Gem § 30 Abs 1 ArbVG sind BV vom Betriebsinhaber oder vom BR im Betrieb aufzulegen oder an sichtbarer, für alle AN zugänglicher Stelle anzuschlagen. Die konkret erforderliche Kundmachungsform ergibt sich aus den Bedürfnissen des jeweiligen Betriebes, wobei wesentlich ist, dass der Zweck des § 30 ArbVG erreicht wird, dh die AN jederzeit problemlos Kenntnis vom Inhalt der Betriebsvereinbarung erlangen können. Im vorliegenden Fall ergeben sich hier keine Probleme.

(Anmerkung: Die BV ist ferner nach dem Wirksamwerden vom Betriebsinhaber den zuständigen gesetzlichen Interessenvertretungen der AG und der AN (idR WK, AK) in je einer Ausfertigung zu übermitteln [§ 30 Abs 3 ArbVG], dabei handelt es sich allerdings um eine bloße Ordnungsvorschrift.)

Eine Vereinbarung zwischen Betriebsinhaber und Belegschaftsvertretung kann nur dann eine BV iSd ArbVG sein und die vom gesetzlich vorgesehenen Rechtswirkungen entfalten (dazu insb § 31 ArbVG), wenn der Inhalt vom Gesetz oder vom anwendbaren KollV gedeckt ist (dazu insb §§ 96 ff ArbVG, §§ 3–4c AZG, § 2 UrlG).

Für die hier vorliegende Vereinbarung kommt als gesetzliche Zulassungsnorm zunächst § 97 Abs 1 Z 2 ArbVG (erzwingbare BV) in Frage. Die Bestimmung erfasst ihrem Wortlaut nach die generelle Festsetzung des Beginns und Endes der täglichen Arbeitszeit, der Dauer und Lage der Arbeitspausen und der Verteilung der Arbeitszeit auf die einzelnen Wochentage. Hier findet sich die einschlägige Zulassungsnorm für das *Schichtenmodell ohne Prämienvereinbarung.*

(Anmerkung: Die Erzwingbarkeit besteht darin, dass im Fall des Nichtzustandekommens einer Einigung über den Abschluss, die Änderung oder die Aufhebung einer erzwingbaren BV zwischen den Betriebspartnern auf Antrag eines der Streitteile die Schlichtungsstelle entscheidet. [§ 97 Abs 2 iVm §§ 144 ff ArbVG])

Darüber hinaus könnten § 96 Abs 1 Z 4 (soweit eine Regelung durch KollV oder Satzung nicht besteht, die Einführung und die Regelung von Akkord-, Stück- und Gedinglöhnen sowie akkordähnliche Prämien und Entgelten) oder § 97 Abs 1 Z 16 ArbVG (Einführung von leistungs- und erfolgsbezogenen Prämien und Entgelten nicht nur für einzelne AN soweit diese Prämien und Entgelte nicht unter § 96 Abs 1 Z 4 fallen) in Betracht gezogen werden.

Lehre und Rsp vertreten dazu, dass eine Prämie nur leistungs- bzw erfolgsbezogen ist, wenn nicht die geleistete Arbeitszeit als Maßstab der für die Entgeltberechtigung herangezogen wird, sondern arbeitsleistungsbezogene Faktoren wie bspw Güte/Genauigkeit der Arbeit, exakte Einhaltung vorgegebener Termine oder die sparsame Nutzung der eingesetzten Betriebsmittel die Höhe des Entgelts bestimmen (vgl OGH 8.10.2008, 9 ObA 144/07b; *Reissner* in ZellKomm[3] § 97 ArbVG Rz 83 ff mwN).

Im hier vorliegenden Fall soll die Prämie jedem der BV unterliegenden AN schon für die bloße Bereitschaft zur Schichtabdeckung gewährt werden. Sie ist also *nicht* vom konkreten *Arbeitseinsatz abhängig* und honoriert keine messbare Leistung oder messbare Erfolge des einzelnen AN.

Für die Regelung zur Sonderprämie liegt folglich keine gesetzliche Ermächtigung vor. In einem nächsten Schritt ist daher zu prüfen, ob eine entsprechende Ermächtigung durch den KollV gegeben ist.

Der normative Teil des KollV ist nach den Grundsätzen der §§ 6, 7 ABGB auszulegen. Dem Text des KollV kann nicht entnommen werden, dass die KollV-Parteien die Betriebsparteien dazu ermächtigen wollten, alle den Betriebsparteien relevant erscheinenden Regelungen, auch Entgeltfragen betreffend, iZm der Schichtarbeit und Sonntagsarbeit vereinbaren zu können. In Abs 1 werden lediglich Mindestvoraussetzungen beschrieben, unter denen eine BV über Schicht- und Sonntagsarbeit überhaupt geschlossen werden kann. Mit Abs 5 wollten die KollV-Parteien den Betriebsparteien offensichtlich die Möglichkeit geben, die Samstags- und Sonntagsarbeit mit höheren Zuschlägen als im KollV vorgesehen, abzugelten. Die Prämienregelung ist also auch von keiner KollV-Ermächtigung gedeckt.

### 3. *„Freie" BV?*

Die Vereinbarung, soweit darin die gesetzlich nicht vorgesehenen sowie auch von keiner KollV-Ermächtigung umfassten Sonderprämien vereinbart wurden und damit der inhaltliche Rahmen der Regelungsbefugnis durch die Betriebspartner überschritten wurde, ist somit keine BV iSd des ArbVG. Derartige als „unechte", „freie" oder „unzulässige" BV bezeichnete Vereinbarungen entfalten grundsätzlich keine normative Wirkung zu Gunsten oder zu Lasten der AN. Zu prüfen ist aber, ob diese nach den Regeln der allgemeinen Rechtsgeschäftslehre („Vertragsschablonentheorie") Inhalt der Einzelarbeitsverträge geworden sind.

Hier ist der Wissensstand der Arbeitsvertragsparteien in Hinblick auf den Inhalt der Vereinbarung sowie auf die Unzulässigkeit der BV relevant. Aus dem Sachverhalt geht klar hervor, dass den Parteien die BV bekannt war und die Prämien auch ausbezahlt wurden. Es ergibt sich allerdings nicht, ob sie über die Nichtigkeit der Vereinbarung Bescheid wussten.

Geht man davon aus, dass die *Easyguss Glockengießerei GmbH* und ihre AN irrtümlich von der Gültigkeit der BV über die Sonderprämien ausgingen, so kommt § 914 ABGB zur Anwendung. Da sie fälschlicherweise auf die normative Wirkung der vermeintlichen

BV vertrauten, haben sie deren Inhalt nicht extra vereinbart, weshalb eine Vertragslücke entstanden ist. Diese Lücke ist im Wege ergänzender Vertragsauslegung iSd hypothetischen Parteiwillens zu schließen. Hätten AG und AN von der Unwirksamkeit der Vereinbarung gewusst, so hätten sie deren Geltung vereinbart.

Nimmt man hingegen an, dass die Arbeitsvertragsparteien (oder zumindest der AG) Kenntnis von der Unwirksamkeit der als BV bezeichneten Absprache hatten, so bietet sich eine Lösung über die allgemeinen rechtsgeschäftlichen Grundsätze über schlüssige Vertragsänderungen (§ 863 ABGB) an. Die Rsp deutet in solchen Fällen das faktische Erfüllungsverhalten des AG durch Leistungserbringung auf Grundlage der unzulässigen BV (regelmäßige Auszahlung der Prämien) als Angebot. Dieses wurde von den AN durch Annahme akzeptiert, es kommt daher zur schlüssigen Vertragsänderung. Strengere Anforderungen wären jedoch an die schlüssige Annahme zu stellen, soweit die unzulässige BV die AN belastende Inhalte aufweist (vgl *Födermayr* in *Jabornegg/Resch*, ArbVG § 29 Rz 66).

Im Ergebnis liegt hier jedenfalls eine erzwingbare BV iSd § 97 Abs 1 Z 2 ArbVG (bezüglich des Schichtenmodells ohne Prämienvereinbarung) und daneben eine einzelvertragliche Regelung („freie" BV) bezüglich der Sonderprämie vor.

### 4. *Kündigung der „freien" BV*

Nach dem Sachverhalt hat der Betriebsinhaber die „BV mit Schreiben vom 19.9.2023 gekündigt". Als Konsequenz der rechtlichen Einordnung der „freien" BV als Einzelvertragsbestandteil ergibt sich, dass diese grundsätzlich nicht auf kollektivem Wege auf Ebene der Betriebspartner gekündigt werden kann. Eine solche Vorgangsweise geht ins Leere und hat keine Rechtswirkungen. In den Arbeitsvertrag eingegangene Inhalte einer unzulässigen BV können grundsätzlich nur noch unter Zustimmung des einzelnen AN abgeändert oder beendet werden. Möglich ist allerdings auch eine Änderungskündigung des Arbeitsvertrags.

Liest man den Sachverhalt so, dass die Kündigung gegenüber jedem einzelnen AN erfolgt ist, so müsste auch die Kündigungsvereinbarung in die Einzelverträge eingegangen sein. Für Einzelarbeitsverträge gilt ein prinzipielles Teilkündigungsverbot; wurden in eine unechte BV Kündigungsmöglichkeiten aufgenommen, so müssen diese daher bei Übernahme in den Arbeitsvertrag in Unverbindlichkeits- oder Widerrufsvorbehalte umgedeutet werden (*Reissner,* DRdA 2014, 589). Ein solcher Vorbehalt kann nur nach billigem Ermessen, dh bei Vorliegen eines entsprechenden guten Grundes, ausgeübt werden. Ein Abgehen von der in den Einzelarbeitsvertrag eingegangenen Bestimmung wird daher nur bei Vorliegen eines wichtigen Grundes oder einvernehmlich, durch Änderung des Arbeitsvertrags, zulässig sein. Der Sachverhalt enthält keine dahingehenden Hinweise.

Zusätzlich stellt sich die Frage einer etwaigen Nachwirkung (§ 32 Abs 3 ArbVG). Angenommen die Arbeitsvertragsparteien wussten von der Unzulässigkeit der BV, so kommt es zu keiner Nachwirkung, da AG und AN nicht auf die Wirksamkeit der BV und somit auch nicht auf die vom Gesetz für echte BV vorgesehenen Rechtsfolgen vertrauen durften. Nahm der AG hingegen erkennbar die Wirksamkeit der BV an, so ist davon auszugehen, dass auch die vom Gesetz für den Fall der Kündigung vorgesehene Nachwirkung Vertragsinhalt wird. Eine Beseitigung des Einzelvertragsanspruchs wird in dem Fall nicht möglich sein.

### 5. *Kündigung der echten BV*

Nach § 32 Abs 1 ArbVG ist mangels Vereinbarung einer bestimmten Geltungsdauer die schriftliche Kündigung einer BV grundsätzlich unter Einhaltung einer Kündigungsfrist von drei Monaten zum Monatsletzten vorgesehen. Für BV in Angelegenheiten nach § 96 Abs 1 ArbVG (notwendige BV) sieht dessen Abs 2 vor, dass die Kündigung ohne Einhaltung einer Frist oder eines Termins erfolgen kann. Für BV, die Angelegenheiten regeln, in denen das Gesetz bei Nichtzustandekommen einer Einigung über den Abschluss, die Abänderung und Aufhebung einer BV die Anrufung der Schlichtungsstelle zulässt, ist die Kündigung ausdrücklich ausgeschlossen (§ 32 Abs 2 ArbVG). Strittig ist, ob bei solchen BV die Vereinbarung einer Kündigungsmöglichkeit möglich ist (bejahend etwa *Reissner* in *Neumayr/Reissner,* ZellKomm[3] § 32 ArbVG Rz 10; aA insb *Födermayer* in *Jabornegg/ Resch,* ArbVG § 32 Rz 9).

Im hier vorliegenden Fall soll die BV nach der Ermächtigung des KollV „befristet bis längstens 12.5.2024, sofern sie nicht schon vorher einvernehmlich beendet wird" gelten. (Anmerkung: Ein KollV kann seine Ermächtigung sowohl inhaltlich, räumlich oder persönlich beschränken [sofern nicht unsachlich], aber auch befristet oder bedingt erteilen.) Nach den „Schlussbestimmungen der BV" kann die Vereinbarung unter Einhaltung einer 4-wöchigen Frist gekündigt werden.

Leitet man aus diesen Formulierungen nun ab, dass die Ermächtigung an die Parteien der BV in Hinblick auf die Beendigungsmodalitäten auf die Beendigungsarten Befristungsablauf und einvernehmliche Lösung beschränkt, dh die Kündbarkeit ausgeschlossen wurde, dann ist die Kündigung der echten BV jedenfalls nichtig. Unter Umständen könnte die Bestimmung des KollV aber auch dahingehend verstanden werden, dass die KollV-Parteien nur die Höchstdauer der Ermächtigung festlegen wollten. Diese Sichtweise ist wohl unter Berücksichtigung von § 6 ABGB (Wortlaut und Systematik) nicht zutreffend (*Reissner*, DRdA 2014, 589).

**Literatur- und Judikaturhinweise:**

OGH 29.1.2014, 9 ObA 150/13v.
*Brodil/Gruber-Risak,* Arbeitsrecht in Grundzügen[11] (2022) 65 ff, 79 f.
*Födermayer* in *Jabornegg/Resch* (Hrsg), ArbVG (Stand 1.4.2020) §§ 29, 32.
*Kietaibl,* Arbeitsrecht I[12] (2023) 263 ff, 338 ff.
*Reissner* in *Neumayr/Reissner* (Hrsg), ZellKomm[3] (2018) §§ 29, 32 ArbVG.

# BON APPÉTIT! (FALL 28)

Die 61-jährige *Henriette* hat zeit ihres Lebens als Schneiderin im Unternehmen *Silver* in Innsbruck gearbeitet. Sie hat bereits in den 1970er-Jahren als junge Frau ihre Lehre nach Absolvierung der Polytechnischen Schule dort angefangen. Seit 30.9.2023 ist sie allerdings in Pension.

Bereits seit *Henriette* ihre Lehre im Unternehmen *Silver* angefangen hat, war es üblich, dass alle aktiven Mitarbeiter:innen Essensgutscheine bekommen haben. Auch an die pensionierten Arbeitnehmer:innen wurden bisher immer Gutscheine verteilt. Mit diesen Essensgutscheinen bekommt die Belegschaft Essen zu günstigeren Konditionen bei Partnerrestaurants.

Dabei bekommen die Arbeitnehmer:innen 4 € pro geleisteten Arbeitstag. Das heißt, bei einer 5-Tage Woche bekommen sie im Jahr 2024 in etwa 20 € pro Woche, 84 € pro Monat und wiederrum 1.004 € pro Jahr. Je nachdem, wie viele Tage die Arbeitnehmer:innen in dem Unternehmen arbeiten, bekommen sie mehr oder weniger Essensgutscheine. *Henriette* hat wiederum die letzten 10 Jahre bis zu ihrer Pension 5 Tage pro Woche im Unternehmen *Silver* gearbeitet.

*Henriette*, aber auch ihre Arbeitskolleg:innen, gingen davon aus, dass es diese Essensgutscheine immer geben wird, auch wenn man nicht mehr aktiv im Unternehmen arbeitet und bereits in Pension ist. Schließlich gab es diese Gutscheine „seit ewig“ und wurden diese regelmäßig auch an die Pensionist:innen verteilt.

Seit 1.1.2024 verteilt das Unternehmen *Silver* keine ausgedruckten Gutscheine mehr, sondern verwendet eine App, die man sich am eigenen Smartphone herunterladen kann, in der die Gutscheine automatisch für die Mitarbeiter:innen aufgeladen werden können, wenn diese im System registriert sind. Außerdem haben Pensionist:innen von da an keinen Zugang mehr zu dem Essensgutscheinsystem, da die App nur für aktive Mitarbeiter:innen freigeschalten ist. Die Änderung vom alten Essensgutscheinsystem zum neuen System wird ab 1.1.2024 nunmehr auch in einer Betriebsvereinbarung festgeschrieben, die vom Betriebsrat und dem Betriebsinhaber unterzeichnet wurde. In der Betriebsvereinbarung wird festgehalten, dass diese nur für Arbeiter:innen, Angestellte und Lehrlinge der Arbeitgeberin gilt und der Zugang zur App bei Beendigung des Arbeitsverhältnisses automatisch gelöscht wird. Davor gab es keine Betriebsvereinbarung über das alte Essensgutscheinsystem. Diese Thematik wurde außerdem vor Abschluss der Betriebsvereinbarung nie im Betriebsrat diskutiert und auch nicht von Seiten des Unternehmens.

Mit dem neuen System möchte das Unternehmen einerseits verhindern, dass die Gutscheine weitergegeben werden können; andererseits befindet sich das Unternehmen *Silver* schon seit dem letzten Jahr zunehmend in finanziellen Schwierigkeiten und möchte dadurch Geld sparen, indem es Gutscheine nur mehr für aktive Mitarbeiter:innen ausgibt und nicht mehr für Pensionist:innen. Zudem gab es bereits in der Vergangenheit Probleme, da die Essensgutscheine für aktive und pensionierte Arbeitnehmer:innen anders versteuert werden mussten. Aus diesen Gründen hat das Unternehmen *Silver* die Pensionist:innen von nun an komplett aus dem System genommen.

*Henriette* findet es sehr unfair, dass sie mehr als die Hälfte ihres Lebens in dem Unternehmen gearbeitet hat und stets loyal ihrer Arbeitgeberin gegenüber war, jetzt aber nicht einmal mehr vergünstigte Essensgutscheine in ihrer Pension bekommt.

Sie meint auch, dass dies eine Möglichkeit war, sich mit ihren ehemaligen Arbeitskolleg:innen zu treffen und weiterhin Kontakt zu ihnen zu halten. Weiters ist *Henriette* alleinerziehende Mutter von drei Kindern und hat deshalb nur eine kleine Pension. Die Essensgutscheine wären demnach eine finanzielle Unterstützung, um in ihrer Pension Geld zu sparen.

Zum Glück hat *Henriette* vor Jahren eine Rechtsschutzversicherung für solche rechtlichen Fragen abgeschlossen. Daher wendet sie sich an ihre Versicherung, die sie an eine Rechtsanwältin in Innsbruck weiterleitet. *Henriette* geht am 12.8.2024 für ein Erstgespräch zu dieser Rechtsanwältin, die auf Arbeits- und Sozialrecht spezialisiert ist und schildert ihr diesen Sachverhalt.

**Frage: Wie ist die Rechtslage?**

**Variante:**

Im Unternehmen *Silver* gab es zuvor gar keine Essensgutscheine. Mit 1.3.2024 führt das Unternehmen eine Smartphone-App ein, auf der Essensgutscheine aufgeladen werden können. Zeitgleich wird an alle aktiven Mitarbeiter:innen eine E-Mail versandt, dass diese Essensgutscheine unverbindlich sind und ohne Zuerkennung eines Rechtsanspruchs erfolgen.

*Anton* ist aktiver Mitarbeiter im Unternehmen *Silver*. Am 15.12.2024 bekommt er vom Unternehmen *Silver* eine E-Mail, in der er darüber informiert wird, dass die Essensgutscheine aus wirtschaftlichen Gründen ab 1.1.2025 wieder eingestellt werden. *Anton* ärgert sich darüber sehr, weil er die Gutscheine im Jahr 2024 sehr gerne genutzt hat und ist überzeugt, dass er weiterhin Anspruch auf die Essensgutscheine hat.

**Frage: Wie ist die Rechtslage?**

**Lösung**

***Henriette* gegen das Unternehmen *Silver* auf Nachzahlung der verweigerten Essensgutscheine in Höhe von € 620 auf Basis einer betrieblichen Übung**

Im vorliegenden Fall stellt sich die Frage, ob *Henriette* auch in ihrer Pension einen Anspruch auf die Essensgutscheine hat. Vom 1.1.2024 bis zum 12.8.2024 entgingen *Henriette* Essensgutscheine im Wert von etwa € 620. Es handelt sich hierbei um einen sogenannten *„Nachzahlungsanspruch" („Schaden")*. Ob dieser Anspruch zu Recht besteht, hängt davon ab, ob durch eine sog *„betriebliche Übung"* ein Anspruch auf die Essensgutscheine entstanden ist. Vorab muss jedoch geprüft werden, ob es sich bei dem Gutscheinsystem um eine betriebliche Wohlfahrtseinrichtung iSd § 95 ArbVG handelt und ob dies gegebenenfalls das Entstehen einer betrieblichen Übung verhindern kann.

*1. Essensgutscheine als betriebliche Wohlfahrtseinrichtung gemäß § 95 ArbVG?*

Für eine betriebliche Wohlfahrtseinrichtung iSd § 95 ArbVG sind nachstehende Voraussetzungen maßgebend: Die *„Einrichtung"* muss zumindest ein geringes Maß an Institutionalisierung und eine innere Organisation aufweisen. Unter dem Begriff der *„inneren Organisation"* versteht man Verwaltungsaktivitäten, die von Seiten der Arbeitgeber:innen gesetzt werden. Beispiele für solche Verwaltungsaktivitäten sind etwa Werksküchen, Betriebskindergärten oder Pendlerbusse. In diesem Fall setzt das Unternehmen *Silver* Verwaltungsaktivitäten, indem es die Essensgutscheine zur Verfügung stellt und an die Arbeitnehmer:innen ausgibt bzw mit den Partnerrestaurants Kooperationen geschlossen hat.

Zudem muss die *„Einrichtung"* der Wohlfahrt der Arbeitnehmer:innen dienen. Der Terminus *„Wohlfahrt"* umfasst wiederum die Begünstigung der Arbeitnehmer:innen in wirtschaftlichen, sozialen, gesundheitlichen und kulturellen Belangen. Weiters ist es notwendig, dass sich die Leistungen auf alle Arbeitnehmer:innen beziehen. Welche Arbeitnehmer:innen dann schlussendlich die Leistung in Anspruch nehmen, ist nicht ausschlaggebend. Die Arbeitnehmer:innen des Unternehmens *Silver* werden vor allem in wirtschaftlichen Belangen begünstigt, da sie durch die Gutscheine eine vergünstigte Mahlzeit pro Tag einnehmen können. Weiters kann argumentiert werden, dass auch soziale Belange begünstigt werden. Durch das gemeinsame Mittagessen wird der kollegiale Austausch zwischen den Mitarbeiter:innen gestärkt. Wohlfahrtseinrichtungen sollen gerade die Gemeinschaft zwischen den Arbeitnehmer:innen stärken.

Zusammengefasst handelt es sich bei den Essensgutscheinen um eine betriebliche Wohlfahrtseinrichtung. Aus der Betriebsvereinbarung lässt sich jedoch für Pensionist:innen gerade kein Anspruch auf die Essensgutscheine ableiten, zumal Pensionist:innen von der Betriebsvereinbarung nicht erfasst sind.

Nach jüngster Rsp und einem großen Teil der Lehre steht aber eine betriebliche Wohlfahrtseinrichtung einer betrieblichen Übung per se nicht entgegen. So können gemäß § 863 ABGB auch Essensgutscheine, wie in diesem Fall, obgleich sie eine betriebliche Wohlfahrtseinrichtung darstellen, Teil der Einzelarbeitsverträge geworden sein. In weiterer Folge ist daher zu prüfen, ob alle Voraussetzungen für eine betriebliche Übung erfüllt sind.

*2. Betriebliche Übung*

Bei der betrieblichen Übung handelt es sich weder um Gewohnheitsrecht noch um eine reine Verkehrssitte. Sie ist vielmehr *„eine stillschweigende Ergänzung oder Abänderung des individuellen Arbeitsvertrages“*. Widerspricht sie dem Gesetz oder Kollektivvertrag, ist sie nicht wirksam.

Die hL versteht unter einer betrieblichen Übung *„die regelmäßige faktische Wiederholung gleichmäßiger Verhaltensweisen (Leistungen) durch die Arbeitgeberin oder den Arbeitgeber in einem Betrieb gegenüber der gesamten Belegschaft oder Teilen davon ohne ausdrückliche Vereinbarung.“* Ein Vorbehalt der Arbeitgeber:innen darf außerdem nicht vorliegen. Wirken die Verhaltensweisen nicht für die gesamte Belegschaft, handelt es sich um eine Individualübung.

Zusätzliche Voraussetzungen einer betrieblichen Übung sind die Zeitspanne und die Häufigkeit der Leistung.

Im vorliegenden Fall wiederholt das Unternehmen *Silver* faktisch seine Verhaltensweisen regelmäßig und gleichmäßig gegenüber den Mitarbeiter:innen (auch gegenüber den Pensionist:innen bis zum 31.12.2024), und zwar über eine Zeitspanne von vielen Jahrzehnten, nämlich seit den 1970er-Jahren.

Weiters wurden die Essensgutscheine an die Pensionist:innen über all die Jahre hinweg ohne Vorlage einer ausdrücklichen Vereinbarung stillschweigend ausgeteilt. Erst mit 1.1.2024 wurde das neue Essensgutscheinsystem in einer Betriebsvereinbarung festgeschrieben.

Eine betriebliche Übung kann sowohl in Geld als auch in Sachbezügen bestehen. Bei Leistungen in Geld fallen vor allem etwa Zulagen, Zuschläge, Prämien und Bilanzgeld darunter. Hier wird außerdem die Bereitschaft der Arbeitgeber:in, sich zu binden, stärker bejaht. Die Arbeitgeber:in erachtet nämlich den Vorteil, den sie den Arbeitnehmer:innen zuwendet, als adäquate Entlohnung. Sie will diese dadurch zusätzlich anspornen und dafür sorgen, dass die Arbeitnehmer:innen im Unternehmen bleiben und nicht zur Konkurrenz abwandern. Unter Sachbezügen versteht man etwa Warengutscheine zu Weihnachten oder Gratisbeförderungen. Dabei müssen allerdings strengere Anforderungen erfüllt sein. Aber auch bezahlte Rauchpausen, bezahlte Freizeit zu Allerseelen, Faschingsdienstag oder Silvester können darunterfallen.

Im vorliegenden Fall geht es um Geldbezüge. Das Unternehmen *Silver* möchte sich durch die Essensgutscheine als attraktive Arbeitgeberin positionieren, da insbesondere die Dynamik zwischen den Mitarbeiter:innen durch gemeinsame, finanziell unterstützte Mahlzeiten gestärkt werden soll.

Die Verhaltensweisen der Arbeitgeberin können bei der betrieblichen Übung sowohl vorteilhaft als auch unvorteilhaft bzw weder noch oder gemischt sein.

In diesem Fall handelt es sich um eine vorteilhafte Handlung, da das Unternehmen *Silver* bis 31.12.2023 Essensgutscheine den pensionierten Arbeitnehmer:innen zukommen lässt, die diese in den Partnerrestaurants einlösen können und somit ein vergünstigtes Mittagessen pro Tag bekommen.

Es kann davon ausgegangen werden, dass für die aktiven Mitarbeiter:innen ein Anspruch durch betriebliche Übung entstanden ist. In weiterer Folge stellt sich jedoch die Frage, ob auch für Pensionist:innen ein Anspruch entstanden ist.

Entscheidend für die Frage, ob auch Pensionist:innen einen Anspruch auf die Essensgutscheine haben, ist, ob die Leistung der Arbeitgeber:innen mit den Arbeitsleistungen der Arbeitnehmer:innen verknüpft sind. Bei aktiven Arbeitnehmer:innen hat die Rsp diesen Zusammenhang damit begründet, dass bei ihnen unter anderem auch eine Verdichtung der Arbeitszeit stattfindet, weil sie zur Nahrungsaufnahme nicht nach Hause fahren müssen, was sowohl im Interesse der Arbeitgeberin als auch der Arbeitnehmer:innen ist. Zudem werden die materiellen Ausgaben, die im Normalfall für Arbeitnehmer:innen entstehen, wenn sie ihr Essen unterwegs und nicht zu Hause einnehmen, minimiert. Diese Aspekte treffen jedoch auf Pensionist:innen gerade nicht zu, da sie sich nicht mehr als aktive Mitarbeiter:innen im Unternehmen befinden.

Vielmehr verwenden Pensionist:innen die Essensgutscheine aus anderen Gründen, etwa weil ihre Pension gering ist oder weil sie noch eine persönliche Beziehung zu ihren ehemaligen Arbeitskolleg:innen halten wollen. Das genügt jedoch nicht für den von der Rsp geforderten Zusammenhang zwischen der Leistung der Arbeitgeber:innen und der Arbeitsleistung der Arbeitnehmer:innen. Deshalb kann auch nicht von einer logischen Verbindlichkeit der Arbeitgeber:in zur ständigen Leistungsverpflichtung, resultierend aus dem Dienstverhältnis, ausgegangen werden. Außerdem geht die Rsp auch nicht von einer sogenannten *„synallagmatischen Gegenleistung"* aus, die aus dem ehemaligen Arbeitsverhältnis resultieren könnte. In diesem Fall kann das Unternehmen *Silver* daher die Gewährung der Essensgutscheine für die Pensionist:innen von sich aus einseitig widerrufen und *Henriette* hat kein Recht auf weitere Essensgutscheine und auch kein Recht auf die Freischaltung für zukünftige Gutscheine in der Smartphone-App. Der Nachzahlungsanspruch besteht daher nicht zu Recht.

## Lösung Variante

**Bemerkung:**

In der Variante ist nicht auf pensionierte Arbeitnehmer:innen einzugehen. Vielmehr stellt sich in der Variante bei aktiven Arbeitnehmer:innen die Frage, ob durch die Passage in der E-Mail, dass die Essensgutscheine unverbindlich sind und ohne Zuerkennung eines Rechtsanspruchs erfolgen, ein gültiger Vorbehalt besteht. Zu prüfen ist daher ein sogenannter Unverbindlichkeitsvorbehalt.

Bei einem Unverbindlichkeitsvorbehalt wird schon zu Beginn eine Pflicht der Arbeitgeber:innen zur Leistung ausgeschlossen. Dabei ist die Formulierung in der E-Mail, die in diesem Fall verwendet wurde, eine durchaus übliche Vorgehensweise, diese Ansprüche durch einen Unverbindlichkeitsvorbehalt auszuschließen. Zudem müssen aber die Arbeitnehmer:innen ausreichend zur Kenntnis nehmen, dass auch kommende Erbringungen der Arbeitgeber:innen nicht zu erwarten sind. Grundsätzlich wendet der Unverbindlichkeitsvorbehalt das Zustandekommen des Glaubens der Arbeitnehmer:innen auf eine regelmäßige Erbringung einer Leistung ab. Anders ist dies beim Änderungsvorbehalt, bei dem das Recht auf eine Forderung bereits besteht und erst im Nachhinein abgeändert wird. Im Zuge eines Änderungsvorbehalts können die Arbeitgeber:innen auch nur von sich aus bestimmte Dinge, die sie im Arbeitsvertrag den Arbeitnehmer:innen zugesagt haben, abändern. Vor allem richten sich solche Änderungen auf laufende Bezüge (etwa Sonderzahlungen oder überkollektivvertragliches Entgelt).

Nach der Judikatur muss die Ausgestaltung eines Vorbehalts sehr genau betonen, dass keine Verpflichtung seitens der Arbeitgeber:innen auf die Leistung besteht. Es muss eine *„ausdrückliche Betonung des freiwilligen, unverbindlichen und jederzeit widerrufbaren Charakters der Zuwendung“* vorliegen. Dies ist im vorliegenden Fall zu bejahen, weil das Unternehmen *Silver* in der E-Mail eindeutig zum Ausdruck bringt, dass gerade keine verbindliche, sondern eine unverbindliche Leistung vorliegt, die ohne Zuerkennung eines Rechtsanspruchs erfolgt.

*Anton* hat daher ab 1.1.2025 keinen Anspruch mehr auf die Essensgutscheine.

**Literatur- und Judikaturhinweise:**

OGH 28.03.2019, 9 ObA 137/18i.
OGH 28.02.2011, 9 ObA 121/10z.
OGH 16.02.2000, 9 ObA 325/99f.
OGH 13.11.1997, 8 ObA 219/97g.
OGH 16.11.1994, 9 ObA 210/94.
*Burger*, Betriebliche Übung (Arbeitsrecht), in RDB Keywords[1] (Stand: 05. 09. 2023, rdb.at).
*Egger*, Entstehungsvoraussetzungen und Rechtsnatur der »betrieblichen Übung«, SPWR 2020 275 ff.
*Haider*, Betriebliche Wohlfahrtseinrichtungen, JAP 2013/2014/21.
*Laimer*, Sachbezug, in RDB Keywords[1] (Stand: 30. 01. 2024, rdb.at).
*Laimer*, Entgelt, in RDB Keywords[1] (Stand: 30. 01. 2024, rdb.at).
*Reissner* in *Neumayr/Reissner* (Hrsg), ZellKomm[3] Band 2 (2018) § 95 ArbVG, Rz 1 ff, 10 ff, 13 ff, 16 ff.
*Reissner*, Lern- und Übungsbuch Arbeitsrecht[7] (2023) 231 ff.
*Kietaibl*, Arbeitsrecht I[12] (2023) 324 ff.
*Brodil/Gruber-Risak*, Arbeitsrecht in Grundzügen[11] (2022) Rz 194 ff.

# SOZIALPLAN – JA, NEIN, JEIN (FALL 29)

1. In einem inländischen Unternehmen, das in mehrere Betriebe gegliedert ist, wird eine nicht länger rentable Abteilung eines dieser Betriebe stillgelegt. Die dortige leitende Angestellte schließt mit dem Betriebsrat einen Sozialplan ab, wonach 10 der bisher 19 Arbeiter:innen im selben Betrieb, jedoch in einer anderen Abteilung, weiterbeschäftigt werden, während die übrigen neun gekündigt werden. Den von der Kündigung betroffenen Arbeiter:innen wird nicht mehr und nicht weniger als eine Abfindung in Höhe eines Bruttomonatsentgelts gewährt, weil die Geschäftsführung, in deren Namen und auf deren Rechnung die leitende Angestellte verhandelt hat, der Überzeugung ist, dass der Fachkräftemangel ohnehin rasch zu zumutbaren Stellenangeboten führen wird. Für eine:n der neun Arbeiter:innen ging das tatsächlich schnell, denn wider Erwarten hat der:die bisherige Arbeitgeber:in nach Ablauf der Kündigungsfrist bemerkt, dass der:die Arbeiter:in über Zusatzkenntnisse verfügt, die bisher nicht gebraucht wurden, aber künftig gebraucht werden. Der:Die Arbeiter:in erklärt sich mit der Wiedereinstellung bereit, doch dann weigert sich der:die Arbeitgeber:in, die im Sozialplan zugesagte Abfindung zu leisten; dies mit dem Argument, dass die nur einige Tage dauernde Arbeitslosigkeit keine nennenswerten Nachteile nach sich gezogen habe.

2. In einem weiteren Betrieb wird eine Abteilung an einen anderen Standort verlegt, wohin sich der:die Arbeitgeber:in in den Arbeitsverträgen bereits vorsorglich eine Versetzung vorbehalten hat. Für die 25 betroffenen Angestellten hat der zuständige Betriebsrat einen Sozialplan ausverhandelt, der zum Ausgleich des fortan längeren Weges zur bzw. von der Betriebsstätte nach Hause eine Arbeitszeitverkürzung ohne Entgeltschmälerung vorsieht. Allerdings gibt es am neuen Standort nur Großraumbüros und eine:r der Angestellten, der:die ein Einzelbüro hatte, weil er:sie eine fehleranfällige Tätigkeit ausübt, die sehr hohe Konzentration erfordert, empfindet die zu erwartende Ablenkung als so störend, dass er:sie sich genötigt sehen würde, viel mehr im Homeoffice zu arbeiten, obwohl der Arbeitsplatz in der Wohnung aufgrund der beengten Verhältnisse alles andere als optimal für die Arbeit ist und die Kosten für Energie beträchtlich steigen würden. Der Betriebsrat sieht das ein, hatte daran aber zuvor schlicht nicht gedacht und sich unter den vereinbarten Bedingungen mit allen erforderlichen Versetzungen einverstanden erklärt.

**Fragen:**

1. **Was ist ein Sozialplan?**
   a) **Ist der Sozialplan für den stillgelegten Betriebsteil gültig?**
   b) **Hat der:die wiedereingestellte Arbeiter:in Anspruch auf die Abfindung?**
2. **Hat der Betriebsrat ein Mitbestimmungsrecht bei der Versetzung, obwohl er sich im Zuge der Sozialplanverhandlungen mit allen Versetzungen einverstanden erklärt hat?**

**Lösung**

1. Ein ‚Sozialplan' ist eine Gesamtheit von Maßnahmen, die dazu gedacht sind, die Folgen einer Betriebsänderung (§ 109 Abs. 1 Z 1 bis 6 ArbVG), sofern sie „wesentliche Nachteile für alle oder erhebliche Teile der Arbeitnehmerschaft" mit sich bringt, zu verhindern, zu beseitigen oder zu mildern (§ 109 Abs 3 ArbVG). Sozialpläne sind Angelegenheiten, in denen eine (echte) Betriebsvereinbarung (§ 29 ArbVG) abgeschlossen werden darf (§ 97 Abs 1 Z 4 ArbVG), sie können gleichwohl auch Gegenstand von Kollektivverträgen sein (§ 2 Abs 2 Z 4 und Z 5 ArbVG).

Als ‚Betriebsänderung' gilt ua die *Stilllegung* des Betriebes oder von Betriebsteilen (§ 109 Abs 1 Z 1 ArbVG), ebenso wie ihre Verlegung (§ 109 Abs 1 Z 2 ArbVG). Wenn, wie hier, nicht der ganze Betrieb, sondern ein Teil des Betriebes betroffen ist, dann stellt sich nicht nur die Frage, ob nachteilige Kündigungs- und Versetzungsfolgen ‚wesentlich' im gesetzlichen Sinne sind, sondern auch jene, ob ‚erhebliche Teile' der Belegschaft von den Nachteilen betroffen sind.

An diesem Punkt eröffnen sich zwei Interpretationsstränge: Entweder lesen sich die auszudeutenden Worte so, dass ‚wesentlich' als Zweckbindung auf den Ausgleich (die Abgeltung) von Nachteilen, während ‚erheblich' als Erfordernis der Rücksichtnahme auf betriebliche Leistungsfähigkeit (vgl § 109 Abs 2 ArbVG) zu verstehen ist, wodurch eine zweifache Sozialplangrenze festgelegt ist, oder sie schränken nicht den möglichen Inhalt, sondern die Möglichkeit zum Abschluss einer Betriebsvereinbarung ein, welchenfalls sie divergierende Meinungen über „adäquate" Prozentsätze (zB 30 % der Arbeitnehmenden; so viele, wie eine Meldepflicht nach § 45a Abs 1 AMFG auslösen würden; etc) und über die „Erheblichkeitsschwelle" nach sich ziehen.

Daran knüpft sich eine Folgefrage, nämlich jene, wie die gesetzlich ebenfalls noch aufgestellte Einschränkung zu verstehen ist, dass die Sozialplankompetenz in Betrieben mit weniger als 20 Arbeitnehmenden nicht anwendbar ist (§ 97 Abs 3 iVm § 109 Abs 3 ArbVG). Entweder ist diese „Mindestbelegschaftsstärke" eine weitere Bedingung für die Abschlussermächtigung oder die Regelungssystematik (in Abs 2 des § 97 ArbVG geht es um Schlichtungsstellenanträge) und die Teleologie (in Abs 2 des § 109 ArbVG steht, es sei bei Vorschlägen des Betriebsrates die wirtschaftliche Notwendigkeit des Betriebes zu beachten) sprechen dafür, dass wegen vermuteten Fehlens von wirtschaftlicher Tragkraft zwar kein „Erzwingen" einer Betriebsvereinbarung möglich sein soll, der rein fakultative Abschluss aber nicht verwehrt ist.

1a. Nach wohl *hA* (vgl *Reissner* in *Neumayr/Reissner*, ZellKomm[3] § 97 ArbVG Rz 35) handelt es sich bei der Mindestbelegschaftsstärke, der Wesentlichkeit von Nachteilen und der Erheblichkeit der Anzahl Betroffener um Bedingungen der gesetzlichen Ermächtigung für die Betriebsvereinbarung, sodass diese, sofern auch nur eine dieser Bedingungen nicht erfüllt ist, als *nichtig* zu betrachten ist. Allenfalls wäre eine „freie" Betriebsvereinbarung (konkludente Vertragsergänzung aufgrund einer Vertragsschablone) zu prüfen. Jedenfalls ist die Belegschaftsstärke nicht erfüllt, weil leitende Angestellte (§ 36 Abs 2 Z 3 ArbVG) mit maßgebendem Einfluss auf die Führung des Betriebes nicht als Arbeitnehmer:innen iSd Betriebsverfassung gelten. Die leitende Angestellte ist zwar in einer „Abteilung" tätig, nämlich in jener, die stillgelegt wird, doch dürfte sie Einfluss auf den Betrieb haben, zumal sie als Verhandlungspartnerin des Betriebsrates auftritt.

1b. Was die *Abfindung* für den:die wiedereingestellte:n Arbeitnehmer:in betrifft, so hat diese:r einen Anspruch darauf, weil die (zumindest konkludent gesetzte) Bedingung, von der die Zahlung abhängig gemacht worden ist, (nach allem, was wir aus dem Sachverhalt wissen) keine andere war, als die Schließung der Abteilung. Der:Die Arbeitgeber:in denkt vielleicht an den Wegfall der Geschäftsgrundlage, doch nimmt die Rechtsprechung einen solchen nicht an, wenn der ins Treffen geführte Umstand der Sphäre des:der Betriebsinhabers:in zuzurechnen ist (OGH 8 Ob A 72/03a).

2. Im Zuge der *Verlegung* kommt es hier zu einer, wennzwar durch Versetzungsvorbehalt gedeckten, Versetzung, die als dauernde Einreihung auf einen anderen Arbeitsplatz (§ 101 ArbVG) mitbestimmungspflichtig ist, weil sie mit einer Verschlechterung, obschon nicht der Entgelt-, so doch ‚sonstiger' Arbeitsbedingungen, verbunden ist. Fraglich könnte zwar sein, ob die „Pauschalzustimmung" des Betriebsrates einer neuerlichen Befassung mit den nachteiligen Folgen im Einzelfall entgegensteht; die Rechtsprechung (OGH 9 ObA 77/91; OGH 9 ObA 35/05w) hat allerdings ausgesprochen, dass Sozialplanmaßnahmen eine zustimmungspflichtige Versetzung nicht zustimmungsfrei machen. Dem Betriebsrat steht es daher frei, seine Zustimmung zu verweigern. Die fehlende Zustimmung kann allerdings durch ein gerichtliches Urteil ersetzt werden. Das Gericht hat die Zustimmung zu erteilen, sofern die Versetzung sachlich gerechtfertigt ist.

**Literatur- und Judikaturhinweise:**

OGH 31.8.2005, 9 ObA 35/05w.

OGH 18.9.2003, 8 Ob A 72/03a.

*Reissner* in *Neumayr/Reissner*, ZellKomm[3] § 97 ArbVG Rz 35 (Stand: 1.1.2018, rdb.at).

*Reiner*, Die dogmatischen Grundlagen des Sozialplans im Kontext, in *Resch* (Hrsg), Sozialpläne als Instrumente zur Krisenbewältigung (2010) 17 ff.

*Rauch*, Der Sozialplan, ASoK 2010, 45.

*Rauch,* Wesentliche Nachteile für erhebliche Teile der Arbeitnehmerschaft als Voraussetzung für den Sozialplan, ASoK 2014, 101.

# DAS GÜNSTIGKEITSPRINZIP (FALL 30)

*Gustav Günstig* ist Arbeitnehmer (AN) der *Beschäftigungsgarantie-GmbH,* die insgesamt 30 AN zum kollektivvertraglichen Mindestlohn beschäftigt. Aufgrund von wirtschaftlichen Schwierigkeiten ist die *Beschäftigungsgarantie-GmbH* mit hohen Umsatzeinbußen konfrontiert. Aus Angst, gekündigt zu werden, vereinbaren alle 30 AN mit ihrem Arbeitgeber (AG) einzelvertraglich einen sogenannten „Sparmaßnahmenkatalog". Dieser sieht vor, dass die AN auf 20 % ihres kollektivvertraglichen Entgelts verzichten, wenn sich der AG im Gegenzug verpflichtet, von betriebsbedingten Kündigungen abzusehen und somit eine Arbeitsplatzgarantie zu geben. Als *Gustav Günstig* bei der nächsten Lohnauszahlung nur 80 % seines bisherigen Entgelts auf seinem Konto sieht, verlangt er von der *Beschäftigungsgarantie-GmbH* die Auszahlung der restlichen 20 % mit der Begründung, er habe doch Anspruch auf den kollektivvertraglichen Mindestlohn.

**Hat *Gustav Günstig* Anspruch auf das restliche Entgelt?**

**Lösung**

Ob *Gustav Günstig* Anspruch auf die restlichen 20% des kollektivvertraglichen Mindestlohns hat, hängt davon ab, ob und unter welchen Voraussetzungen durch eine Einzelvereinbarung von einer übergeordneten Rechtsquelle – nämlich dem Kollektivvertrag (KollV) – abgewichen werden darf.

Das Verhältnis zwischen den unterschiedlichen Rechtsquellen des Arbeitsrechts bestimmt sich nach dem *Günstigkeitsprinzip.* Im KollV-Recht wird dieses durch § 3 Abs 1 ArbVG formuliert. Demnach ist die nachgeordnete Regelung im Verhältnis zur übergeordneten Rechtsquelle nur dann wirksam, wenn ihr Inhalt für den AN günstiger ist oder Angelegenheiten geregelt werden, die durch die höherrangige Norm nicht betroffen sind. Bei der Prüfung, welche Bestimmung günstiger ist, ist eine Gruppenbildung vorzunehmen. Gem § 3 Abs 2 ArbVG sind jene Bestimmungen in Gruppen zusammenzufassen und gegenüberzustellen, die in einem *rechtlichen und sachlichen Zusammenhang* stehen. Im konkreten Fall ist daher zu prüfen, ob es für die AN günstiger ist, unterkollektivvertragliche Bezahlung hinzunehmen, wenn sich der AG im Gegenzug verpflichtet, im selben Zeitraum auf eine betriebsbedingte Kündigung zu verzichten. Dazu sind folgende Prüfungsschritte vorzunehmen:

1. Gruppenbildung:
   Liegt zwischen den Bestimmungen über das kollektivvertragliche Mindestentgelt und über den Kündigungsschutz ein rechtlicher und sachlicher Zusammenhang iSd § 3 Abs 2 ArbVG vor?

2. Gruppenvergleich:
   Welche Gruppe von Bestimmungen ist günstiger?

## 1. Gruppenbildung

Um einen Gruppenvergleich vornehmen zu können, sind zunächst Gruppen zu bilden. Dazu sind weder einzelne Bestimmungen für sich (Einzelvergleich) noch die Vertragswerke als Ganzes zu vergleichen (Gesamtvergleich). Vielmehr müssen zusammengehörende Gruppen von Bestimmungen des Einzelvertrags mit der entsprechenden Gruppe von Bestimmungen des KollV verglichen werden (Gruppenvergleich). Gem § 3 Abs 2 ArbVG sind jene Bestimmungen zu einer Gruppe zusammenzufassen, die in einem *rechtlichen und sachlichen Zusammenhang* stehen. Beim *rechtlichen Zusammenhang* ist vom Einzelvertrag auszugehen und mit den Mitteln der Vertragsauslegung festzustellen, welche Bestimmungen des Einzelvertrages von den Vertragsparteien als zusammengehörig betrachtet worden sind. *Sachlicher Zusammenhang* bedeutet, dass nur jene Bestimmungen als Einheit aufgefasst werden können, die den gleichen Regelungsgegenstand betreffen.

Im vorliegenden Fall ist der rechtliche Zusammenhang zu bejahen, weil sich aus der Vertragsauslegung ergibt, dass die Vertragsparteien das niedrigere Entgelt nur dann akzeptieren, wenn sie auch eine Beschäftigungsgarantie bekommen, und diese Bestimmungen daher subjektiv als zusammengehörig betrachten. Der sachliche Zusammenhang ist jedoch zu verneinen, weil Bestimmungen über das kollektivvertragliche Mindestentgelt und über den Kündigungsschutz nicht denselben Regelungsgegenstand haben. Während Bestimmungen über das Mindestentgelt die finanzielle Abgeltung der AN für ihre Arbeitsleistung zum Gegenstand haben, beziehen sich Bestimmungen über den Kündigungsschutz auf die Beendigung des Arbeitsverhältnisses. Selbst wenn es nach subjektiver Einschätzung der Betroffenen günstiger erscheinen mag, den Arbeitsplatz zu behalten und dafür weniger Entgelt in Kauf zu nehmen, ist ein Günstigkeitsvergleich dieser beiden Punkte nicht zulässig, weil eine Gruppenbildung von Regelungen, deren Gegenstände sich thematisch nicht berühren, methodisch nicht möglich ist. Kollektivvertragliches Mindestentgelt und Beschäftigungsgarantie verfolgen objektiv unterschiedliche Zwecke. Daher scheitert die Gruppenbildung zwischen Bestimmungen über das kollektivvertragliche Mindestentgelt und über den Kündigungsschutz jedenfalls am sachlichen Zusammenhang.

## 2. Gruppenvergleich

Grundsätzlich sind die Gruppen, die gebildet werden, einander gegenüberzustellen und miteinander zu vergleichen. Innerhalb einer Gruppe ist eine Kompensation von Verschlechterungen und Verbesserungen möglich. Da jedoch die Bestimmungen über das Mindestentgelt und über den Kündigungsschutz mangels sachlichen Zusammenhangs nicht zu einer Gruppe zusammengefasst werden können, scheidet im vorliegenden Fall eine Kompensation aus, dh die Entgeltreduktion kann nicht mit der Beschäftigungsgarantie aufgewogen werden. Vielmehr sind die Entgeltbestimmungen des Einzelvertrags jenen des KollV gegenüberzustellen. Dabei ist die einzelvertragliche Vereinbarung von 80 % des kollektivvertraglichen Mindestentgelts jedenfalls ungünstiger als das kollektivvertragliche Mindestentgelt von 100 %. Daher hat *Gustav Günstig* Anspruch auf Auszahlung der restlichen 20 % des kollektivvertraglichen Mindestlohns.

**Literatur- und Judikaturhinweise:**

OGH 08.6.1994, 9 ObA 104/94.
OGH 23.5.2001, 9 ObA 224/00g, DRdA 2001, 561.
*Kietaibl,* Arbeitsrecht I$^{12}$ (2023) 238 ff.
*Reissner,* Lern- und Übungsbuch Arbeitsrecht$^{7}$ (2023) 366 ff.

# BIG BROTHER IM LAGER (FALL 31)

*Johannes* arbeitet in einem Versand- und Logistikzentrum des weltweit bekannten Versand- und Onlineshoppingdienstleisters *bemazon*. Das Unternehmen setzt in den Logistikzentren zur Steuerung der Logistikprozesse und zur Dokumentation der Arbeitsschritte der Mitarbeiter:innen Handscanner ein. Die Daten der Handscanner werden in einer Datenbank gespeichert, sodass jederzeit nachvollziehbar ist, welche Artikel an welchen Ablageorten liegen. Gleichzeitig erhalten die Mitarbeiter:innen in der Kommissionierung, also beim Zusammensuchen der bestellten Artikel, Informationen über die bestellten Artikel und deren Ablageorte. Dies ermöglicht eine effiziente Abwicklung und garantiert eine zeitnahe Zustellung.

Die Scans, die von den Mitarbeiter:innen durchgeführt werden, dienen aber nicht nur dazu, den Fortschritt der Produktartikel in den verschiedenen Phasen der Verarbeitung und Verteilung zu verfolgen. Sie ermöglichten auch die Messung der Mitarbeiter:innenaktivität. Die auf diese Weise in Echtzeit erhobenen (Roh-)Daten werden von einer Softwareanwendung (Associate Development and Performance Tracking) ausgewertet und zu Qualitäts-, Produktivitäts- sowie Inaktivitätsindikatoren zusammengefasst.

Im Oktober ersucht der Betriebsratsvorsitzende, *Manfred Gabriel*, den Geschäftsführer um nähere Informationen zur Verarbeitung der Scannerdaten. Der Geschäftsführer klärt ihn sowohl über die Softwareanwendung als auch über die Verarbeitungszwecke auf. Demnach werden (unter anderem) Inaktivitätszeiten von mehr als zehn Minuten (Leerlaufzeiten), in denen kein Scan durchgeführt wird, bzw Inaktivitätszeiten unter zehn Minuten in besonders „kritischen“ Zeiträumen (bei Arbeitsbeginn und -ende sowie vor und nach den Pausen) erfasst (Latenzzeiten) und zu Inaktivitätsindikatoren aggregiert. Sowohl die Rohdaten wie auch die Indikatoren aller Mitarbeiter:innen stehen dem:der jeweiligen Vorgesetzten in Echtzeit zur Verfügung. Darüber hinaus werden wöchentliche Aktivitätsberichte der Mitarbeiter:innen erstellt, die auf den kontinuierlich erfassten Indikatoren basieren. Sie enthalten insb wöchentliche, tägliche und stündliche Statistiken zu den Inaktivitätsindikatoren.

Die Datenverarbeitungen erfolgen nach Angabe von *bemazon* im Wesentlichen zu drei unterschiedlichen Verarbeitungszwecken:

- Steuerung der Logistikprozesse: Die Inaktivitätsdaten der Mitarbeiter werden genutzt, um die internen Abläufe besser zu koordinieren und das Personal optimal einzusetzen. Wenn Mitarbeiter:innen etwa 10 Minuten lang keinen Scan vornehmen, könnte Unterstützung notwendig sein, sei es aufgrund mangelnder Kenntnisse, bestehender Probleme oder wegen eines besonders sperrigen Gegenstands.
- Steuerung der Qualifizierung und Schaffung von Bewertungsgrundlagen für individuelles Feedback: Die Aktivitätsdaten dienen als Grundlage für Feedbackgespräche.
- Personalentscheidungen: Die Inaktivitätsindikatoren der Handscanner werden für Personalentscheidungen wie etwa Beförderungen, Entfristungen oder Kündigungen verwendet.

Der Betriebsrat ist über diese „Überwachungsmethoden“ entsetzt und verlangt vom Geschäftsführer von *bemazon* den Abschluss einer Betriebsvereinbarung. Dieser weigert sich und meint, der Betriebsrat hätte dabei gar nichts zu sagen und außerdem seien die Datenverarbeitungen datenschutzrechtlich rechtmäßig. Zwei Monate später bringt der Betriebsrat eine Unterlassungsklage samt Antrag auf Erlassung einer einstweiligen Verfügung gegen *bemazon* ein.

**Ist die Verarbeitung tatsächlich datenschutzrechtlich zulässig?**
**Besteht ein Mitbestimmungsrecht des Betriebsrats?**

**Lösung**

*1. Datenschutzrechtliche Rechtmäßigkeit*

Da es sich im vorliegenden Fall um eine automatisierte Verarbeitung personenbezogener Daten der bei *bemazon* beschäftigten Arbeitnehmer:innen handelt, sind die datenschutzrechtlichen Bestimmungen der DSGVO anwendbar. Entsprechend der in Art 5 DSGVO verankerten Grundsätze für die Verarbeitung personenbezogener Daten müssen diese ua auf rechtmäßige Weise verarbeitet werden. Art 6 Abs 1 UAbs 1 DSGVO konkretisiert diesen Rechtmäßigkeitsgrundsatz und sieht eine erschöpfende und abschließende Liste der Fälle vor, in denen eine Verarbeitung personenbezogener Daten als rechtmäßig angesehen werden kann. Es ist daher zu prüfen, ob die in Rede stehende Datenverarbeitung unter einen der in dieser Bestimmung vorgesehenen Fälle subsumierbar ist.

Da im Arbeitsverhältnis die Einwilligung der betroffenen Personen aufgrund fehlender Freiwilligkeit regelmäßig als Rechtmäßigkeitstatbestand ausscheiden muss, die vorliegende Datenverarbeitung auch nicht für die ordnungsgemäße Vertragserfüllung erforderlich ist, kommt Art 6 Abs 1 lit f DSGVO besondere Bedeutung zu. Dieser sieht vor, dass eine Verarbeitung dann rechtmäßig ist, wenn sie „*zur Wahrung der berechtigten Interessen des Verantwortlichen erforderlich [ist], sofern nicht die Interessen oder Grundrechte und Grundfreiheiten der betroffenen Person überwiegen [...]*“.

In diesem Zusammenhang hat der EuGH zur inhaltlich weitgehend übereinstimmenden Vorgängerbestimmung (Art 7 lit f DS-RL) ein „Prüfschema“ entwickelt, welches regelmäßig auch von der österreichischen Datenschutzbehörde sowie vom OGH herangezogen wird. Demnach ist die Verarbeitung personenbezogener Daten unter drei kumulativen Voraussetzungen zulässig:

- Vorliegen eines berechtigten Interesses,
- Erforderlichkeit der Verarbeitung der personenbezogenen Daten zur Verwirklichung des berechtigten Interesses und
- kein Überwiegen der Interessen, Grundrechte und Grundfreiheiten der betroffenen Person.

*a) Berechtigte Interessen*

Der Begriff des berechtigten Interesses ist grundsätzlich sehr weit zu sehen. Neben rechtlichen Interessen können auch tatsächliche, wirtschaftliche oder ideelle Interessen ins Treffen geführt werden. Sowohl bei der Steuerung der Logistikprozesse (Beratung oder Unterstützung des Mitarbeiter:innen), bei Effizienzsteigerung und Optimierung von Arbeitsprozessen oder aber auch bei der Überwachung und Kontrolle von Arbeitnehmer:innen (Kontrolle ist ein Wesensmerkmal des Arbeitsvertrags) und darauf aufbauenden Feedbacksystemen und Personalentscheidungen handelt es sich um berechtigte Interessen iSd DSGVO.

Die bloße Tatsache, dass Verantwortliche ein berechtigtes Interesse an einer Verarbeitung haben, bedeutet aber noch nicht, dass Art 6 Abs 1 lit f DSGVO als Rechtmäßigkeitstatbestand herangezogen werden kann. Die Verarbeitung muss zur Zweckerreichung zudem erforderlich und verhältnismäßig (Verhältnismäßigkeit ieS) sein.

*b) Erforderlichkeit*

Erforderlichkeit liegt vor, wenn die verwendeten Daten für den Verwendungszweck objektiv notwendig, für den Zweck erheblich und auf das notwendige Maß beschränkt sind. In diesem Zusammenhang ist deshalb in erster Linie zu prüfen, ob es nicht andere, weniger stark in die Rechte der betroffenen Personen eingreifende Mittel zur Erreichung des genannten Verarbeitungszwecks gibt.

Im vorliegenden Fall wäre zwar denkbar, die Inaktivitätszeiten stichprobenartig oder anonymisiert zu erfassen. Eine derartige Verarbeitung würde jedoch deutliche Effizienzverluste verursachen, da aggregierte Daten keine Informationen über spezifische Mitarbeiter:innen liefern.

Sowohl zur Unterstützung der Mitarbeiter:innen als auch zur Schaffung von Bewertungsgrundlagen für individuelles Feedback und Personalentscheidungen ist eine personenbezogene Datenverarbeitung erforderlich. Feedback basierend auf aggregierten Durchschnittswerten ist weder für die Mitarbeiter:innen noch für das Unternehmen vorteilhaft, weil dieses weniger aussagekräftig ist. Aus diesem Grund ist davon auszugehen, dass die Datenverarbeitung in der vorliegenden Form zur Zweckerreichung erforderlich ist.

*c) Verhältnismäßigkeitsprüfung*

Kern des Rechtmäßigkeitstatbestands des Art 6 Abs 1 lit f DSGVO ist freilich die im dritten Kriterium durchgeführte Interessensabwägung (*balance test*), also eine Verhältnismäßigkeitsprüfung im engeren Sinn. Bei der Interessenabwägung müssen die berechtigten Interessen mit den „*Interessen, Grundrechten und Grundfreiheiten*" der betroffenen Personen abgewogen werden. Das bedeutet, dass sowohl die Interessen der Arbeitgeber:innen als auch die Interessen der Arbeitnehmer:innen bewertet und gewichtet werden müssen.

Solange das berechtigte Interesse der Arbeitgeber:innen als gering und nicht sehr zwingend zu bewerten ist, kann es im Allgemeinen nur dann Vorrang vor den Interessen und Rechten betroffenen Arbeitnehmer:innen haben, wenn die Folgen für deren Rechte und Interessen noch geringer sind. Je zwingender und bedeutender die berechtigten Interessen der Arbeitgeber:innen, desto schwerere Eingriffe lassen sich auf Arbeitnehmer:innenseite rechtfertigen. Die Betrachtung hat dabei aus objektiver Sicht, einzelfallbezogen und abseits individueller Befindlichkeiten der Betroffenen zu erfolgen, wobei aber konkrete Schutzmaßnahmen zugunsten der Arbeitnehmer:innen zu berücksichtigen sind.

Als Kriterien der Interessenabwägung werden dabei zunächst Parametern wie Art und Umfang der Daten, Dauer der Datenverarbeitung oder die Verarbeitungszwecke bewertet. Zwar werden keine besonderen Kategorien personenbezogener Daten verarbeitet, dennoch findet eine umfangreiche und andauernde Datenverarbeitung statt. Die Daten stammen zwar nicht aus der Privat- oder Intimsphäre, sondern aus dem geschäftlichen Bereich der Mitarbeiter:innen. Dennoch führen die in Rede stehenden Verarbeitungen in unverhältnismäßiger Weise dazu, dass sich Mitarbeiter:innen für jede kurze Unterbrechung rechtfertigen müssen. Dies kommt einer computerunterstützten Dauerüberwachung hinsichtlich jeglicher Unterbrechungen während des gesamten Arbeitstages gleich. Eine solche Überwachung ist insb dann problematisch, wenn die Datenverarbeitung letzten Endes zu einem permanenten Anpassungs- und Leistungsdruck der Arbeitnehmer:innen führt, der nachweislich psychische Probleme verursachen kann. Dies spielt insofern eine

Rolle als Arbeitnehmer:innen gem Art 31 Abs 1 GRC ein Recht auf gesunde, sichere und würdige Arbeitsbedingungen haben.

Im Ergebnis stehen die vorliegenden, konkreten Verarbeitungsbedingungen und Verwendungen der Inaktivitätsindikatoren (Leerlaufzeiten und Latenzzeiten) in keinem Verhältnis zu den berechtigten Interessen von *bemazon*. Die in Rede stehenden Datenverarbeitungen sind unverhältnismäßig und deshalb nicht rechtmäßig.

### 2. *Mitbestimmungsrechte des BR – § 96 Abs 1 Z 3 ArbVG*

Das Arbeitsverfassungsrecht sieht – unter bestimmten Voraussetzungen – Mitbestimmungsrechte der Belegschaft vor. Diese Mitbestimmungsrechte werden durch den Betriebsrat in Form von Betriebsvereinbarungen ausgeübt. Es ist daher zu prüfen, ob es sich bei der in Rede stehenden Softwareanwendung zur Auswertung der Scannerdaten – wie vom Betriebsinhaber im vorliegenden Fall behauptet – um eine mitbestimmungsfreie Maßnahme handelt. Infrage kommt in diesem Zusammenhang vor allem der Tatbestand des § 96 Abs 1 Z 3 ArbVG (Kontrollmaßnahmen, die die Menschenwürde berühren). Dieser ist insofern vorrangig zu prüfen, weil es sich im Gegensatz etwa zu den Betriebsvereinbarungstatbeständen der §§ 96a oder 97 ArbVG um eine notwendige Mitbestimmung handelt. „Notwendig" bedeutet, dass es zwingend der Einbeziehung der Belegschaftsvertretung und der Einigung mit derselben in Form einer Betriebsvereinbarung bedarf. Geht der Betriebsinhaber bei derartigen Materien gemeinsam mit dem einzelnen Arbeitnehmer:innen (dh per Arbeitsvertrag) oder einseitig (also per Weisung) vor, so ist dies rechtsunwirksam (vgl in betriebsratslosen Betrieben aber § 10 AVRAG).

Gem § 96 Abs 1 Z 3 ArbVG unterliegen technische Systeme dann einer zwingenden Mitbestimmung, wenn zwei Voraussetzungen erfüllt sind: Einerseits muss die Anlage nach hA zur Kontrolle der Beschäftigten zumindest abstrakt geeignet sein. Zum anderen muss die (zumindest ebenfalls abstrakte) Kontrolle die Menschenwürde berühren.

Im vorliegenden Fall ist das Kontrollelement nicht nur abstrakt, sondern konkret erfüllt. *Bemazon* kontrolliert systematisch die Inaktivitätszeiten der Arbeitnehmer:innen und macht diese Informationen (auch statistische Aggregationen über längere Zeiträume) zur Grundlage für Feedbackgespräche und Personalentscheidungen. Dass die Überprüfung der Arbeitnehmer:innen nicht die alleinige Motivation für das System darstellt, ist irrelevant.

Fraglich ist in diesem Zusammenhang deshalb vor allem, ob die Menschenwürde berührt wird. Der Begriff der „Menschenwürde" muss aus der Konkretisierung von Generalklauseln des Zivil- (insb § 879 ABGB) bzw Arbeitsrechts (insb Fürsorgepflicht iSd § 18 AngG, § 1157 ABGB) gewonnen werden. Besondere Bedeutung kommt § 16 ABGB zu, wonach jeder Mensch über angeborene, natürliche Rechte verfügt. Die Menschenwürde umfasst deshalb eine Reihe verfassungsrechtlich verankerter Grundrechte, wie bspw der Schutz der Privatsphäre oder des Grundrechts auf Datenschutz.

Ob die Menschenwürde auch „berührt" wird, ist nach der Rsp des OGH von einer Interessenabwägung abhängig. Nach der Jud kann insb durch eine zu große, eine über das für die Erreichung des Kontrollzwecks erforderliche Ausmaß hinausgehende Kontrolldichte bei der Arbeit jedenfalls die Menschenwürde iSd § 96 Abs 1 Z 3 ArbVG berührt werden. Es kommt letztlich also auf die Intensität der Kontrolle an. Dabei ist die Art der

Kontrolle (durch Menschen oder durch Technik), die zeitliche Dauer (Stichproben oder permanente Kontrolle), der Umfang der Kontrolle (Verknüpfung verschiedener Daten) und die dabei erfassten Datenarten (Sensibilität) ausschlaggebend. Ebenso ist zu prüfen, ob das eingesetzte Mittel zum angestrebten Zweck in Relation steht oder ob es weniger beeinträchtigende Alternativen („gelindere Mittel") gibt.

Wie die Auflistung der Kriterien bereits nahelegt, ist die datenschutzrechtliche Interessenabwägung hinsichtlich der Inaktivitätsindikatoren (Leerlaufzeiten und Latenzzeiten) auch auf die betriebsverfassungsrechtliche Abwägung übertragbar. Im Ergebnis bestehen zwar berechtigte Interessen von *bemazon*, jedoch stehen die Kontrollmaßnahmen in unverhältnismäßiger Weise zu den Interessen und Rechten der Mitarbeiter:innen. Die Menschenwürde ist im vorliegenden Fall berührt, was zu einer zwingenden Mitbestimmung des BR führt.

Dem jedoch noch nicht genug. Die fehlende datenschutzrechtliche Rechtmäßigkeit führt des Weiteren dazu, dass der BR zur Verweigerung der Zustimmung verpflichtet ist. Ein Mitbestimmungsrecht des BR kann nämlich nur in jenen Fällen bestehen, in denen die Datenerhebung datenschutzrechtlich grundsätzlich rechtmäßig ist. Die Zustimmung des BR kann die fehlende Rechtmäßigkeit nicht sanieren.

Im Ergebnis ist die Verarbeitung nicht nur datenschutzrechtlich unzulässig, der BR ist (auch) zur Verweigerung der Zustimmung verpflichtet. *Zur Kritik an der Rsp des OGH siehe die Lösung von Fall 9.*

**Literatur- und Judikaturhinweise:**

OGH 9 ObA 60/22x, ecolex 2022, 825 (*Mazal*) = DRdA 2023, 144 (*Goricnik*) = ZAS 2023, 246 (*Brodil*).

OGH 9 ObA 120/19s, DRdA 2020/51 (*Auer-Mayer*) = RZ 2020, 108 (*Spenling*) = JAS 2020, 421 (*Jabornegg*).

*Felten/Preiss* in *Gahleitner/Mosler*, Arbeitsverfassungsrecht $3^6$ § 96 ArbVG (Stand 1.1.2020, rdb.at).

*Reissner* in *Neumayr/Reissner*, ZellKomm[3] § 96 ArbVG (Stand 1.1.2018, rdb.at).

*Warter et al*, Die Datenschutzrechtliche Rechtmäßigkeit des KI-Einsatzes am Arbeitsplatz, Kurswechsel.

VG Hannover 10 A 6199/20, NZA-RR 2023, 264.

CNIL, 27. 12. 2023, SAN-2023-021.

*Jahnel*, Kommentar zur Datenschutz-Grundverordnung Art 6 DSGVO (Stand: 1.12.2020, rdb.at).

*Kastelitz/Hötzendorfer/Tschohl* in *Knyrim*, DatKomm Art 6 DSGVO (Stand: 7.5.2020, rdb.at).

# B. Sozialrecht

# STURZFLUG (FALL 32)

*Lukas Wanderer,* ein aus dem ÖSV Kader ausgeschiedener Skispringer, trainierte nach seinem Ausscheiden aus dem Wettkampfkader regelmäßig mit dem Stützpunktkader des ÖSV. Bei der Skiflug-Weltmeisterschaft 2016 war *Lukas Wanderer* als Vorspringer tätig. Als Vorspringer musste er die Beschaffenheit der Schanze testen und nach dem Sprung die notwendigen Informationen über die Bedingungen des Flugs an den Organisator der Skiflug-WM, den Internationaler Skiverband (FIS), weitergeben. Bei seinem Sprung am 13. Jänner 2016 stürzte *Wanderer* bei einem Sprung als Vorspringer und ist seither querschnittgelähmt. Als Vorspringer erhielt er eine „Aufwandsentschädigung" von € 100,– pro Tag für die Dauer der Skiflug-WM, außerdem wurden die Kosten für seine Verpflegung und Unterkunft übernommen.

Im August 2016 wurden die € 600,– Aufwandsentschädigung vollständig vom ÖSV überwiesen, auch für jene Tage, an denen er nicht mehr springen konnte. Laut FIS-Regeln müssen bei jeder Veranstaltung eine ausreichende Anzahl an qualifizierten Vorspringern (mindestens 12) zur Verfügung stehen. Diese werden jeweils durch den nationalen Verband gemeldet. Bei der Skiflug Weltmeisterschaft 2016 waren etwa 15–20 Vorspringer vor Ort, die überwiegend vom ÖSV nominiert wurden. In Österreich gibt es derzeit 25 bis 30 Skispringer, die nicht als Teil des Wettkampfkaders fungieren, aber zum Vorspringen ausreichend qualifiziert sind. Es sind laut ÖSV außerdem immer genügend Vorspringer vor Ort, weil die Mannschaften mit mehr Wettkampfspringern anreisen, als tatsächlich teilnehmen dürften.

*Lukas Wanderer* war laut ÖSV weiters verpflichtet eine private Unfallversicherung bzw eine ÖSV-Rennrisikoversicherung abzuschließen. Außerdem hatte er in Bezug auf sein persönliches Verhalten, sein Training und seine Vorbereitung keinen Vorgaben zu folgen. Vorspringer sind auch nicht dazu verpflichtet, den Sprung wirklich zu absolvieren. Jedem Vorspringer oder Wettkampfspringer sei es immer möglich, einen einzelnen Sprung oder mehrere Sprünge, egal aus welchen Gründen, sanktionslos abzulehnen. Es sei sogar möglich gewesen, gar nicht anzureisen. Falls ein Vorspringer bei mehreren Veranstaltungen ohne Grund kurzfristig absagt, kann es aber sein, dass in naher Zukunft auf Grund mangelnder Verlässlichkeit ein anderer Vorspringer zum Zug kommt.

**Ist *Lukas Wanderer* Dienstnehmer im Sinne des ASVG?**

**Lösung**

Gem § 4 Abs 1 Z 1 sind Dienstnehmer:innen (DN) vollversichert. § 4 Abs 2 ASVG definiert DN im sozialrechtlichen Sinn als jene Personen, die in einem Verhältnis persönlicher und wirtschaftlicher Abhängigkeit gegen Entgelt beschäftigt werden. Diese Definition entspricht im Wesentlichen dem arbeitsvertragsrechtlichen Arbeitnehmer:innenbegriff. Die wirtschaftliche Abhängigkeit ist als Abhängigkeit von fremden Produktionsmitteln zu verstehen. Ein ausreichendes Vermögen oder ein Lottogewinn etwa schaden der Qualifikation als DN nicht. Allerdings ist die Entgeltlichkeit des Dienstverhältnisses Voraussetzung für den sozialrechtlichen DN-Begriff.

Demnach ist zu prüfen, ob eine persönliche Abhängigkeit von *Lukas Wanderer* gegenüber dem Veranstalter der Skiflug-WM bestand oder nicht. Typische Merkmale eines DN sind etwa die höchstpersönliche Arbeitspflicht, Weisungsunterworfenheit (sachliche und insbesondere auch persönliche Weisungen), Einordnung in die Struktur des Betriebs des AG (Bindung an betriebliche Ordnungsvorschriften etc), Kontrollunterworfenheit disziplinäre Verantwortlichkeit sowie das wirtschaftliche Risiko des AG. Diese Kriterien sind als bewegliches System zu verstehen. Es müssen nicht in jedem Fall alle Punkte kumulativ erfüllt sein. Daher ist eine Gesamtbeurteilung des Rechtsverhältnisses vorzunehmen. Gemäß § 539a ASVG hat eine Beurteilung nach dem wahren wirtschaftlichen Gehalt zu erfolgen. Ausschlaggebend ist das tatsächlich gelebte Verhältnis zwischen den Vertragsparteien.

Im vorliegenden Fall ist insbesondere zu beurteilen, wie sich das (sanktionslose?) Ablehnungsrecht auf die persönliche Arbeitspflicht auswirkt. Der VwGH verneint zwar die persönliche Arbeitspflicht, wenn eine generelle Vertretungsbefugnis bei Erbringung dieser Leistung eingeräumt ist oder wenn ein Beschäftigter die Leistung bereits übernommener Dienste jederzeit nach Gutdünken sanktionslos ablehnen kann. Allerdings ist zwischen der sanktionslosen Ablehnung der Erbringung einzelner Leistungen, wie etwa eines einzelnen Sprungs, und einem generellen sanktionslosen Ablehnungsrecht, das die persönliche Abhängigkeit ausschließt, deutlich zu differenzieren. Selbst eine ausdrücklich vereinbarte Befugnis des Beschäftigten, bereits zugesagte Arbeitseinsätze jederzeit nach Gutdünken sanktionslos ablehnen zu können, stünde dem VwGH zufolge im Verdacht, ein „Scheingeschäft“ zu sein, wenn eine solche Vereinbarung mit den objektiven Anforderungen der Unternehmensorganisation nicht in Einklang zu bringen wäre. Der Revisionswerber könne laut VwGH nicht die Ausübung seiner Tätigkeit als Vorspringer insgesamt, sondern nur die Durchführung des gefahrenträchtigen Sprungs selbst ablehnen, was aus dem erforderlichen Schutz der körperlichen Unversehrtheit der Vorspringer folge. Dementsprechend kann im vorliegenden Fall von einer persönlichen Arbeitspflicht ausgegangen werden.

Die Einbindung in eine betriebliche Organisation ist konkret anzunehmen. Insbesondere verpflichtete sich *Lukas Wanderer* auch zur Einhaltung der FIS-Regeln. Dies kann kontrolliert und auch sanktioniert werden. Zur wirtschaftlichen Abhängigkeit (= Abhängigkeit von fremden Produktionsmitteln) kann zwar entgegnet werden, dass die Sprungausrüstung im Eigentum des Revisionswerbers stand, allerdings wurde die Präparierung der Schanze und die gesamte Organisation des Events vom Veranstalter übernommen, der auch das wirtschaftliche Risiko trägt. Zudem war dem Revisionswerber ein Entgelt (Taschengeld), das nicht als reine Aufwandsentschädigung gesehen werden kann, entrichtet worden. Die Kosten für Unterkunft und Verpflegung sind vom Veranstalter noch zusätzlich übernommen worden.

Im Ergebnis ist dem VwGH zufolge von einer persönlichen Abhängigkeit und DN-Eigenschaft iSd § 4 Abs 2 ASVG auszugehen. Folglich war *Lukas Wanderer* gem § 4 Abs 1 Z 1 ASVG pflichtversichert.

**Literatur- und Judikaturhinweise:**

VwGH 3.4.2019, Ro 2019/08/0003.
*Brodil/Windisch-Graetz*, Sozialrecht in Grundzügen[9] (2021) 31 ff.

# IM MEINUNGSFORSCHUNGSINSTITUT (FALL 33)

*Uschi Ulram* arbeitet seit Anfang 2019 für das Meinungsforschungsinstitut *Interpoll.* Bei Dienstantritt wurde mit ihr eine als *„freier Dienstvertrag"* bezeichnete Vereinbarung abgeschlossen. Darin verpflichtete sich *Uschi* auf unbestimmte Zeit, Befragungen bzw EDV-mäßige Aufbereitungen von Daten oder Auswertungen von Marktforschungsstudien durchzuführen. Es wurde jederzeitige Kündbarkeit des Vertrages für beide Seiten vereinbart. Das Entgelt war nach erbrachter Leistung jeweils am Monatsende fällig. In weiteren Vertragsklauseln verpflichtete sich *Uschi Ulram* zu Befragungen, Beobachtungen oder Erhebungen von Daten unter persönlicher Verantwortung. Überdies war *Ulram* verpflichtet, alle notwendigen Unterlagen nach Arbeitsabschluss zurückzustellen, die festgesetzten Termine für einzelne Projektarbeiten einzuhalten, Verzögerungen zu melden sowie allfällige Spesenvergütungen mitzuteilen. Entgelt ist nach dem abgeschlossenen Vertrag zwar am Monatsletzten, allerdings immer erst nach vollendetem Werk fällig. Weiters haben die durchgeführten Befragungen nach einem bestimmten Anforderungsprofil „ordnungsgemäß" erledigt zu werden, wobei bspw das Unterlassen einzelner oder mehrerer Interviews, die Anwendung eines falschen Auswahlverfahrens oder unvollständige Ausfüllung der Fragebögen als nicht ordnungsgemäß anzusehen sind. Die konkreten Projekte werden vom Institut *Interpoll* jeweils monatlich im Voraus angegeben und die dazu zu verwendenden Unterlagen (Fragebögen etc) zur Verfügung gestellt. So wurde bspw im Februar 2019 als Monatsprojekt die telefonische Befragung von tausend nach dem Zufallsprinzip ausgewählten Personen zu politischen Ansichten angeordnet. *Uschi Ulram* führte diese Befragung im Monat Februar durch und erhielt am Monatsende nach Abgabe der Unterlagen ihr entsprechendes Honorar. Die monatlichen Honorare bewegten sich jeweils deutlich über der Geringfügigkeitsgrenze; in der Regel zwischen € 600,– und € 1.000,–. Über Vertretungsmöglichkeiten war nichts vereinbart; faktisch konnte *Ulram* dennoch die Arbeit (teilweise) von Bekannten vornehmen lassen. Zur Sozialversicherung war sie niemals gemeldet. Die Gebietskrankenkasse führte im November 2019 eine Betriebsprüfung durch und stellte mit Bescheid vom Februar 2020 fest, dass *Uschi Ulram* gemäß § 4 Abs 4 ASVG der Vollversicherungspflicht unterliegt.

Dagegen erhoben sowohl das Meinungsforschungsinstitut *Interpoll* als auch *Uschi Ulram* Rechtsmittel.

1. **Unterliegt die Tätigkeit von *Uschi Ulram* einer Versicherungspflicht? Wenn ja, welcher?**
2. **Welches Verfahren ist im gegenständlichen Fall vorgesehen?**

**Lösung**

Gem § 4 Abs 1 Z 1 ASVG sind in der Kranken-, Unfall- und Pensionsversicherung die bei einem:r oder mehreren Dienstgeber:innen (DG) beschäftigten Dienstnehmer:innen (DN) vollversichert. Gem § 4 Abs 2 ASVG versteht das Gesetz unter echten DN alle jene, die in einem Verhältnis persönlicher und wirtschaftlicher Abhängigkeit gegen Entgelt beschäftigt sind. Der Dienstnehmer:innenbegriff des ASVG entspricht somit im Wesentlichen dem Arbeitnehmer:innenbegriff des Arbeitsrechts, wobei das Merkmal der persönlichen Abhängigkeit entscheidende Determinante des gesetzlichen Tatbestandsmerkmals ist. Im gegenständlichen Fall ist davon auszugehen, dass *Uschi Ulram* die Voraussetzungen einer Versicherungspflicht nach § 4 Abs 2 ASVG nicht erfüllt, weil im zwischen dem Meinungsforschungsinstitut und ihr bestehendem Rechtsverhältnis kein echter, abhängiger Dienst- bzw Arbeitsvertrag erblickt werden kann.

1. Allerdings ist eine Versicherungspflicht für *dienstnehmerähnliche freie DN* gem § 4 Abs 4 ASVG zu prüfen. Die Bezeichnung als „freier Dienstvertrag" entfaltet höchstens Indizwirkung; gemäß § 539a ASVG hat für die Frage der Versicherungspflicht eine Beurteilung nach dem wahren wirtschaftlichen Gehalt stattzufinden. Offenbar beruht das Verhältnis zwischen *Interpoll* und *Uschi Ulram* auf einem Dauerschuldverhältnis, also auf einer auf unbestimmte Zeit eingegangen vertraglichen Vereinbarung. Darin verpflichtet sich *Uschi Ulram* zur Zurverfügungstellung ihrer Arbeitskraft. Allerdings fehlt es ihr an persönlicher Abhängigkeit (keine Einbindung in die betriebliche Hierarchie, keine Weisungsgebundenheit im persönlichen Bereich, keine einem Arbeitsverhältnis adäquate disziplinäre Verantwortlichkeit, faktische Vertretungsmöglichkeit etc). Somit kann das zwischen der *Interpoll* und *Uschi Ulram* bestehende Rechtsverhältnis als freier Dienstvertrag angesehen werden. Die Abgrenzung derartiger freier Dienstverhältnisse von jeweils hintereinander abgeschlossenen einzelnen Werkverträgen erfolgt nach hA im Rahmen einer abwägenden Gesamtbeurteilung. Mit der Anknüpfung an die Zurverfügungstellung der Arbeitskraft ist die Grenze zwischen freiem Dienstvertrag und Werkvertrag vorgegeben. Beim Werkvertrag wird typischerweise die Erbringung eines in sich geschlossenen Werkes vereinbart, während beim freien Dienstvertrag regelmäßig die Leistung bloß *gattungsmäßig* umschrieben ist. Beim Werkvertrag kommt dem:der Werkbesteller:in bis zum vereinbarten Leistungszeitpunkt keinerlei Weisungsbefugnis über Art und Weise der Leistungserbringung zu. Demgegenüber geht es beim freien Dienstvertrag um die vertraglich eingeräumte Verfügungsmacht über die Arbeitskraft des:der Vertragspartners:in; also um die Bereitschaft des:der freien DN, eine gewisse Zeit bloß gattungsgemäß umschriebene Leistungen zu erbringen. Diese Leistungen werden im gelebten Rechtsverhältnis jeweils erst durch Weisungen des:der DG konkretisiert. Im vorliegenden Fall ist ein Dauerschuldverhältnis „freier Dienstvertrag" gegeben, weil auch im Rahmen eines derartigen Vertrages kein ununterbrochenes Erfüllungsverhalten notwendig ist, sondern bei jeweils abgerufenen Einzelleistungen, die nicht „in einem" erbracht werden, ebenso ein durchgehendes Schuldverhältnis angenommen werden kann.

Gemäß § 4 Abs 4 ASVG sind allerdings bloß jene freien DN erfasst, die „die Dienstleistungen im wesentlichen persönlich zu erbringen haben und über keine wesentlichen eigenen Betriebsmittel verfügen". Sonstige freie DN – im Wesentlichen jene, die über eine „eigene unternehmerische" Infrastruktur verfügen – unterliegen nicht der auch den:die DG mit Beitragspflichten belastenden Versicherungspflicht nach ASVG, sondern dem Versicherungstatbestand des § 2 Abs 1 Z 4 GSVG (Versicherungspflicht für *neue Selbständige*).

Daher ist zu prüfen, inwieweit diese sonstigen Tatbestandsvoraussetzungen des § 4 Abs 4 ASVG erfüllt sind. *Uschi Ulram* war jedenfalls hauptsächlich persönlich tätig. Inwieweit die faktisch mögliche Vertretung in der Praxis eine Rolle gespielt hat, ist hierfür unerheblich, solange sie nur *im Wesentlichen* tatsächlich in eigener Person die Leistungen erbracht hat. Inwieweit sie über keine essentiellen eigenen Betriebsmittel verfügt, ist strittig. So wird behauptet, dass nur *sachliche* Produktionsmittel gemeint sind. Bei Tätigkeiten, die überwiegend mit menschlicher Arbeits- oder Geisteskraft erbracht werden (Dienstleistungen), sei es daher von vornherein schon begrifflich ausgeschlossen, dass eine Pflichtversicherung nach § 4 Abs 4 ASVG *nicht* eintritt. Dem ist entgegenzuhalten, dass eine derartige Beschränkung auf sachliche Betriebsmittel dem Gesetz nicht zu entnehmen ist. Vielmehr würden auf Grundlage dieser Ansicht sämtliche Dienstleistungsverträge iwS der Versicherungspflicht nach § 4 Abs 4 ASVG unterliegen. Im vorliegenden Fall kann allerdings davon ausgegangen werden, dass die vom:von der freien DN allenfalls beigebrachten Betriebsmittel keinesfalls als wesentlich anzusehen sind.

*Uschi Ulram* ist im Rechtsverhältnis mit der *Interpoll* daher als freie Dienstnehmerin tätig, verfügt über keine wesentlichen eigenen Betriebsmittel und erbringt die Leistungen überwiegend persönlich. Da es sich auch um ein Vertragsverhältnis mit dem:der DG im Rahmen dessen Geschäftsbetriebs, dessen Gewerbeberechtigung bzw dessen berufsrechtlicher Befugnis handelt, sind sämtliche Tatbestandsmerkmale des § 4 Abs 4 ASVG erfüllt. Die Tätigkeit von *Uschi Ulram* unterliegt daher der Vollversicherungspflicht nach ASVG. Sämtliche Pflichten aus dem Sozialversicherungsverhältnis (Meldung, Beitragsabfuhr ua) treffen die *Interpoll*.

2. Bei Fragen über Bestand bzw Umfang einer Versicherungspflicht handelt es sich um ein sog *Verfahren in Verwaltungssachen*. Hierbei hat der SVTr einen Bescheid zu erlassen, der – im Gegensatz zu den Leistungssachen – nicht im Wege sukzessiver Kompetenz vor dem ASG zu bekämpfen ist, sondern im Verwaltungsverfahren verbleibt. Die Beschwerdeführer:innen *Ulram* und *Interpoll* können das Rechtsmittel der Beschwerde an das Bundesverwaltungsgericht einbringen (§ 414 ASVG). Dessen Entscheidung kann sodann beim VwGH (VfGH) bekämpft werden.

**Literatur- und Judikaturhinweise:**

*Brodil/Windisch-Graetz*, Sozialrecht in Grundzügen[9] (2021) 36 ff.

*Gruber-Risak* in *Tomandl* (Hrsg), System des österreichischen Sozialversicherungsrechts (39. Ergänzungslieferung 2022) Kap 1.2.2.

# DIE LEIDEN DES JUNGEN DOZENTEN (FALL 34)

*Ralph*, ein aufstrebender junger Jus-Dozent, ist seit Juli 2019 für 30 Stunden pro Woche an einer Privatuniversität als Forschungs- und Lehrbeauftragter angestellt. Mit der Privatuniversität gibt es eine explizite Homeoffice-Vereinbarung, in der die Rahmenbedingungen (Arbeitszeit, Datenschutz, Tätigkeiten etc.) geregelt werden. Eine Regelung zu einem etwaigen Aufwandersatz findet sich in dieser Vereinbarung nicht.

Üblicherweise arbeitet *Ralph* einen Tag pro Woche von zu Hause aus, an dem er meistens Vorlesungen vorbereitet oder Klausuren seiner Studierenden korrigiert. *Ralph* benutzt dafür fast immer seinen großen Tisch im Ess-/Wohnzimmer, den er den Rest der Woche sonst als normalen Esstisch verwendet.

Leider ist *Ralph* sehr ungeschickt im Alltag. Im Oktober 2019 verfolgt ihn eine wahre Pechsträhne. An den Tagen, an denen er im Homeoffice arbeitet, ereignet sich Folgendes:

- Am 4.10.2020 sitzt er gerade an seinem Tisch im Wohn-/Esszimmer und korrigiert Klausuren. Nach der dritten Arbeit, die er mit „Nicht Genügend" bewerten musste, braucht *Ralph* eine kurze Pause und möchte sich seine Schokomilch aus dem Kühlschrank holen. Am Weg zum Kühlschrank stolpert er über seinen alten Perserteppich. Er stürzt und fällt so unglücklich, dass er sich einen Bruch der Elle und Speiche zuzieht. Aufgrund des komplizierten Bruchs der linken Hand muss *Ralph* operiert werden und eine Woche im Spital bleiben.
- Am 15.10.2020 kann *Ralph* – zwar noch etwas eingeschränkt durch den Gips – wieder arbeiten. Er verbessert gerade die letzten Klausuren seines Kurses. Um 10:30 klingelt plötzlich das Handy, welches sich auf einem Kasten in der Nähe des Tisches befindet. *Ralph* sieht am Display den Namen seines Vorgesetzten aufleuchten und wird nervös. Sofort springt er auf und hastet zum Handy. Dabei übersieht er, dass am Boden Kinderspielzeug seiner Zwillinge *Carla* und *Markus* herumliegt und stürzt. Bei dem Sturz bricht sich *Ralph* den linken Unterschenkel und muss wieder für zwei Wochen ins Spital.

*Ralph* kann aufgrund seines Liegegipses für eine längere Zeit nur im Homeoffice unterrichten. Er hält fortan seine Kurse über *Vroom*, ein Online Videokonferenz-Tool ab, das allerdings sehr viel Datenvolumen benötigt. Nach drei Einheiten im Dezember sind die 20 GB von Ralphs Datenvolumen (Tarif: € 25,– im Monat) bereits aufgebraucht und er muss einmalig ein Zusatzpaket zum Preis von € 30,– für die Abhaltung der restlichen Einheiten erwerben.

**Wie ist die Rechtslage?**

**Lösung**

*Ralph* ist als Dienstnehmer (DN) iSd § 4 Abs 1 Z 1 ASVG nach den Bestimmungen der §§ 172 ff ASVG unfallversichert. Bei den beiden vorliegenden Geschehnissen im Bereich des Homeoffice muss geprüft werden, ob diese auch als Arbeitsunfall qualifiziert werden können und *Ralph* folglich Leistungsansprüche aus der gesetzlichen Unfallversicherung (UV) zustehen.

Ein Arbeitsunfall ist gemäß § 175 ASVG ein Unfall, der sich im örtlichen, zeitlichen und ursächlichen Zusammenhang mit der die Versicherung begründenden Beschäftigung ereignet. Arbeitsunfälle begründen Leistungspflichten der UV, wenn folgende Voraussetzungen vorliegen:

- Der Schaden ist durch einen Unfall entstanden.
- Der Unfall hat sich im geschützten Bereich der UV ereignet.
- Der Unfall ist der UV zurechenbar.

Als Unfall ieS wird ein zeitlich beschränktes Ereignis, welches zu einer Körperschädigung führt, definiert. Der geschützte Bereich umfasst in erster Linie die Erwerbstätigkeit, wurde aber vom Gesetzgeber auch erweitert (zB im Bereich der Wegunfälle). Zudem muss das Geschehnis der UV zurechenbar sein. Der örtliche und zeitliche Zusammenhang entfaltet hierbei eine starke Indizwirkung. In jedem Fall muss aber ein innerer, ursächlicher Zusammenhang des Unfalls mit der Erwerbstätigkeit vorliegen. Für Zweifelsfälle greifen Lehre und Rsp auf die Theorie der wesentlichen Bedingung zurück: War die aus der Risikosphäre der UV stammende und in einem Sinnzusammenhang mit der geschützten Tätigkeit stehende Ursache (neben anderen) für die Verletzung wesentlich, ist die UV leistungspflichtig.

Diese dogmatischen Überlegungen können grundsätzlich auch auf Arbeitsunfälle im Homeoffice übertragen werden. So sind Unfälle im geschützten Bereich, die der UV zurechenbar sind, vom UV-Schutz umfasst. Dies wird durch die im Homeoffice-Gesetz geschaffene Bestimmung des § 175 Abs 1a ASVG erhärtet: So sind Arbeitsunfälle auch Unfälle, die sich im zeitlichen und ursächlichen Zusammenhang mit der die Versicherung begründenden Beschäftigung in der Wohnung (Homeoffice) ereignen. Im allgemeinen Wohnbereich ist zudem zwischen den allgemeinen Gefahren des Haushalts (sog „Gelegenheitsursachen"), die sich ohne Bezug zur Erwerbstätigkeit verwirklichen, sowie Unfällen mit betrieblichem Bezug zu differenzieren. Erstere sind nicht wesentlich durch die Erwerbstätigkeit bedingt, weshalb auch kein UV-Schutz besteht. Unfälle mit betrieblichem Bezug sind idR von der UV umfasst – wesentliche Bedingung ist eine betriebliche Ursache.

Der erste Fall stellt einen solchen Fall der allgemeinen Haushaltgefahr dar. *Ralph* geht ohne betriebliche Veranlassung zum Kühlschrank, um sich seine Schokomilch zu holen. Dass er dabei über den Teppich stolpert und sich schwer verletzt, hätte auch genauso gut bei einem Gang außerhalb der Arbeitszeit passieren können. Der Gang zum Kühlschrank weist keinen wesentlichen Bezug zur Erwerbstätigkeit auf, die wesentliche Bedingung ist in diesem Fall die klassische Haushaltsgefahr. *Ralph* hat hier keine Ansprüche auf Leistungen aus der Unfallversicherung, wohl aber aus der Krankenversicherung.

Der zweite Fall ist differenziert zu betrachten: *Ralph* wäre unter normalen Umständen – hätte ihn etwa ein guter Bekannter angerufen – nicht derart hastig zum Telefon geeilt und hätte das Kinderspielzeug am Boden nicht übersehen. Demnach liegt die wesentliche Bedingung in der Entgegennahme eines betrieblich bedingten Anrufs, der sich als wesentlich für den Eintritt des Unfalls erweist. Demnach ist der Sturz in diesem Fall als Arbeitsunfall gemäß § 175 Abs 1 bzw 1a ASVG zu qualifizieren. *Ralph* hat Leistungsansprüche aus der Unfallversicherung (Unfallheilbehandlung etc).

**Literatur- und Judikaturhinweise:**

OGH 27.4.2021, 10 ObS 15/21k, ZAS 2022, 170 (*Brodil*).
*Brodil*, Neue Arbeitsformen und Unfallversicherung, ZAS 2019/3.
*Brodil/Windisch-Graetz*, Sozialrecht in Grundzügen$^{9}$ (2021) 106 ff.

# DIENSTGEBERHAFTUNGSPRIVILEG, AUFSEHER IM BETRIEB (FALL 35)

*Christoph* (17) ist Elektrikerlehrling und arbeitet für *Elektro Schmidt KG*. Am 15.2.2024 arbeiten *Christoph* und der Geselle *Martin* (41) auf einer Baustelle (Hotel) in Velden, dabei arbeitet *Christoph* nach *Martins* Anweisungen. Die beiden sollen an diesem Tag unter anderem Deckenleuchten in der Hotellobby montieren (Raumhöhe 5m). *Martin* fordert *Christoph* auf, auf eine 4 Meter hohe Leiter zu steigen und die letzten beiden Leuchten zu verkabeln, er (*Martin*) werde währenddessen die Leiter sichern. Nach dem stundenlangen Arbeiten über Kopf ist *Christoph* schon ziemlich erschöpft. Er kommt deshalb beim Verkabeln der Leuchte aus dem Gleichgewicht und greift nach der Leiter, um sich festzuhalten. In dem Moment lässt *Martin* kurz die Leiter los, um einen Anruf auf seinem Mobiltelefon entgegenzunehmen. Die Leiter fällt um und *Christoph* stürzt zu Boden. Er bricht sich die Hüfte und zwei Rippen. Außerdem wird sein eigenes Mobiltelefon (Iphone 14 Pro, Wert: € 1.200) zerstört.

*Christoph* verlangt von *Martin* ein neues Handy und € 1.000 Schmerzengeld.

Die Aufwendungen des zuständigen Sozialversicherungsträgers im Zusammenhang mit *Christophs* Behandlung betragen € 4.200.

**Welche Ansprüche kann *Christoph* gegen *Martin* geltend machen?**
**Muss *Martin* dem Sozialversicherungsträger die Behandlungskosten ersetzen?**

**Lösung**

## *1. Einleitung*

Der Fall betrifft das Dienstgeberhaftungsprivileg nach § 333 ASVG und Regressansprüche der Sozialversicherungsträger nach § 334 ASVG. Dabei handelt es sich um sozialversicherungsrechtliche Modifikationen des allgemeinen Schadenersatzrechts (§§ 1293 ff ABGB).

Nach § 333 Allgemeines Sozialversicherungsgesetz (ASVG) haften Dienstgeber:innen grundsätzlich nicht für Personenschäden (Behandlungskosten, Verdienstentgang, Schmerzengeld) ihrer Dienstnehmer:innen, die auf einen Arbeitsunfall oder auf eine Berufskrankheit zurückgehen. Diese schadenersatzrechtliche Begünstigung wird Dienstgeberhaftungsprivileg genannt. Das Dienstgeberhaftungsprivileg gilt auch für gesetzliche oder bevollmächtigte Vertreter:innen des Dienstgebers und für Aufseher:innen im Betrieb. § 333 ASVG sieht jedoch Ausnahmen vom Haftungsprivileg vor: Dienstgeber:innen haften ihren Dienstnehmer:innen sehr wohl, wenn sie Arbeitsunfall oder Berufskrankheit vorsätzlich herbeigeführt haben. Außerdem haften Dienstgeber:innen, wenn der Arbeitsunfall durch ein Verkehrsmittel eingetreten ist, für das eine besondere gesetzliche Haftpflicht besteht (insb KfZ-Haftpflichtversicherung).

Die Haftungsbeschränkung gilt nur gegenüber dem:der Dienstnehmer:in. Ob der Sozialversicherungsträger vom Dienstgeber (bzw von dessen Vertreter oder einem Aufseher im Betrieb) für gewährte Leistungen Regress verlangen kann, ist nach § 334 ASVG zu beurteilen. Nach dieser Bestimmung hat der:die Dienstgeber:in dem Sozialversicherungsträger den Aufwand für gewährte Leistungen[1] zu ersetzen, wenn er:sie den Arbeitsunfall oder die Berufskrankheit vorsätzlich oder grob fahrlässig verursacht hat. Hat der:die Dienstgeber:in nicht vorsätzlich, sondern nur grob fahrlässig gehandelt, kann der Sozialversicherungsträger auf den Regressanspruch ganz oder teilweise verzichten, wenn die wirtschaftlichen Verhältnisse des:der Dienstgebers:geberin dies begründen.

## *2. Schadenersatzansprüche des Christoph gegen Martin*

### *a) Allgemeines Schadenersatzrecht*

Bevor die Anwendung des Dienstgeberhaftungsprivilegs in Frage kommt, ist zunächst zu prüfen, ob ein Anspruch von Christoph gegen Martin nach allgemeinem Schadenersatzrecht besteht. Dies erfolgt anhand der vier Kriterien Schaden, Kausalität, Rechtswidrigkeit und Verschulden.

*Christoph* hat hier sowohl einen Vermögensschaden als auch einen Personenschaden erlitten (vgl § 1293 ABGB). Der Vermögensschaden liegt in der Zerstörung (genauer: im damit verbundenen Wertverlust) seines Mobiltelefons, der Personenschaden in den erlittenen Verletzungen am Körper (Hüft- und Rippenfraktur). Bei Vermögensschäden ist Schadenersatz grundsätzlich im Wege der Naturalrestitution zu leisten. Ist die Natural-

[1] Ausgenommen ist der Aufwand für eine allfällige Integritätsabgeltung nach § 213a ASVG.

restitution nicht möglich oder nicht tunlich, gebührt Wertersatz (§ 1323 ABGB).[2] Bei der Beschädigung einer Sache erfolgt die Naturalrestitution entweder durch Reparatur oder durch Beschaffung einer gleichartigen und gleichwertigen Sache (hier: Iphone 14 pro). Bei Personenschäden besteht nach § 1325 ABGB grundsätzlich ein Anspruch auf Ersatz der Heilungskosten, Verdienstentgang und Schmerzengeld.

Die Kausalität von *Martins* Verhalten für die Verursachung der beschriebenen Schäden steht außer Zweifel. Hätte *Martin* die Leiter festgehalten, wäre *Christoph* nicht gestürzt und es wäre in der Folge nicht zu den Verletzungen und zur Zerstörung des Mobiltelefons gekommen. Auch die Adäquanz der Verursachung ist zu bejahen, denn es ist alles andere als unvorhersehbar, dass jemand von einer Leiter stürzt, wenn er nicht ordnungsgemäß gesichert wird.

Die Rechtswidrigkeit *Martins* Verhaltens ergibt sich zum einen aus dem Eingriff in absolut geschützte Rechtsgüter (Eigentum, körperliche Unversehrtheit) und zum anderen aus einem Verstoß gegen die arbeitsvertraglichen Sorgfaltspflichten.

*Martin* hat auch schuldhaft gehandelt. Zwar hat er wohl nicht ernsthaft damit gerechnet und billigend in Kauf genommen, dass *Christoph* stürzt, wenn er den Telefonanruf entgegennimmt. Er hat also nicht vorsätzlich gehandelt. Er hat aber die gebotene Aufmerksamkeit außer Acht gelassen und den von einem Durchschnittsmenschen verlangten objektiven Sorgfaltsmaßstab verletzt (vgl §§ 1294, 1297 ABGB). *Martin* hat somit fahrlässig gehandelt. Ob grobe oder leichte Fahrlässigkeit vorliegt, ist danach zu unterscheiden, ob eine solche Sorglosigkeit auch einem an sich sorgfältigen und vernünftigen Menschen ohne Weiteres einmal passieren kann. Es ist daher im konkreten Fall eher von grober Fahrlässigkeit auszugehen, weil *Martin* als Vorgesetztem eine besondere Verantwortung gegenüber *Christoph* zukommt und ein vernünftiger Mensch, der einen anderen auf einer Leiter sichert, diese Leiter jedenfalls nicht einfach loslässt, ohne den anderen zu warnen.

Die von *Christoph* geltend gemachten Ansprüche – neues Iphone 14 pro und Schmerzengeld – bestehen daher nach allgemeinem Schadenersatzrecht zurecht.

### *b) Vorliegen eines Arbeitsunfalls*

Voraussetzung für die Anwendung des Dienstgeberhaftungsprivileg ist das Vorliegen eines Arbeitsunfalls oder einer Berufskrankheit. Hier kommt nur ein Arbeitsunfall infrage. Ein Arbeitsunfall ist nach § 175 Abs 1 ASVG grundsätzlich ein Unfall, der sich in zeitlichem, örtlichen und ursächlichem Zusammenhang mit der versicherten Erwerbstätigkeit ereignet. Damit wird ausgedrückt, dass sich der Unfall im Schutzbereich der gesetzlichen Unfallversicherung ereignen muss. Dieser Schutzbereich wird über den Kernbereich der Ausübung der versicherten Erwerbstätigkeit in § 175 Abs 2 und § 176 ASVG erweitert.

Häufig führen mehrere Ursachen zu einem Unfall, die teilweise aus dem privaten Bereich kommen und teilweise in Zusammenhang mit der Erwerbstätigkeit stehen. Der Schutzbereich der Unfallversicherung kann daher nicht immer eindeutig nach zeitlichen, lokalen und kausalen Kriterien abgegrenzt werden. Die Beurteilung eines Sachverhalts als Arbeitsunfall setzt somit eine wertende Betrachtung des Unfallgeschehens voraus. Ein Unfall kann immer nur entweder Arbeits- oder Freizeitunfall sein (Alles-oder-nichts-

2 Ist Naturalrestitution möglich und tunlich, gesteht die Judikatur allerdings dem Geschädigten das Recht zu, zwischen Naturalrestitution und Wertersatz zu wählen (vgl RIS-Justiz RS0112887).

Prinzip). Diese Abgrenzung ist ua für die Anwendung des Dienstgeberhaftungsprivilegs aber vor allem auch im Hinblick auf die Leistungsansprüche der Versicherten wichtig. Sach- und insb Geldleistungen sind bei Arbeitsunfällen aus Versichertensicht großzügiger ausgestaltet.

Ein Unfall ist ein zeitlich begrenztes, idR von außen auf den Körper einwirkendes Ereignis, das zu einem (körperlichen oder psychischen) Gesundheitsschaden führt. Mitunter spricht der OGH auch von einem „plötzlichen" Ereignis. Das bedeutet allerdings nicht, dass sich die Dauer des Ereignisses auf einen einzigen Moment beschränken muss. Länger dauernde Einwirkungen, die sich über mehrere Tage oder Wochen erstrecken, sind keine Unfälle mehr und können allenfalls als Berufskrankheit zu einem Leistungsanspruch aus der Unfallversicherung führen.

Im konkreten Fall ist das Vorliegen eines Arbeitsunfalls zweifellos zu bejahen. Bei dem Sturz von der Leiter handelt sich es um ein plötzliches Ereignis, das zu einem Gesundheitsschaden führt, und unmittelbar bei der Arbeit, dh bei Ausübung der Erwerbstätigkeit passiert ist.

### c) *Aufsehereigenschaft des* Martin

Als nächstes ist zu prüfen, ob *Martin* das Dienstgeberhaftungsprivileg für sich in Anspruch nehmen kann. *Martin* ist nicht der Dienstgeber von *Christoph.* Nach § 333 Abs 4 ASVG gilt das Haftungsprivileg aber auch für „Aufseher im Betrieb". Nach der Rechtsprechung des OGH gilt als Aufseher im Betrieb, wer im Zeitpunkt des Arbeitsunfalls für ein Zusammenspiel persönlicher und technischer Kräfte verantwortlich war. Dem Aufseher muss in der konkreten Situation eine Leitungs- oder Kontrollbefugnis zukommen. Eine dauerhafte Weisungsbefugnis oder eine organisatorische Überordnung im Sinne eines formell Vorgesetzten sind nicht erforderlich. Der OGH bejaht die Aufsehereigenschaft damit tendenziell großzügig. Nach dem Sachverhalt arbeitet Christoph im Zeitpunkt des Unfalls nach *Martins* Anweisungen. Als Gesellen kommt Martin auch eine Leitungsfunktion gegenüber dem Lehrling Christoph zu. *Martin* ist daher als Aufseher iSv § 333 Abs 4 ASVG zu qualifizieren. Das Dienstgeberhaftungsprivileg ist auf ihn anwendbar.

### d) *Ausschluss der Haftung des Martin für Personenschäden*

Wegen des Dienstgeberhaftungsprivilegs haftet *Martin* gegenüber *Christoph* nicht für Personenschäden, die aus dem Arbeitsunfall entstanden sind. Die Ausnahmen vom Haftungsprivileg (vorsätzliches Verhalten, besondere Haftpflichtversicherung) sind im vorliegenden Fall nicht einschlägig. *Christoph* kann von *Martin* kein Schmerzengeld verlangen.

### e) *Haftung für Sachschäden*

Das Dienstgeberhaftungsprivileg gilt nur für Personenschäden, Sachschäden sind davon nicht erfasst. Mit Blick auf das zerstörte Mobiltelefon bleibt es beim allgemeinen Schadenersatzrecht nach §§ 1293 ff ABGB. *Christoph* kann somit von *Martin* eine neues Iphone 14 pro verlangen.

### 3. *Regressansprüche des Sozialversicherungsträgers gegen* Martin

Der Haftungsausschluss für Personenschäden nach § 333 ASVG gilt nur gegenüber dem:der Geschädigten. Ansprüche der zuständigen Sozialversicherungsträger gegen den:die Unfallverursacher im Zusammenhang mit den Leistungen, die sie wegen des Arbeitsunfalls erbracht haben, richten sich nach § 334 ASVG. Demnach kann der Sozialversicherungsträger gegenüber Dienstgeber:innen (bzw. Aufseher:innen) Regress nehmen, wenn diese vorsätzlich oder grob fahrlässig gehandelt haben. *Martin* hat hier grob fahrlässig gehandelt (vgl oben Punkt 2.a). Der Sozialversicherungsträger kann daher € 4.200 von *Martin* verlangen. Weil *Martin* „nur“ grob fahrlässig aber nicht vorsätzlich gehandelt hat, kann der Sozialversicherungsträger unter Rücksichtnahme auf *Martins* wirtschaftliche Verhältnisse aber auch teilweise oder ganz auf den Regressanspruch verzichten.

**Literatur- und Judikaturhinweise:**

*Brodil/Windisch-Graetz*, Sozialrecht in Grundzügen[9] (2021) 134 ff.

# SPORT AUF EIGENES RISIKO (FALL 36)

*Leo Leder* entschied sich schon in früher Kindheit für eine Fußballerkarriere. Parallel zu seiner Tätigkeit als Vereinsspieler absolvierte er in seiner Jugend eine Lehre als Elektromechaniker. Ab 2015 begann er beim Sportklub *Rabbit* als Berufsfußballer und wurde als Angestellter zur Sozialversicherung angemeldet. Neben häufigen Trainingseinheiten und Bewerbsspielen war eine andere berufliche Tätigkeit nicht mehr möglich. Abgesehen vom normalen körperlichen Training wurde auch mentale Stressbewältigung trainiert, regelmäßige medizinische und sportmedizinische Kontrollen durchgeführt, der Umgang mit Medien und Fans gelehrt und auf die Einhaltung eines speziellen Diätplans geachtet. Während seiner Tätigkeit für den Sportklub *Rabbit* als Berufsfußballer wurde *Leo* auch in die österreichische Nationalmannschaft einberufen und kam zu insgesamt 32 Einsätzen bei Länderspielen sowie zu einer Teilnahme an der Fußballweltmeisterschaft.

Am 1.7.2024 verletzte sich *Leo* während eines Spiels derart, dass er den Profifußballsport nicht mehr weiter ausüben konnte. Knie und Fußgelenke sind auf Dauer geschädigt. Nachdem die Tragweite des Unfalls deutlich geworden war, wurde *Leo* am 3.7.2024 entlassen. In der Folge war *Leo* als Sportschuhverkäufer im Außendienst tätig. *Leo* stellte einen Antrag auf Gewährung einer Berufsunfähigkeitspension, der von der PVA abgelehnt wurde.

**Hat *Leo* einen Anspruch auf Berufsunfähigkeitspension?**
**Kann *Leo* Ansprüche aufgrund ungerechtfertigter Entlassung geltend machen?**

**Lösung**

Das österreichische Pensionssystem sieht unter anderem Leistungen vor, wenn die Arbeitskraft des AN derart vermindert ist, dass er bestimmte Tätigkeiten nicht mehr verrichten bzw ein bestimmtes Entgelt nicht mehr erwerben kann. Da *Leo* als DN dem ASVG unterliegt, ist zu fragen, ob er als Angestellter einen Anspruch auf Berufsunfähigkeitspension gem § 273 ASVG oder als Arbeiter einen Anspruch auf Invaliditätspension gem § 255 ASVG geltend machen kann. Als Vorfrage muss daher geklärt werden, ob *Leo* Angestellter oder Arbeiter ist.

*Ist Leo Angestellter oder Arbeiter?*

Das Problem kann nicht durch den Verweis darauf gelöst werden, dass *Leo* von seinem Verein vertraglich als Angestellter behandelt wird. Auch wenn ein AN als Angestellter *ex contractu* geführt wird, kommt es in der Beurteilung des Pensionsanspruchs auf die Art der tatsächlich verrichteten Tätigkeit an. Die arbeitsvertragliche Einstufung als Arbeiter oder Angestellter ist nach der Judikatur des OGH nicht maßgeblich.

Angestellte sind gem § 1 AngG Personen, die im Geschäftsbetrieb eines Kaufmannes vorwiegend zur Leistung kaufmännischer oder höherer, nicht kaufmännischer Dienste oder zu Kanzleiarbeiten angestellt sind. Bei *Leo* stellt sich die Frage, ob seine Tätigkeit als höhere, nicht kaufmännische bezeichnet werden kann. Die Beantwortung dieser Frage ist in der Literatur strittig. Die Judikatur löst sie derart, dass sie Berufsfußballer als Arbeiter qualifiziert. Nach stRsp sind jene Arbeiten als höhere Dienstleistungen anzusehen, die – ohne dass ein bestimmter Studiengang vorausgesetzt wird – doch entsprechende Vorkenntnisse und Schulung, Vertrautsein mit den Arbeitsaufgaben und eine gewisse fachliche Durchdringung derselben verlangen. Fußballspiel verlangt nach der Judikatur keine Schulung. Der Fußballer muss die Spielregeln beherrschen und benötigt in erster Linie körperliche Vorzüge (Ausdauer, Schnelligkeit, Kraft, Geschicklichkeit), dazu muss er auch „spieltechnisches Können" (Ballbehandlung, Passen, Schießen, Kopfballspiel) haben, das er sich bei entsprechenden Anlagen selbst durch Übung aneignen könnte. Die fachliche Durchdringung der Arbeitsaufgaben obliegt nicht dem Athleten selbst, sondern dem Trainer. Insgesamt erscheint dem OGH sohin die Tätigkeit des Vertragsspielers der eines Arbeiters (Facharbeiters) ähnlicher als der eines Angestellten. Auch wenn im Berufsfußball – wie in anderen Sportarten – immer wieder Spitzenleistungen erbracht werden, kann nicht davon ausgegangen werden, dass hier allgemein eine einer typischen Angestelltentätigkeit vergleichbare Qualifikation vorhanden wäre. Dazu ist festzuhalten, dass der OGH mehrfach, etwa in der Entscheidung 8 ObA 200/00w (= Arb 12.083), zum Ausdruck gebracht hat, dass für die Angestelltentätigkeit auch die „Selbständigkeit" bei der wahrzunehmenden Aufgabe sowie die Stellung in der Organisation im Betrieb von Bedeutung ist. Gerade bei seiner zentralen Tätigkeit unterliegt der Berufsfußballer typischerweise aber der ununterbrochenen Kontrolle und Weisung durch den Trainer. Eine allgemeine Beurteilung dahin, dass andere Aspekte (taktische Schulung, Umgange mit den Medien etc) dies überwiegen und die Einordnung als Angestelltentätigkeit nachweisen würden, kann nicht vorgenommen werden.

*Invaliditätspension gem § 255 ASVG?*

Kommt man mit der Judikatur zu dem Ergebnis, dass *Leo* Arbeiter ist, ist § 255 ASVG anzuwenden. § 255 ASVG unterscheidet bei der Frage, welche Tätigkeiten ein Versicherter noch ausüben können muss, ohne eine Invaliditätspension zu erhalten, danach, ob er gelernter (angelernter) oder ungelernter Arbeiter ist. Während gelernte und angelernte Arbeiter:innen Berufsschutz haben, können ungelernte Arbeiter:innen auf den gesamten Arbeitsmarkt verwiesen werden. Ein:e Arbeiter:in ist als gelernt anzusehen, wenn er:sie einen vorgeschriebenen Ausbildungsweg erfolgreich abgeschlossen hat. Es handelt sich dabei vor allem um Lehrberufe, die in der Lehrberufsliste zum BAG genannt sind. Den erlernten Berufen sind angelernte Berufe gleichgestellt. Ein:e Arbeiter:in übt eine angelernte Tätigkeit aus, wenn er:sie sich durch praktische Arbeit Kenntnisse und Fähigkeiten erworben hat, die jenen eines erlernten Berufes gleichzuhalten sind. Die Judikatur erkennt auch Tätigkeiten als angelernt an, bei denen der Umfang der durch Praxis erworbenen Kenntnisse und Fähigkeiten in etwa denen eines Lehrberufes entspricht, es aber keine gesetzlich geregelte Ausbildung gibt.

Ob daher Fußball als angelernte Tätigkeit gelten kann, ist fraglich. Da sich der Fußballsport in keinster Weise mit einem Lehrberuf vergleichen lässt, ist auch die Qualifikation als angelernte Tätigkeit abzulehnen. Folgt man dieser Einordnung, muss sich *Leo* auf den gesamten Arbeitsmarkt verweisen lassen. Er genießt keinen Berufsschutz. Es ist dann zu untersuchen, ob es am Arbeitsmarkt noch bewertete Tätigkeiten gibt, die er ausüben kann und in denen er wenigstens die Hälfte des Entgelts erwerben kann, das ein:e gesunde:r Versicherte:r durch solche Tätigkeiten im Schnitt erwirbt. Ist *Leo* fähig, als Verkäufer für Sportartikel zu arbeiten, wie er es ja im Anschluss an seine Verletzung getan hat, und kann er dort noch zumindest die Lohnhälfte verdienen, hat er keinen Anspruch auf Invaliditätspension.

Der OGH hatte sich in seinem Urteil 10 Ob S 123/98f, DRdA 1999/52 um die Beantwortung der Frage, ob es sich bei Fußballern um Arbeiter:innen oder Angestellte handelt, gedrückt. Er hat das Problem abgekürzt, indem er die Auffassung vertrat, dass Berufe, die von vornherein zeitlich begrenzt sind (so der Berufsfußballsport mit ca 30 Jahren), keinen Berufsschutz begründen können. Profifußballer:innen müssen schon bei Beginn ihrer Tätigkeit mit einem späteren Berufswechsel rechnen. Derartige Risiken können laut OGH nicht versichert sein. Es liegt an dem:der Sportler:in, ob er:sie in seinen:ihren alten Beruf zurückkehrt bzw wie er:sie seinen:ihren (Wieder-)Eintritt in das „normale" Erwerbsleben gestaltet, wobei aber nach dem festgestellten Leistungskalkül trotz „Sportinvalidität" davon auszugehen ist, dass noch eine ganze Reihe von Berufen offensteht, die ausgeübt werden können.

*Ist die Entlassung von Leo gerechtfertigt?*

Die weitere Fallprüfung hat sich mit der Entlassung am 3.7.2020 zu beschäftigen. Eine Entlassung ist nur gerechtfertigt, wenn sie unverzüglich ausgesprochen wird und aus wichtigem Grund erfolgt. Da *Leo* mit seinem AG die Geltung des Angestelltengesetzes vereinbart hat, sind die Entlassungsgründe des § 27 AngG maßgeblich. Gem § 27 Abs 2 AngG ist der AG zur vorzeitigen Entlassung berechtigt, wenn der:die Angestellte unfähig ist, seine:ihre Dienstleistung zu erbringen. Da Krankheit grundsätzlich kein Entlassungsgrund ist, ist fraglich, ob *Leos* Knieverletzungen als Entlassungsgrund angesehen werden können. Hier ist zu unterscheiden, ob die durch die Krankheit bewirkte Arbeitsunfähigkeit vorübergehend oder dauernd ist. Eine vorübergehende Arbeitsunfähigkeit durch Krankheit oder Unglücksfall berechtigt den:die AG nicht zur Entlassung. Folgt allerdings aus der Krankheit oder einem Unglücksfall eine dauernde Arbeitsunfähigkeit, ist nach der Judikatur ein Entlassungsgrund gegeben. *Leo* wurde zu Recht entlassen, da er infolge seiner Verletzung den Fußballsport auf Dauer nicht mehr ausüben kann. Er kann daher keine Ansprüche wegen ungerechtfertigter Entlassung stellen.

**Literatur- und Judikaturhinweise:**

OGH 13.10.1993, 9 Ob A 186/93, DRdA 1994/25 (*Binder*) = ecolex 1994, 113 = ZASB 1994, 6.
OGH 10.11.1998, 10 Ob S 123/98f, DRdA 1999/52 (*Karl*) = ZAS 1999/24.
OGH 16.7.2004, 8 ObS 20/03d, DRdA 2005/17 (*Wolfsgruber*) = ecolex 2004/417 = wbl 2004/307.
SSV-NF 2/57, 2/119, 3/156, 8/25 ua.
*Binder*, Anm zu OGH 9 Ob A 186/93, DRdA 1994/25.
*Brodil/Windisch-Graetz*, Sozialrecht in Grundzügen[9] (2021) 165 ff.
*Holzer*, Anm zu OGH 10 Ob S 123/98f, ZAS 1999/24.
*Karl*, Anm zu OGH 10 Ob S 123/98f, DRdA 1999/52.
*Marhold/Brameshuber/Friedrich*, Österreichisches Arbeitsrecht[4] (2021) 407 ff.
*Schrammel*, Die arbeits- und sozialrechtliche Stellung des Berufsfußballspielers, in *Achatz/Jabornegg/Karollus*, Aktuelle Rechtsfragen des Fußballsports (2000) 91 ff.
*Strasser*, Profifußballer: Arbeiter oder Angestellter? in *Resch/Trost*, Arbeits- und sozialrechtliche Fragen des Profisports (2005) 101.
*Tomandl*, Grundriss des österreichischen Sozialrechts[7] (2019) 261 ff.
*Tomandl*, Sozialrechtliche Probleme des Berufssports dargestellt am Beispiel Fußball, ZAS 2002, 65.
*Windisch-Graetz*, Arbeitsrecht II[12] (2023) 271 ff.
*Wolfsgruber*, Anm zu OGH 8 ObS 20/03d, DRdA 2005/17.

# EIN WOHLVERDIENTER RUHESTAND (FALL 37)

*Herr Gustav Schaffer* erblickte am 30.7.1962 das Licht der Welt. Da er schon in jungen Jahren von Technik begeistert und handwerklich sehr geschickt war, entschied er sich, einen entsprechenden Lehrberuf zu erlernen. Nach Absolvierung der Schulpflicht trat er am 1.10.1977 eine Mechanikerlehre an und arbeitete auch nach deren Abschluss eine Zeit lang weiter für das Unternehmen seines ehemaligen Lehrherrn (nur unterbrochen durch die Ableistung des Präsenzdienstes von damals acht Monaten), bis das Unternehmen infolge einer schlechten Auftragslage in wirtschaftliche Schwierigkeiten und schließlich in Konkurs geriet. Das Dienstverhältnis von *Herrn Schaffer* endete am 31.12.1982. Daran schloss sich eine recht wechselhafte Phase an, während der *Herr Schaffer* für unterschiedliche Unternehmen tätig und dazwischen arbeitslos gemeldet war.

Seit dem 1.7.1986 arbeitet *Herr Schaffer* für die Kraus&Co Milchtechnik GmbH. Dieses Unternehmen stellt große Molkereimaschinen aller Art her, mit denen es Milch verarbeitende Betriebe in Österreich, aber auch in Nachbarländern wie Ungarn, beliefert, und wartet diese Geräte. *Herr Schaffer* arbeitete dort als Servicetechniker und erwies sich als sehr geschickt. Als langjähriger Mitarbeiter war *Herr Schaffer* bei fast jeder Anlage beteiligt, welche Kraus&Co in den letzten Jahrzehnten gebaut hat, und er kennt diese Maschinen in- und auswendig.

2023 wurde über Versuche zum Verkauf der Kraus&Co Milchtechnik GmbH gemunkelt, die schließlich auch umgesetzt wurden. Mit Wirkung zum 1.11.2023 wurden die Anteile an der Gesellschaft an den neuen Eigentümer übertragen. Seitdem halten sich hartnäckig Gerüchte, dass die neue Unternehmensleitung in näherer oder fernerer Zukunft einen Abbau von Personal plant. *Herr Schaffer* weiß natürlich, dass er als älterer Mitarbeiter – trotz seiner unschätzbaren Erfahrung – von einem solchen Abbau besonders „gefährdet" ist. Deshalb und weil für ihn, wie er meint, ohnehin allmählich die Zeit gekommen ist, das Leben langsamer anzugehen – seine Frau ist bereits seit einigen Jahren nicht mehr berufstätig, die Kinder sind längst von daheim ausgezogen – beginnt er sich im Februar 2024 zu überlegen, ob es nicht Zeit für die Pension wäre.

*Herr Schaffer* war seit 1.7.1986 ununterbrochen bei der Kraus&Co Milchtechnik GmbH beschäftigt. Insgesamt hat er in seinem Leben (Stand 1.3.2024) 529 Monate gearbeitet, 8 Monate Präsenzdienst geleistet und war 20 Monate arbeitslos gemeldet.

**Welche Formen der Pension kommen für *Herrn Schaffer* zum Stichtag 1.3.2024 und in naher Zukunft in Betracht? Welche davon wäre die günstigste? Und müsste er dafür seine Erwerbstätigkeit aufgeben?**

**Lösung**

Die Pensionsversicherung kennt im Wesentlichen drei Versicherungsfälle – Alter, geminderte Arbeitsfähigkeit und Tod. Hier ist der Versicherungsfall des Alters gefragt; der Sachverhalt bietet insbesondere keine Anhaltspunkte für eine geminderte Erwerbsfähigkeit.

Das österreichische Pensionsrecht unterscheidet infolge von Übergangsregelungen zwischen zwei Gruppen von Versicherten. Für Versicherte, die vor dem 1.1.1955 geboren sind, gilt grundsätzlich nur das Altrecht (ASVG, GSVG, BSVG). Mit dem Geburtsdatum 30.7.1962 fällt *Herr Schaffer* aber nicht in diese Gruppe. Ursprünglich war für Versicherte, die seit dem 1.1.1955 geboren sind und ein gewisses Maß an Versicherungszeiten vor dem 1.1.2005 erworben hatten, eine komplizierte Parallelrechnung vorgesehen, welche allerdings mit Wirkung zum 1.1.2014 aufgegeben wurde. Als Zwischenergebnis ist also festzustellen, dass *Herr Schaffer* dem Neurecht (Allgemeines Pensionsgesetz, APG) unterliegt.

Die Beurteilung, ob die Anspruchsvoraussetzungen erfüllt sind (also etwa, ob eine ausreichende Zahl an Versicherungsmonaten vorliegt, das Anfallsalter erfüllt ist etc), geschieht zu einem bestimmten Stichtag, der immer ein Monatserster ist. Beim Versicherungsfall des Alters ist der Stichtag der Monatserste nach der Antragstellung bzw der Tag der Antragstellung selbst, sollte er auf einen Monatsersten fallen (§ 4 Abs 2 APG iVm § 223 ASVG).

## *1. Alterspension*

Die Alterspension ist in § 4 Abs 1 APG geregelt. Für diese Art der Pension muss der Versicherte am Stichtag 180 Versicherungsmonate, davon zumindest 84 aufgrund einer Erwerbstätigkeit aufweisen, und das Regelpensionsalter von 65 Jahren erreicht haben. Hier werden nur Monate nach dem Neurecht, also ab dem 1.1.2005, gezählt. Ein Versicherter, der (so wie *Herr Schaffer*) zwar nach dem 31.12.1954 geboren wurde, aber bis zum Ablauf des 31. Dezember 2004 mindestens einen Versicherungsmonat nach dem Altrecht erworben hat, kann sich auch auf die Regelung im Altrecht zur Wartezeit berufen (§ 16 Abs 3 APG).

*Herr Schaffer* ist am 29.2.2024 allerdings erst 61 Jahre und 7 Monate alt. Er erfüllt damit die Voraussetzungen für die reguläre Alterspension jedenfalls nicht, weil er das Anfallsalter von 65 Jahren noch nicht erreicht hat. Daher ist zu prüfen, welche Formen der vorzeitigen Alterspension für ihn infrage kommen.

## *2. Langzeitversicherungspension („Hacklerpension")*

Die Pensionssicherungsreform 2003 (BGBl I 2003/71) hat unter anderem Formen vorzeitiger Alterspensionen (bei Arbeitslosigkeit, bei langer Versicherungsdauer sowie die Gleitpension) abgeschafft. Aufgrund von Übergangsvorschriften (§ 607 Abs 12 und 14, § 617 Abs 13 ASVG) kann allerdings die Langzeitversicherungspension, im Volksmund „Hacklerpension" genannt, weiterhin in Anspruch genommen werden. Für *Herrn Schaffer* einschlägig ist aufgrund seines Geburtsdatums (nach dem 31.12.1953) § 617 Abs 13 ASVG.

Nach dieser Bestimmung liegt das Anfallsalter für eine Langzeitversicherungspension für Männer bei 62 Jahren und wird für Frauen schrittweise angehoben. Weiters muss der Versicherte die erforderliche Zahl von 540 Beitragsmonaten (45 Beitragsjahren) aufweisen. Grundsätzlich werden hier nur Beitragsmonate aufgrund einer Erwerbstätigkeit berücksichtigt. Bestimmte Zeiten (zB Zeiten der Kindererziehung von bis 60 Monaten, Zeiten des Präsenz- und Zivildienstes sowie des Wochengeldbezuges, vgl dazu § 607 Abs 12 ASVG) sind ihnen gleichgestellt, Zeiten des Bezugs einer Arbeitslosenunterstützung hingegen nicht (OGH 10 ObS 24/15z).

*Herr Schaffer* hat aktuell weder das Anfallsalter von 62 Jahren noch die notwendige Zahl an Beitragsmonaten erreicht: Kombiniert man die Zeiten seiner Erwerbstätigkeit mit dem achtmonatigen Präsenzdienst, kommt man auf 537 Monate. Allerdings wird er dies bald tun. Arbeitet er weiter, erreicht er am 1.6.2024 die benötigten 540 Monate, und am 30.7.2024 erreicht er das Anfallsalter. Er könnte insofern mit Stichtag 1.8.2024 eine „Hacklerpension“ beziehen.

### 3. *Korridorpension*

Das APG kennt (als Ersatz für die abgeschaffte „Frühpension“) die sogenannte Korridorpension (§ 4 Abs 2 APG). Diese steht sowohl Versicherten nach Alt- als auch Neurecht offen (§ 1 Abs 3 APG). Für die Korridorpension liegt das Anfallsalter bei einheitlich 62 Jahren. Die versicherte Person muss 480 Versicherungsmonate nach dem APG oder einem anderen Bundesgesetz aufweisen. Anders als bei der Alterspension (§ 4 Abs 1 APG) sind hier alle leistungswirksamen Versicherungszeiten, auch solche vor 1.1.2005, umfasst. Gem § 227 Abs 1 Z 5 und 7 ASVG sind etwa Zeiten des Präsenzdienstes sowie Zeiten des Bezuges einer Geldleistung aus der Arbeitslosenversicherung nach dem 31.12.1970 Ersatzzeiten in der Pensionsversicherung und wären insofern dazu zu zählen.

*Herr Schaffer* hat das Antrittsalter für die Korridorpension noch nicht erreicht, wird dies jedoch am 30.7.2024 tun. Er weist bereits aktuell die benötigten Versicherungszeiten auf, da er insgesamt 557 Versicherungsmonate (529+8+20) erreicht hat. Allerdings ist die Korridorpension im Vergleich zu anderen Pensionen mit höheren Abschlägen verbunden und insofern nicht zu empfehlen (dazu unter 5.).

### 4. *Schwerarbeitspension*

§ 4 Abs 3 APG regelt die Schwerarbeitspension. Ebenso wie die Korridorpension steht sie Versicherten nach Alt- und Neurecht offen. Das Mindestalter für die Schwerarbeitspension liegt einheitlich bei 60 Jahren und die versicherte Person muss 540 Versicherungsmonate aufweisen (wie bei der Korridorpension). Des Weiteren müssen zumindest 120 davon Schwerarbeitsmonate sein und innerhalb der letzten 240 Kalendermonate vor dem Stichtag liegen.

Der Begriff der Schwerarbeit wird in einer eigenen Schwerarbeitsverordnung (BGBl II 2006/104) definiert. Zusätzlich dazu bestehen vom Hauptverband/Dachverband herausgegebene, nicht bindende Berufslisten als Auslegungshilfen zum Begriff der „körperlichen Schwerarbeit“.

*Herr Schaffer* hat das Anfallsalter einer Schwerarbeitspension ebenso erreicht wie die 540 Versicherungsmonate. Ob es sich bei der von *Herrn Schaffer* geleisteten Arbeit um Schwerarbeit handelt, kann anhand des Sachverhalts nicht eindeutig bestimmt werden. In der Berufsliste (Stand 9.2022) findet sich allerdings ein/e „MelkanlagenmonteurIn“. Damit spricht prima facie einiges dafür, die Tätigkeit von *Herrn Schaffer* als Schwerarbeit einzuordnen, sofern nicht andere Umstände (etwa dass überwiegend Planungs-, Organisations-, Kontroll- oder Aufsichtstätigkeiten ausgeübt werden) dagegen sprechen. UU ist zur Klärung ein berufskundliches oder arbeitsmedizinisches Gutachten nötig. Unter der Annahme, dass *Herr Schaffer* Schwerarbeit leistet, verfügt er zum Stichtag 1.3.2024 über einen Anspruch auf eine Schwerarbeitspension.

In § 607 Abs 14 ASVG findet sich für nach dem 31.12.1953 und vor dem 1.1.1959 geborene Männer eine spezielle „Langzeitversichertenpension mit Schwerarbeit“. Sie kombiniert im Wesentlichen die Erfordernisse von Langzeitversicherungs- und Schwerarbeitspension; insb müssen 540 Beitragsmonate (nicht Versicherungsmonate) vorliegen. *Herr Schaffer* kommt aber schon vom Geburtsdatum her für diese Form der Pension nicht in Betracht, außerdem erfüllt er aktuell das Erfordernis der 540 Beitragsmonate nicht und die Pension nach § 607 Abs 14 bietet ihm auch keine Vorteile gegenüber einer APG-Schwerarbeitspension.

## 5. *Abschläge von der Pension*

Für den vorzeitigen Antritt der Pension sind sog Abschläge je nach den Monaten bis zum Regelpensionsalter vorgesehen. Diese betragen bei der Langzeitversicherungspension 4,2% im Jahr (§ 25 Abs 4 APG), bei der Korridorpension 5,1% im Jahr (§ 5 Abs 2 APG) und bei der Schwerarbeitspension 1,8% pro Jahr (§ 25 Abs 5 APG). Diese Abschläge erfolgen jeweils von der Gesamtgutschrift auf dem Pensionskonto. Die Schwerarbeitspension weist die niedrigsten Abschläge auf und wäre insofern die günstigste.

2019 wurde die Bestimmung des § 236 Abs 4b ASVG eingefügt, die einen abschlagsfreien vorzeitigen Pensionsantritt ermöglicht. Nach dieser Bestimmung ist eine Verminderung der Pension unzulässig, wenn die versicherte Person mindestens 540 Beitragsmonate der Pflichtversicherung auf Grund einer Erwerbstätigkeit („45 Arbeitsjahre“) erworben hat; dies gilt für alle Arten vorzeitiger Pensionen. Hier werden Zeiten von Präsenz- und Zivildienst nicht angerechnet. Diese Bestimmung ist allerdings bereits mit 31.12.2021 wieder außer Kraft getreten (BGBl I 2021/28). Die Bestimmung ist nur auf Personen weiterhin anzuwenden, die zum 31.12.2021 die Anspruchsvoraussetzungen erfüllt haben (§ 746 Abs 4 ASVG), was auf *Herrn Schaffer* jedenfalls nicht zutrifft.

## 6. *Aufgabe der Erwerbstätigkeit*

Sowohl die „Hacklerpension“ (§ 253b Abs 1 Z 4 ASVG) als auch die Korridorpension (§ 4 Abs 3 Z 2 APG) und die Schwerarbeitspension (§ 4 Abs 3 Z 2 APG) setzen voraus, dass die versicherte Person am Stichtag keiner selbständigen oder unselbständigen Erwerbstätigkeit mit einem Einkommen über der Geringfügigkeitsgrenze nachgeht. Außerdem entfallen diese Pensionen zur Gänze, wenn und solange die Empfänger:in eine Erwerbstätigkeit mit einem Einkommen oberhalb dieser Grenze aufnimmt (§ 253b Abs 2 ASVG; § 9 APG). § 9 Abs 1 APG sieht seit 1.1.2024 allerdings eine „Toleranzgrenze“ vor: Ein Überschreiten der monatlichen Geringfügigkeitsgrenze führt nicht zum Wegfall der

Pensionsleistung, sofern die Überschreitung jährlich nicht mehr als 40 % der monatlichen Geringfügigkeitsgrenze beträgt.

Das Dienstverhältnis an sich muss nicht beendet werden, es darf nur kein Einkommen oberhalb der Geringfügigkeitsgrenze lukriert werden – faktisch ist das wohl meist nur mit Teilzeitbeschäftigung möglich. Will *Herr Schaffer* eine vorzeitige Pension beziehen, wird daher – trotz Einführung der jährlichen „Toleranzgrenze“ – kein Weg an einer Aufgabe einer vollzeitigen Erwerbstätigkeit vorbeiführen.

**Literatur- und Judikaturhinweise:**

*Brodil/Windisch-Graetz*, Sozialrecht in Grundzügen[9] (2021) 140 ff.
*Tomandl*, Grundriss des österreichischen Sozialrechts[7] (2019) 167, 170.
*Resch*, Sozialrecht[9] (2023) 115 ff.

# DIE MITTELLOSE ERBIN (FALL 38)

*Katharina* arbeitet seit 1.1.2024 als Marketingassistentin bei der *McGlann GmbH* in Eisenstadt. Die wöchentliche Arbeitszeit beträgt vierzig Stunden, jedoch kann sich *Katharina* aussuchen, wann und von wo sie arbeitet. Sie hat im Gebäude der *McGlann GmbH* einen Schreibtisch, an dem sie mit ihrem eigenen Laptop arbeiten kann. Für ihre Arbeit erhält *Katharina* ein Entgelt von € 2.800 brutto pro Monat. Vor ihrer Tätigkeit für die *McGlann GmbH* hat *Katharina* von 1.1.2021 bis 30.6.2022 als (vollversicherungspflichtige) Arbeitnehmerin für die *Zweite Bank AG* gearbeitet. Von 1.7.2022 bis 31.12.2023 war sie geringfügig beschäftigt.

Das Vertragsverhältnis zwischen *Katharina* und der *McGlann GmbH* endet am 30.6.2024 durch Kündigung des Arbeitgebers. *Katharina* möchte am 1.7. zur regionalen Geschäftsstelle des Arbeitsmarktservice (AMS) gehen und zum ersten Mal Arbeitslosengeld beantragen.

**Frage 1: Hat *Katharina* Anspruch auf Arbeitslosengeld?**

*Katharina* könnte ab 1.8.2014 als Reinigungskraft in einem Bürogebäude für ein monatliches Bruttogehalt iHv € 1.600 arbeiten. Da sie sich kaum überwinden kann, ihre eigene Wohnung regelmäßig zu putzen, möchte sie dieses Stellenangebot aber lieber ablehnen.

**Frage 2: Kann *Katharina* die Beschäftigung als Reinigungskraft ablehnen, ohne einen allfälligen Anspruch auf Arbeitslosengeld zu verlieren?**

Im Dezember 2024 hat *Katharina* noch immer keinen neuen Job gefunden. Ihr Bruder *Klaus*, der Jus studiert, sagt ihr, sie könne keine Notstandshilfe beziehen. *Katharina* hat nämlich vor ein paar Jahren eine Liegenschaft im Wert von € 800.000 geerbt.

**Frage 3: Hat *Katharina* Anspruch auf Notstandshilfe?**

**Lösung Frage 1**

Gemäß § 7 Abs 1 AlVG hat Anspruch auf Arbeitslosengeld, wer der Arbeitsvermittlung zur Verfügung steht, die Anwartschaft erfüllt hat und die Bezugsdauer noch nicht erschöpft hat. Nach § 7 Abs 2 AlVG steht der Arbeitsvermittlung zur Verfügung, wer eine Beschäftigung aufnehmen kann und darf, arbeitsfähig, arbeitswillig und arbeitslos ist. Ein Anspruch auf Arbeitslosengeld besteht daher, wenn die folgenden Voraussetzungen erfüllt sind:

- Der Arbeitslose kann und darf eine Beschäftigung annehmen (§ 7 Abs 3 AlVG). Ausländische Arbeitslose müssen sich daher berechtigterweise im Inland aufenthalten und nach dem AuslBG eine Arbeit aufnehmen dürfen.
- Arbeitsfähigkeit (§ 8 AlVG). Arbeitsfähig ist, wer nicht invalid oder berufsunfähig iSd ASVG ist. Zur Feststellung der Arbeitsfähigkeit kann das AMS eine ärztliche Untersuchung anordnen. Weigert sich der:die Arbeitslose an der Untersuchung teilzunehmen, verliert er:sie für die Dauer der Weigerung den Anspruch auf Arbeitslosengeld.
- Arbeitswilligkeit (§ 9 AlVG). Arbeitswilligkeit liegt vor, wenn der:die Arbeitslose bereit ist, eine vom AMS vermittelte *zumutbare* Beschäftigung aufzunehmen und an Umschulungs- und sonstigen Wiedereingliederungsmaßnahmen teilzunehmen, und von sich aus alles Gebotene unternimmt, um eine Beschäftigung zu erlangen. Das AMS kann Arbeitslosen daher beispielsweise auftragen, eine bestimmte Anzahl von Bewerbungen pro Woche zu verschicken und an Vorstellungsgesprächen teilzunehmen.
- Arbeitslosigkeit (§ 12 AlVG). Arbeitslos ist, wer nach Beendigung einer selbständigen oder unselbständigen Erwerbstätigkeit keine neue Beschäftigung gefunden hat. Geringfügig Beschäftigte gelten jedoch als arbeitslos iSd AlVG (§ 12 Abs 6 lit a).
- Erfüllen der Anwartschaft (§ 14 AlVG). Bei der erstmaligen Inanspruchnahme von Arbeitslosengeld ist die Anwartschaft erfüllt, wenn während der letzten 24 Monate vor Geltendmachung (Rahmenfrist) 52 versicherungspflichtige Wochen vorliegen (lange Anwartschaft). Für Arbeitslose, die ihr 25. Lebensjahr noch nicht vollendet haben, besteht eine Sonderregelung. Bei jeder weiteren Inanspruchnahme ist die Anwartschaft erfüllt, wenn der:die Arbeitslose in den letzten zwölf Monaten vor Geltendmachung 28 Wochen versicherungspflichtig beschäftigt war (kurze Anwartschaft). Ob eine arbeitslosenversicherungspflichtige Beschäftigung vorliegt, ergibt sich aus §§ 1–3 AlVG. Demnach sind va (echte und dienstnehmerähnliche freie) Dienstnehmer:innen über der Geringfügigkeitsgrenze von der Arbeitslosenversicherung erfasst. Selbständige können sich nach Maßgabe des § 3 AlVG iVm § 2 AMPFG freiwillig gegen Arbeitslosigkeit versichern.

Im konkreten Fall ist die Voraussetzung der erfüllten Anwartschaft fraglich. *Katharinas* beendetes Arbeitsverhältnis zur *McGlann GmbH* ist als freier Dienstvertrag iSv § 4 Abs 4 ASVG bzw § 1 Abs 8 AlVG zu qualifizieren (keine Bindung an Arbeitsort oder -zeiten, Arbeit mit eigenem Laptop). Es handelt sich daher um ein versicherungspflichtiges Beschäftigungsverhältnis. *Katharina* hat aber nur 6 Monate für die *McGlann GmbH* gearbeitet, es fehlen ihr daher noch weitere 6 Monate bzw 26 Wochen für das Erfüllen der Anwartschaft. Die geringfügige Beschäftigung von 1.7.2012 bis 31.12.2013 stellt keine arbeislosenversicherungspflichtige Tätigkeit dar (vgl § 1 Abs 2 lit d AlVG). Innerhalb der letzten 24 Monate vor Geltendmachung des Anspruches kann *Katharina* daher nur Versicherungszeiten im Ausmaß von 26 Wochen nachweisen. Die ursprüngliche Rahmenfrist von 24 Monaten verlängert sich jedoch gemäß § 15 Abs 1 Z 1 AlVG um Zeiten, in denen der:die Arbeitslose in einem geringfügigen Dienstverhältnis gestanden ist. Aufgrund dieser Rahmenfristerstreckung wird auch die Zeit, in der *Katharina* für die *Zweite Bank AG* gearbeitet hat, auf die Anwartschaft angerechnet.

*Katharina* hat daher Anspruch auf Arbeitslosengeld.

Die Höhe des Arbeitslosengeldes ergibt sich aus §§ 20 f AlVG. Demnach gebührt *Katharina* ein Grundbetrag in Höhe von 55 % des versicherten Nettoeinkommens. Zu diesem Grundbetrag können Familienzuschläge und ein Ergänzungsbetrag hinzutreten. Der Sachverhalt bietet jedoch keine Anhaltspunkte dafür.

Der Anspruch auf Arbeitslosengeld besteht grundsätzlich für 20 Wochen. Die Anspruchsdauer beträgt 30 Wochen, wenn in den letzten fünf Jahren vor Geltendmachung arbeitslosenversicherungspflichtige Beschäftigungen in der Dauer von mindestens 156 Wochen (entspricht drei Jahren) vorliegen. Weitere Verlängerungen sieht das Gesetz für ältere Arbeitslose beim Vorliegen bestimmter Versicherungszeiten vor. Da *Katharina* insgesamt nur zwei Jahre arbeitslosenversicherungspflichtig beschäftigt war (18 Monate bei der *Zweite Bank AG* + 6 Monate bei der *McGlann GmbH*), gebührt ihr Arbeitslosengeld für 20 Wochen.

**Lösung Frage 2**

Diese Frage betrifft die Voraussetzung der Arbeitswilligkeit, nach der Arbeitslose verpflichtet sind, eine *zumutbare* Beschäftigung aufzunehmen. Um Arbeitslose vor empfindlichen Einkommenseinbußen zu schützen und um erworbene Qualifikationen zu erhalten, sieht § 9 Abs 3 AlVG einen zeitlich befristeten Berufsschutz und einen Entgeltschutz vor. Demnach ist in den ersten hundert Tagen des Bezuges von Arbeitslosengeld die Aufnahme einer neuen Tätigkeit nicht zumutbar, wenn dadurch eine künftige Beschäftigung im bisherigen Beruf wesentlich erschwert wird (Berufsschutz). Außerdem ist die Aufnahme einer neuen Tätigkeit oder einer Teilzeitbeschäftigung in den ersten 120 Tagen nur zumutbar, wenn das Entgelt für diese Tätigkeit mindestens 80 % des letzten versicherten Entgelts erreicht. Nach 120 Tagen sinkt die Grenze auf 75 %.

Hinsichtlich des Berufsschutzes kann argumentiert werden, dass die Aufnahme einer Tätigkeit als Reinigungskraft eine künftige Anstellung als Marketingassistentin wesentlich erschwert. Da das Entgelt für die Arbeit als Reinigungskraft 80 % von *Katharinas* letztem Entgelt nicht erreicht (2.800 x 0,8 = 2.240), greift jedenfalls der Entgeltschutz nach § 9 Abs 3 AlVG.

*Katharina* kann die Beschäftigung als Reinigungskraft ablehnen und erhält dennoch weiterhin Arbeitslosengeld.

**Lösung Frage 3**

Arbeitslose, die ihren Anspruch auf Arbeitslosengeld erschöpft haben, können Notstandshilfe beantragen (§ 33 ff AlVG). Im Vergleich zum Arbeitslosengeld kommt bei der Notstandshilfe als zusätzliche Leistungsvoraussetzung das Vorliegen einer *Notlage* hinzu.

Außerdem genießen Notstandshilfebezieher:innen weder Berufs- noch Entgeltschutz (vgl Frage 2). Notlage liegt nach § 33 Abs 3 AlVG vor, wenn dem:der Arbeitslosen die Befriedigung der notwendigen Lebensbedürfnisse unmöglich ist. Dabei werden die notwendigen Ausgaben (Wohnung, Kleidung, Nahrung, etc) dem Einkommen des:der Arbeitslosen gegenübergestellt.

Obwohl die (zeitlich nicht befristete) Notstandshilfe einen starken fürsorgerechtlichen Charakter aufweist und damit den Leistungen der Sozialhilfe bzw Mindestsicherung ähnelt, können nach der Judikatur der Gerichtshöfe öffentlichen Rechts sozialhilferechtliche Argumentationsmuster nicht auf das Notstandshilferecht übertragen werden. Anders als bei Leistungen der Sozialhilfe bzw. Mindestsicherung bleibt die Vermögenssituation des:der Arbeitslosen daher bei der Beurteilung des Anspruches auf Notstandshilfe außer Betracht. Die vererbte Liegenschaft spielt daher für *Katharinas* Anspruch auf Notstandshilfe keine Rolle, maßgeblich ist nur ihr laufendes Einkommen. Da der Sachverhalt keine Hinweise auf sonstige Einkünfte enthält, kann vom Vorliegen einer Notlage ausgegangen werden.

*Katharina* hat Anspruch auf Notstandshilfe.

**Literatur- und Judikaturhinweise:**

*Brodil/Windisch-Graetz*, Sozialrecht in Grundzügen[9] (2021) 183 ff.
*Burger/Mair/Wachter*, Sozialrecht Basics[7] (2024) 233 ff.
Judikaturhinweise: VwGH 20.12.2000, 95/08/0107; 19.9.2007, 2006/08/0252.

# Teil II: Ungelöste Übungsfälle

# DER AUSSTEIGER (FALL 39)

*Walter A.* ist ein Aussteiger. Nach einem abgeschlossenen Studium der Psychologie sucht er den Sinn des Lebens in manueller Arbeit und beschließt, sein Geld bei der *X-AG* zu verdienen. Als er vor acht Jahren eingetreten ist, behielt er aber seine akademische Bildung für sich und erzählte niemandem etwas davon.

Als Arbeiter aufgenommen, wird er zunächst zum Graben von Künetten eingesetzt. Aufgrund seines Arbeitseifers wird er nach zwei Jahren zum Partieführer ernannt, dem eine Gruppe von 5 bis 8 Arbeiter:innen, die zum Graben von Künetten eingesetzt werden, untersteht. Der Gruppe stehen ein Schaufelbagger, ein Kleinfahrzeug zum Abtransport von Aushubmaterial und die notwendige Anzahl von Schaufeln etc zur Verfügung. Aufgabe des Partieführers ist nicht nur, den Arbeitseinsatz der Gruppe möglichst rasch und effizient zu organisieren, sondern auch die Kontrolle der Anwesenheit, die An- und Abmeldung für Urlaube, Krankenstände usw. Dabei ist *Herr A.* allerdings an klare Richtlinien der Personalverwaltung gebunden und hat die vorgeschriebenen Formblätter usw zu verwenden.

Es gelingt *A.*, durch mehrere Jahre hindurch in seiner Gruppe ein derart exzellentes Arbeitsklima zu erzielen, dass diese regelmäßig die unternehmensintern besten Arbeitsergebnisse aufweist. Auch die Fehlzeiten und Krankenstände sind in der bei *A.* tätigen Gruppe so niedrig, dass die Personalverwaltung beschließt, *A.* mit Wirkung zum 1. Februar in die Organisationsabteilung zu versetzen, wo gerade ein Konzept ausgearbeitet wird, wie man Fehlzeiten verringern kann. *A.* soll seine Erfahrungen einbringen und in Zukunft etwa bei innerbetrieblichen Schulungen mitwirken.

**Ist *A.* Arbeiter oder Angestellter?**

**Literatur- und Judikaturhinweise:**

*Kietaibl*, Arbeitsrecht I[12] (2023) 47 ff.
*Brodil/Gruber-Risak*, Arbeitsrecht in Grundzügen[11] (2022) Rz 62 ff.

# 40

## EIN KRANKENSTANDSPROBLEM (FALL 40)

*Peter A.* ist Kellner in einem Gastronomiebetrieb. Er hat mit seinem Chef *August B.* vereinbart, dass er für jeden Tag, an dem er arbeitet, ein Fixum von € 29,– und das Trinkgeld, jedenfalls aber den kollektivvertraglichen Mindestlohn erhält, der derzeit € 972,– brutto monatlich beträgt.

Bei Durchsicht der Abrechnung für November stellt *A.* fest, dass ihm ein Betrag von € 19,50 nicht ausbezahlt wurde. Am 17.12. ersucht er *B.* um Aufklärung der Differenz; als jener eine Nachzahlungspflicht bestreitet, droht *A.* für den Fall, dass ihm der Fehlbetrag nicht spätestens mit der Dezemberabrechnung angewiesen wird, seinen Austritt aus dem Dienstverhältnis an.

Am 18.12. meldet *A.* telefonisch, dass er erkrankt sei. Die Krankheit erweist sich als hartnäckig und dauert lange an. Noch während des Krankenstandes, nämlich am 12.1., fordert *A.* den *B.* nochmals zur Nachzahlung auf; dieser führt daraufhin erregt ein Telefonat, in dem er *A.* unter anderem als „unverschämt" und als „Krankenstandschinder" bezeichnet und das er mit den Worten „Sie brauchen zu mir gar nicht mehr zu kommen" beendet.

*A.* betrachtet sich daraufhin als entlassen und klagt vor dem Arbeitsgericht Kündigungsentschädigung ein, wobei außer Streit steht, dass das Arbeitsverhältnis bei ordnungsgemäßer Kündigung am 31.1. geendet hätte. Im Prozess legt *A.* auch zwei Krankenstandsbescheinigungen eines Kassenarztes vor; eine ist datiert mit 18.12. und bescheinigt voraussichtliche Arbeitsunfähigkeit bis 6.1.; die zweite ist datiert mit 5.1. und bestätigt die Arbeitsunfähigkeit bis 16.1.; auch der Kontrollarzt der zuständigen Krankenkasse hat *A.* mit Wirkung vom 16.1. gesundgeschrieben.

**a) Prüfen Sie, welche Ansprüche *A.* gegenüber *B.* bzw gegenüber der Krankenkasse hat!**

**b) Hat auch *B.* Ansprüche gegenüber der Sozialversicherung?**

**Literatur- und Judikaturhinweise:**

*Brodil/Gruber-Risak*, Arbeitsrecht in Grundzügen[11] (2022) Rz 265 ff.
*Brodil/Windisch-Graetz*, Sozialrecht in Grundzügen[9] (2021) 96 ff.
*Windisch-Graetz*, Arbeitsrecht II[12] (2023) 260 ff.

# DAS ZEICHENBRETT (FALL 41)

*Anton A.* studiert an der Technischen Universität Wien Architektur und ist in den Sommerferien im Zeichenbüro der *Firma Plan & Quadrat* als Praktikant beschäftigt. Die Firma kann ihm allerdings nur einen Schreibtisch zur Verfügung stellen, weil das Zeichenbrett, das die *Firma Plan & Quadrat* angekauft hat, noch nicht ausgeliefert wurde. Als Zeichenbrett verwendet *A.* vorläufig ein Brett, das ihm *Bert B.*, ein Freund und Studienkollege, als Leihgabe zur Verfügung gestellt hat.

Am 26. Juli wird das neue Zeichenbrett geliefert; *A.* soll es gemeinsam mit *Carl C.*, einem Kollegen, aufstellen und montieren. Die Arbeit steht jedoch unter keinem guten Stern: Zunächst beschädigt *C.* das von *A.* bisher benützte Zeichenbrett des *B.* durch unsachgemäßes Hantieren so, dass ein Schaden von € 360,– entsteht; später fällt das Zeichenbrett des *B.* dem *A.* auf die Füße, sodass er sich einen Bruch der kleinen Zehe zuzieht.

**Prüfen Sie, welche Schadenersatzansprüche *A.* geltend machen kann!**
**Prüfen Sie, ob ein Arbeitsunfall vorliegt!**

**Literatur- und Judikaturhinweise:**

*Brodil/Gruber-Risak*, Arbeitsrecht in Grundzügen[11] (2022) Rz 298 ff.
*Windisch-Graetz*, Arbeitsrecht II[12] (2023) 243 ff.
*Brodil/Windisch-Graetz*, Sozialrecht in Grundzügen[9] (2021) 106 ff.

# SPEDITIONSGESCHÄFT (FALL 42)

*Anton A.* ist als LKW-Chauffeur bei der *Bertram-Spedition* beschäftigt. Am 18. Februar erhält er den Auftrag, gemeinsam mit dem ebenfalls als LKW-Chauffeur beschäftigten *Casimir C.* eine Ladung Tiefkühlkost nach Norditalien zu bringen. Der LKW verlässt Wien nachmittags, damit die Fuhre die Grenze vor Beginn des Nachtfahrtverbots erreicht. An der Grenze wechseln die Fahrer zum dritten Mal: Während *A.* schläft, steuert nun *C.* den LKW.

Vor Udine hat *C.* mit einem vor ihm fahrenden LKW längeren Funkkontakt; dessen Fahrer – ein ehemaliger Arbeitskollege – schlägt vor, bei der nächsten Raststation gemeinsam ein Erfrischungsgetränk zu konsumieren. Obwohl genug Getränke in der Fahrerkabine sind und eine Fahrtunterbrechung auch sonst nicht erforderlich ist, sucht *C.*, ohne mit dem schlafenden *A.* Rücksprache zu halten, daher die nächste Raststätte auf.

Beim Verlassen der Autobahn übersieht *C.* einen ebenfalls in den Parkplatz einfahrenden PKW; um eine Kollision im letzten Augenblick zu vermeiden, verreißt er das Lenkrad, wodurch er von der Straße abkommt. Der Unfall hat Folgen: Am LKW entsteht ein Sachschaden von € 2.550,–; *A.*, der durch die Bremsung im Schlaf auf das Armaturenbrett auf der Beifahrerseite geschleudert wurde, erleidet Schürfwunden im Gesicht und einen Bruch des Nasenbeins. *A.* wird ärztlich behandelt, wodurch dem für die Leistung zuständigen Sozialversicherungsträger ein Aufwand von insgesamt € 424,– entsteht.

a) **Prüfen Sie, ob *C.* – zur Gänze oder auch nur teilweise – für den Schaden am LKW haftet!**
b) **Prüfen Sie, ob *C.* verpflichtet ist, *A.* Schmerzengeld zu zahlen bzw dem für die Behandlung des *A.* leistungszuständigen Sozialversicherungsträger Ersatz für den Heilungsaufwand zu leisten!**

**Literatur- und Judikaturhinweise:**

*Brodil/Gruber-Risak*, Arbeitsrecht in Grundzügen[11] (2022) Rz 298 ff.
*Brodil/Windisch-Graetz*, Sozialrecht in Grundzügen[9] (2021) 106 ff.
*Windisch-Graetz*, Arbeitsrecht II[12] (2023) 243 ff.

# DER RADLER (FALL 43)

*Anton A.* ist in der Verkaufsabteilung der Elektronikfirma angestellt, die *Bertram B.* als Einzelunternehmer führt. Sitz und zugleich einzige Betriebsstätte der Firma ist in Wien 8, Laudongasse 1. Zu *A.s* Aufgaben zählen die Entwicklung langfristiger Marketingstrategien und die Planung und Durchführung konkreter Verkaufsaktionen, die Erstellung von Kundenprospekten und schließlich auch – wenn nötig – der Direktkontakt mit den Kund:innen.

Am 13. März hat *B.* Schwierigkeiten mit einem Kunden, *Dorian D.*, der mit einem am Vortag von *B.* gelieferten Relais unzufrieden ist. *B.* vereinbart, innerhalb einer Stunde, spätestens jedoch bis 10.30 Uhr ein Ersatzstück an die Adresse des *D.* in Wien 3, Rechte Bahngasse 3, zu liefern. Als *B.* mit verschiedenen Botendiensten telefoniert, gerät er ins Schwitzen. Aufgrund des herrschenden regnerischen Wetters ist niemand bereit, die kurzfristige Zustellung zu garantieren.

In dieser Situation ersucht er *Anton A.*, von dem er weiß, dass er täglich mit dem Rad in die Firma kommt, auszuhelfen und mit seinem Rad den Transport vorzunehmen. *A.* ist dazu gerne bereit, zumal er sich heute ausnahmsweise von seinem Freund *Emilio E.* ein spezielles Rennrad geborgt hat, das in italienischer Leichtbauweise hergestellt wurde.

*A.* schwingt sich auf das Rad und fährt Richtung erster Bezirk. In der Universitätsstraße unterbricht er kurz die Fahrt, um in einem Feinkostladen ein Mineralwasser zu kaufen. Er nimmt einige Schlucke und befestigt die Flasche auf dem Gepäckträger. Um Zeit zu sparen radelt *A.* in weiterer Folge nicht auf der Ringstraße, sondern fährt quer durch die Innenstadt, wobei er allerdings oft auf Gehsteigen und gegen Einbahnen fahren muss. Auch auf der Freyung fährt *A.*, um dem Fahrzeugstau auf der Fahrbahn auszuweichen, auf dem Gehsteig. Dabei übersieht er, dass ein Teil des Gehsteiges mit einem historischen Pflaster aus Rundkopfsteinen belegt ist, die in regennassem Zustand für Radfahrer mehr als unangenehm sind. *A.* gerät tatsächlich ins Schleudern und stürzt. Dabei kommt es zu mehreren Schädigungen:

Der Fußgänger *Cassius C.*, der als Tourist in Wien ist, wird von *Anton A.* niedergestoßen und erleidet Schnittwunden durch die zerbrechende Mineralwasserflasche sowie einen Riss im Mantel und Hautabschürfungen durch den Kontakt mit dem Fahrrad.

Am Rad des *Emilio E.* sind die beiden Felgen zu ersetzen, wobei aufgrund der besonderen Bauweise alleine die Felgen € 1.810,– kosten.

Und schließlich ist auch das Relais, das für *D.* bestimmt war, durch die Erschütterung beschädigt. Der Wert des Relais beträgt zwar „nur" € 290,–, durch die nicht rechtzeitige Lieferung entsteht allerdings ein Folgeschaden in Höhe von zusätzlich € 870,–.

*Anton A.* selbst ist nicht nur geschockt, sondern erleidet einen offenen Bruch des rechten Handgelenks. Die Verletzung verheilt schlecht, sodass eine Einschränkung der Bewegungsfähigkeit des rechten Handgelenks zurückbleibt.

a) **Da *A.* dem *C.* Schadenersatz in Höhe von insgesamt € 2.180,– zahlen muss, überlegt er, diesen Betrag sowie die € 1.810,–, die er dem *E.* ersetzen muss, von *Bertram B.* zu fordern. Beurteilen Sie, ob *A.* Ersatz von *B.* verlangen kann!**

b) ***B.* fordert seinerseits von *A.* Ersatz für den Schaden von insgesamt € 1.160,–, der ihm einerseits am Relais, andererseits durch die Forderungen des *D.* entstanden ist. Beurteilen Sie, ob *B.* diesen Ersatz erfolgreich verlangen kann!**

**c)** Als *A.* von der Unfallversicherung die Feststellung begehrt, dass seine Einschränkung auf einem Arbeitsunfall beruht, erhält er einen abschlägigen Bescheid. Es handle sich nicht um einen Arbeitsunfall, weil *A.* nicht am direkten Weg, sondern gegen Einbahnen und auf Gehsteigen gefahren sei; dass er dabei auf einer in ihrer Oberfläche atypisch gestalteten Verkehrsfläche gestürzt sei, sollte gerade durch die Verkehrsvorschriften verhindert werden. Überdies sei der Bruch nur deswegen so schwer in seinen Folgen, weil er die rechte Hand nicht am Lenker, sondern am Gepäckträger gehabt habe, um die Mineralwasserflasche zu halten. Wäre die Hand vorne gewesen, hätte er sich rechtzeitig anders abfedern können. Prüfen Sie, ob die Verletzung des *A.* auf einem Arbeitsunfall beruht!

**Literatur- und Judikaturhinweise:**

*Brodil/Gruber-Risak*, Arbeitsrecht in Grundzügen[11] (2022) Rz 298 ff.
*Brodil/Windisch-Graetz*, Sozialrecht in Grundzügen[9] (2021) 106 ff.
*Windisch-Graetz*, Arbeitsrecht II[12] (2023) 243 ff.

# DELIVERY SERVICE MIT HINDERNISSEN (FALL 44)

Es ist eine Zeiterscheinung, dass die Menschen sich in die Geborgenheit ihrer vier Wände zurückziehen. Diesem Trend des Cocoonings trägt auch die Gastronomie Rechnung: Nach den Pizzadiensten engagieren sich verstärkt Restaurants nicht nur im Party-Service, sondern bringen bestellte Menüs nach Hause.

Auch *Alois A.*, Besitzer eines feinen Haubenlokals in der Wiener Innenstadt, hat seit einigen Monaten einen derartigen Geschäftszweig gestartet, der als Home-Service beworben wird: Zu den 21 MA, die in Küche, Keller und Service das feine Lokal in Schwung halten, hat er seit 1. Oktober vier Burschen, unter ihnen *Bert B.*, eingestellt, die täglich außer Montag zwischen 18.00 und 22.00 Uhr Menüs ausliefern. Dazu stellt *A.* ihnen seinen kleinen Lieferwagen zur Verfügung.

Am Silvestertag ist die Nachfrage nach dem Home-Service sehr groß; *A.* bittet daher einen Bekannten, *Carl C.*, für € 75,– „schwarz" aushilfsweise zu arbeiten. Da dieser allerdings kein Auto hat, schlägt *B.* dem *A.* vor, er solle *C.* jenen Lieferwagen überlassen, den sonst er, *B.*, verwende; er selbst könne an Silvester ein Auto seines Vaters benutzen. *A.* ist einverstanden und erklärt sich bereit, *B.* dafür zusätzlich € 15,– zu bezahlen.

*B.* und *C.* fahren an jenem Abend jeweils vier Kundenadressen an. Als *C.* gegen 23.00 Uhr den Wagen zurückbringt, ersucht ihn *A.*, noch rasch im Restaurant auszuhelfen und bei einem Flambierwagen die Gaskartusche zu tauschen. Dabei hantiert er allerdings so unsachgemäß, dass am Wagen ein Schaden von € 580,– entsteht; er selbst erleidet durch eine Stichflamme leichte Verbrennungen an der linken Hand.

Auch für *B.* verläuft der Silvesterdienst schlimm. Er absolviert zwar die Kundenbesuche problemlos mit dem Auto seines Vaters; nach dem letzten Besuch muss er jedoch nochmals ins Restaurant fahren, um einem der Kunden noch drei zusätzliche Flaschen erlesenen Weißweines nachzuliefern. Dies bringt seinen Zeitplan durcheinander: Da er bereits um 23.00 Uhr mit seiner Freundin für einen Silvesterball verabredet war, packt er rasch den Wein und ruft dem Chef zu, er fahre nicht gleich zum Kunden, sondern werde noch vorher seine Freundin abholen und den Wein in etwa einer halben Stunde auf der Fahrt zum Ball abliefern. Der Chef ruft ihm noch nach, dass er damit einverstanden sei; was er allerdings nicht weiß, ist, dass *B.* zwar nach wie vor mit einem Wagen seines Vaters unterwegs ist, dass dieser ihm aber in Anbetracht des angekündigten Schneefalls und Glatteises seinen Geländewagen geborgt hatte.

Mit diesem erleidet *B.* auf der Fahrt von seiner Freundin zum Kunden einen Unfall, als er einem betrunkenen Silvesterfeiernden, der unvermittelt auf die Fahrbahn torkelt, ausweichen will: *B.* verreißt den Wagen und schlittert gegen einen Mast. Am Auto entsteht ein Schaden von € 5.810,–; *B.* erleidet Schnittwunden im Gesicht und eine Gehirnerschütterung, die ihn für sechs Wochen zur Gänze und für weitere vier Monate zur Hälfte arbeitsunfähig machen.

Sowohl *B.* als auch *C.* begehren die Feststellung, dass ihre Verletzungen auf Arbeitsunfällen beruhen. Die Unfallversicherung ist jedoch nicht bereit, die Unfälle als Arbeitsunfälle anzuerkennen: *C.* sei nicht Dienstnehmer und überdies „schwarz" beschäftigt gewesen; und wenn *B.* seinem Chef so entgegenkomme, dass er auf der Fahrt zum Ball noch einem Kunden drei Weinflaschen bringe, sei dies eine Sache, die die Unfallversicherung nicht tangiere.

*B.* fordert von *A.* Ersatz für die Kosten der Autoreparatur. Dieser wendet ein, er sei nicht bereit, auch nur irgendeinen Groschen dafür zu zahlen, wenn *B.* nicht mit einem Dienstauto fahre. Außerdem sei er selbst schuld, wenn er eine Luxuskarosse verwende; wäre der Unfall mit einem seiner Lieferwagen passiert, würde die Reparatur maximal € 1.810,– kosten.

*A.* fordert von *C.* Ersatz für den Schaden am Flambierwagen; kein Mensch hätte es im Entferntesten für möglich gehalten, dass sich *C.* so ungeschickt anstellen würde.

**a) Prüfen Sie, ob es sich bei den Unfällen von *B.* und *C.* um Arbeitsunfälle handelt!**

**b) Beurteilen Sie den Schadenersatzanspruch des *B.* gegen *A.* hinsichtlich der Reparaturkosten!**

**c) Wird *A.* gegen *C.* mit Erfolg Ersatz für den Schaden am Flambierwagen fordern?**

**Literatur- und Judikaturhinweise:**

*Brodil/Gruber-Risak*, Arbeitsrecht in Grundzügen[11] (2022) Rz 298 ff.
*Brodil/Windisch-Graetz*, Sozialrecht in Grundzügen[9] (2021) 106 ff.
*Windisch-Graetz*, Arbeitsrecht II[12] (2023) 243 ff.

# AUF ABWEGEN (FALL 45)

*Max* arbeitet als Autoverkäufer im Autohandelsbetrieb des *Karl* (monatliches Nettoeinkommen: € 1.200,–). *Max* steht für seine zahlreichen Kundenbesuche ein Dienstwagen zur Verfügung. Obwohl er für seinen Arbeitgeber zur Absolvierung von Kundenbesuchen viel unterwegs ist (ca 5.000 km im Monat), hat er bis jetzt keine nennenswerte Havarie verschuldet. Nicht zuletzt deswegen wird er von seinem Arbeitgeber als guter Autofahrer sehr geschätzt, außerdem ist er strikter Antialkoholiker.

Am 4.11. trat *Max* im ausgeruhten Zustand seinen Dienst an. Am Nachmittag fuhr er mit seinem Firmenwagen von Wien nach St. Pölten, um dort für *Karl* Kunden zu besuchen. Da er keine geregelte Arbeitszeiteinteilung hatte, blieb ihm auch die Arbeitseinteilung weitgehend überlassen. Als *Max* seine beruflichen Verpflichtungen gegen 19 Uhr erfüllt hatte, besuchte er eine in St. Pölten lebende Freundin, mit der er essen ging. Gegen 22 Uhr kamen die beiden in die Wohnung der Freundin zurück, wo sie sich noch zum Tratschen zusammensetzten. Um ca 23.30 Uhr legte sich *Max* zum Ausruhen ein wenig nieder. Knapp vor 3 Uhr früh stand er auf, trank noch eine Tasse Kaffee und trat – ohne sich übermüdet zu fühlen – die Rückfahrt von St. Pölten nach Wien an. Für diese Fahrt benötigt er normalerweise eine Stunde. Der Verkehr war gering, die Sicht war jedoch durch starken Bodennebel eingeschränkt. Gegen 4.15 Uhr übermannte *Max* ein sog „Sekundenschlaf“, währenddessen er die Herrschaft über seinen Wagen verlor und von der Fahrbahn abkam. Aufgrund seiner geringen Geschwindigkeit ging der Unfall relativ glimpflich aus. *Max* zog sich eine Schnittwunde an der Unterlippe zu, erlitt eine Rippenprellung und verlor vier Zähne. Er musste ins Krankenhaus gebracht werden, blieb dort einen Tag und war dann in der Folge eine Woche im Krankenstand. Am Auto entstand ein Sachschaden in der Höhe von rund € 5.800,–.

**a) Erlitt *Max* einen Arbeitsunfall?**

**b) Welche Schadenersatzansprüche hat *Karl* gegenüber *Max*?**

**Literatur- und Judikaturhinweise:**

*Brodil/Gruber-Risak*, Arbeitsrecht in Grundzügen[11] (2022) Rz 298 ff.
*Brodil/Windisch-Graetz*, Sozialrecht in Grundzügen[9] (2021) 106 ff.
*Windisch-Graetz*, Arbeitsrecht II[12] (2023) 243 ff.

# GELATERIA BUONGIORNO – SAISONBEGINN (FALL 46)

*Paolo* und *Giovanna C* führen drei Eissalons in Form einer OG in Wien. Einer der Eissalons befindet sich in Wien XXI. Das Lokal geht auf die Straße hinaus, durch den Gassenverkauf wird der größte Umsatz erzielt. Vor dem Lokal sind einige Tische aufgestellt, weitere Gäste finden im Lokal Platz. Die Produktion ist im Nebenhaus untergebracht. Die anderen zwei Eissalons befinden sich in Wien IV und Wien V. In den Lokalen wird ganzjährig Eis verkauft.

Im Lokal in Wien XXI sind 5 AN ständig beschäftigt, wobei *Giulia* ausschließlich die sitzenden Gäste bedient und kassiert, *Romana*, *Alfredo, Toni* und *Marina* dagegen sowohl als Kellner:innen als auch als Eisverkäufer:innen tätig sind. Werden weitere Arbeitskräfte benötigt, werden diese nach Bedarf, auch stundenweise, eingestellt.

In der Produktion sind ebenfalls 5 AN beschäftigt: *Gianni*, *Piero*, *Nina*, *Tina* und *Ivana*, wobei Letztere vor allem für die Reinigungsarbeiten zuständig ist.

Den Betrieb organisiert in kaufmännischer Hinsicht *Luigi*, ebenfalls AN der *C.-OG*. *Paolo* selbst kümmert sich dagegen um die anderen beiden Eissalons. *Luigi* legt fest, welche Eissorten produziert werden, regelt den Einkauf, macht die Buchhaltung und kümmert sich um Personalangelegenheiten. Zwei Drittel seiner Arbeitszeit verwendet er allerdings auch dafür, im Lokal Eis im Gassenverkauf zu verkaufen.

1. **Die *C.-OG* gehört dem Kollektivvertrag für Konditoren und Gefrorenenerzeuger, abgeschlossen zwischen der Bundesinnung der Konditoren und dem Österreichischen Gewerkschaftsbund, an. Der Geltungsbereich dieses KV umfasst allerdings nur die Arbeiter:innen. Auf welche AN der *C.-OG* werden die Bestimmungen des KV daher anwendbar sein?**
2. ***Paolo* und *Luigi* wollen miteinander einen neuen Arbeitsvertrag abschließen, der auf die spezielle Tätigkeit *Luigis* besonders zugeschnitten ist. Die beiden kommen zu Ihnen um Rat. *Paolo* ist besonders daran interessiert, dass *Luigi* seine Kenntnisse und Fähigkeiten nicht bei Konkurrenzunternehmen verwertet. Sowohl *Luigi* als auch *Paolo* sind daran interessiert, dass *Luigi* mindestens 60 Stunden in der Woche arbeitet. Wäre das zulässig? Welche Regelungen würden Sie im Interesse beider empfehlen?**
3. ***Marina* hatte in den letzten fünfzehn Jahren jeweils über die Hochsaison befristete Arbeitsverträge (1. März bis Mitte Oktober) abgeschlossen. Jetzt würde sie gerne zurück nach Italien gehen und überlegt sich daher, ob sie nicht Anspruch auf Abfertigung hätte. Der gewerkschaftlich engagierte *Gianni* meint, es handle sich bestimmt um unzulässige Kettenverträge. Sie hätte daher Anspruch auf Abfertigung im Ausmaß von sechs Monatsgehältern.**
4. ***Luigi* und *Paolo* vereinbaren im Arbeitsvertrag eine Konkurrenzklausel. *Luigi* wird für die Dauer eines Jahres nach Beendigung des Arbeitsverhältnisses jegliche Tätigkeit in Eissalons europaweit untersagt.**

**Literatur- und Judikaturhinweise:**

*Brodil/Gruber-Risak*, Arbeitsrecht in Grundzügen[11] (2022) Rz 113 ff, 224, 398.
*Kietaibl*, Arbeitsrecht I[12] (2023) 197 ff.
*Marhold/Brameshuber/Friedrich*, Österreichisches Arbeitsrecht[4] (2021) 67 ff, 136 ff, 153 ff, 178 ff, 539 ff.
*Windisch-Graetz*, Arbeitsrecht II[12] (2023) 47 ff, 127 ff, 167 ff, 332 ff, 340 ff.

# GELATERIA BUONGIORNO – SCHWARZER FREITAG (FALL 47)

**Wichtig:** Der Sachverhalt des Falles „Saisonbeginn" ist unbedingt mitzuberücksichtigen!

Zweimal in der Woche fährt *Luigi* um sechs Uhr in der Früh zum Großgrünmarkt nach Inzersdorf, um frisches Obst zu besorgen. Am Freitag, den 6.3.2024 ist *Luigi* wieder dorthin unterwegs. Er muss diesmal mit seinem eigenen Auto fahren, da der Firmenwagen beim Service ist und daher für drei Tage nicht zur Verfügung steht.

Am Rückweg fährt *Luigi* nicht direkt zum Eissalon, sondern macht einen kleinen Umweg, um im Cafe eines guten Freundes eine Viertelstunde seinen Morgenkaffee zu trinken und ein bisschen zu plaudern. Der Freund gibt ihm zum Schluss ein paar Flaschen Brunello di Montalcino mit, die er gerade aus Italien geliefert bekommen hat, „für gemütliche Abendstunden". Dann nimmt *Luigi* seinen ursprünglichen Weg wieder auf. Er fährt wie immer etwas zu schnell über den Handelskai. Ein anderer Autofahrer wechselt, ohne zu blinken, die Spur und will sich vor *Luigi* einreihen. Dabei streift er mit seiner rechten Seite Luigis Auto. *Luigis* linker Kotflügel und der Scheinwerfer sind vollkommen beschädigt. Der Schaden beträgt € 2.000,–, *Luigi* selbst trägt Schnittwunden an der rechten Hand davon, verursacht durch eine der Weinflaschen, die er auf dem Beifahrersitz gelagert hatte. Wieder beim Eissalon angekommen, muss *Luigi* das Obst abladen und in die Produktionsräume tragen. Er ruft *Gianni* und *Piero* zu sich und meint, sie sollten ihm helfen. Er gibt ihnen Anweisungen, dass sie das Obst in die Küche bringen sollen. Dort hat *Ivana* soeben fertig aufgewaschen. *Gianni*, der gerade zwei Steigen Erdbeeren hereinträgt, rutscht auf dem glitschigen Boden aus – *Paolo* hat aus Kostengründen keine rutschfesten Fliesen verlegen lassen – und stürzt so unglücklich, dass er sich die rechte Hüfte bricht. Die Verletzung ist so schwer, dass *Gianni* nach ärztlichem Gutachten für ein Jahr in seiner Erwerbsfähigkeit um 30 % gemindert sein wird.

Doch noch ein Missgeschick passiert an diesem Tag. *Piero* trägt zwei schwere, bis oben hin mit Eis angefüllte Metallbehälter von der Produktion in den Eissalon. Er stolpert über die Türschwelle und verliert dabei das Gleichgewicht, sodass er mit den beiden Eistöpfen in die dort aufgestellte Kühlvitrine fällt und das Glas zerbricht. Der Schaden an der Vitrine beträgt € 2.500,–.

1. **Kann *Luigi* von seinem AG den Ersatz des Schadens an seinem Auto verlangen?**
2. **Wird die Unfallversicherung für *Luigis* Schnittwunden leistungspflichtig?**
3. **Welche Ansprüche hat *Gianni* gegen die UV? Gegen wen könnte *Gianni* Schmerzengeldansprüche richten?**
4. **Muss *Piero* der *C.-OG* den Schaden in der Höhe von € 2.500,– an der Kühlvitrine ersetzen?**

**Literatur- und Judikaturhinweise:**

*Brodil/Gruber-Risak*, Arbeitsrecht in Grundzügen[11] (2022) Rz 298 ff.
*Brodil/Windisch-Graetz*, Sozialrecht in Grundzügen[9] (2021) 106 ff, 134 ff.
*Marhold/Brameshuber/Friedrich*, Österreichisches Arbeitsrecht[4] (2021) 320 ff.
*Windisch-Graetz*, Arbeitsrecht II[12] (2023) 243 ff.

# GELATERIA BUONGIORNO – DER KNUSPERBECHER-HAI (FALL 48)

**Wichtig**: Der Sachverhalt des Falles „Saisonbeginn“ ist unbedingt mitzuberücksichtigen!

*Piero* ist mit seiner Stellung bei der *C.-OG* unzufrieden. Er ist 36 Jahre alt, hat Familie, eine Frau und zwei Kinder im Alter von drei und fünf Jahren, außerdem muss er seine Eltern in Italien finanziell unterstützen. Für ein Auto und den Genossenschaftsbeitrag für seine Wohnung hat er Kredite in der Höhe von € 900,– monatlich laufen. Als Mitarbeiter in der Eisproduktion verdient er lediglich € 2.400,– brutto. Er überlegt daher, sich selbständig zu machen, und erkundigt sich nach Eissalons, die er als Pächter übernehmen könnte. Als die Sache einigermaßen konkret wird, fragt er *Gianni* und *Marina*, ob sie nicht mit ihm gehen wollen, und bietet ihnen gute Konditionen, insbesondere eine überkollektivvertragliche Entlohnung an, sollten sie für ihn arbeiten. Im Übrigen verleiht er seiner Unzufriedenheit bei der *C.-OG* dadurch Ausdruck, dass er versucht, Kollegen gegeneinander auszuspielen, konspiriert, kurz: das Arbeitsklima beträchtlich verschlechtert.

Als *Luigi* davon erfährt, dass *Piero* seine besten Mitarbeiter:innen abwerben will, ist er äußert erbost und entlässt *Piero*, mit dem er schon seit längerem unzufrieden ist, am 5.8.2024.

1. ***Piero* überlegt sich zunächst, ob er die Entlassung anfechten soll. Hätte er mit einer Anfechtung Erfolg?**
2. **Dann entschließt er sich aber doch, den Pachtvertrag abzuschließen und die *C.-OG* zu verlassen. Kann er andere Ansprüche gegenüber seinem AG aufgrund der Entlassung durchsetzen?**

**Literatur- und Judikaturhinweise:**

*Brodil/Gruber-Risak*, Arbeitsrecht in Grundzügen[11] (2022) Rz 418 ff, 425, 481 ff.
*Marhold/Brameshuber/Friedrich*, Österreichisches Arbeitsrecht[4] (2021) 415.
*Windisch-Graetz*, Arbeitsrecht II[12] (2023) 127 ff, 275 ff.

# KAMPF UM DEN ARBEITSPLATZ (FALL 49)

Die überwiegend auf Export ausgerichtete *Schoko GmbH*, die über 500 Mitarbeiter:innen beschäftigt, musste im Geschäftsjahr 2019/20 wegen starker Umsatzrückgänge Verluste in Millionenhöhe schreiben. Die Geschäftsführung hat daher ein Programm zur Kostenreduktion ausgearbeitet, in dem auch Personalabbaumaßnahmen vorgesehen sind. In Zuge dieser Maßnahmen werden die Leiterin der Verpackungsabteilung, *Sally* (ihre Abteilung wird mit der Lackierabteilung zusammengelegt), die Servicetechnikerin *Emma* und der Fakturist *Friedrich* gekündigt. *Emma* arbeitet in einem Betrieb ohne Betriebsrat. Bezüglich der beabsichtigten Kündigung der beiden anderen Arbeitnehmer:innen wird der jeweils zuständige Betriebsrat rechtzeitig informiert. Betreffend *Sally* erhebt er Widerspruch, hinsichtlich *Friedrich* wird jedoch keine Erklärung abgegeben.

Alle drei Arbeitnehmer:innen fechten die Kündigung vor dem Arbeits- und Sozialgericht an und bringen vor, dass die Exportschwierigkeiten vor allem auf die Überalterung der Produktionsanlagen und -methoden zurückzuführen seien. Der *Schoko GmbH* liege ein von ihr eingeholtes betriebswirtschaftliches Gutachten vor, demzufolge sich die Lage des Unternehmens durch entsprechende Investitionen relativ rasch verbessern würde. Dadurch ließen sich die Kündigungen vermeiden. Nach Auskünften des Arbeitsmarktservice müssen sie damit rechnen, mindestens 300 Tage arbeitslos zu sein.

a) Die 49-jährige *Sally* bringt weiters vor, dass sie schon seit 18 Jahren in dem Unternehmen beschäftigt sei und zuletzt monatlich € 2.700,– verdient habe. Ihr Mann sei aus Gesundheitsgründen schon seit Jahren nicht mehr berufstätig, für einen Wohnbaukredit habe sie monatlich € 450,– zurückzuzahlen. Sie sei außerdem bereit, die Arbeit der unverheirateten 27-jährigen Angestellten *Kate* aus der Verpackungsabteilung zu übernehmen, die sie bisher im Falle ihrer Verhinderung vertreten habe.

b) Die 38-jährige *Emma* verdiente monatlich € 1.950,–, ihr ebenfalls berufstätiger Ehegatte € 1.500,–. Sie haben für ihren 14-jährigen Sohn zu sorgen. Weitere Kosten entstehen durch die zur Erreichung der Arbeitsstätten verwendeten beiden PKW, das Motorrad des Sohnes und durch die Rückzahlung eines Kredits in Höhe von monatlich € 430,– für den Ankauf eines Segelbootes. *Emma* beruft sich darauf, dass viele ihrer Kolleg:innen laufend bis zu 20 Überstunden in der Woche verrichten. Durch eine Reduktion dieser Überstunden ließe sich ihre Kündigung vermeiden. Außerdem komme neben ihr eine schon seit Jahren eingesetzte Leiharbeitskraft als Servicetechnikerin zum Einsatz, durch die Beendigung der Arbeitskräfteüberlassung lasse sich ihre Kündigung ebenfalls vermeiden.

c) *Friedrich* ist 58 Jahre alt, mit 10 Stunden pro Woche teilzeitbeschäftigt und verdient monatlich € 820,–. Seine Ehegattin verdient als leitende Angestellte in einer Bank monatlich € 5.800,–. Sie haben einen 23-jährigen studierenden Sohn. *Friedrich* verfügt über 223 Versicherungsmonate in der Sozialversicherung und hat damit die „ewige Anwartschaft“ in der Pensionsversicherung erfüllt. Er verweist darauf, dass sich unter den nicht gekündigten drei weiteren Fakturist:innen eine unverheiratete und kinderlose Kollegin befinde. Es gäbe zudem im Expedit einige Angestellte mit einfacheren Aufgaben, deren Arbeit er jederzeit übernehmen könnte.

Die *Schoko GmbH* beantragt die Abweisung der Anfechtungen. Sie verweist darauf, dass ihr die Vorschläge in dem betriebswirtschaftlichen Gutachten zu riskant erschienen. Die Einsparung der Leiterin der Verpackungsabteilung sei ein wichtiger Rationalisierungsschritt und für die Gesundung des Unternehmens wichtig. Die Auswahl der zu kündigenden Arbeitnehmer:innen habe sie unter Abwägung betrieblicher Erfordernisse und der sozialen Situation vorgenommen. *Emma* sei noch jung, *Friedrich* könne bald in Pension gehen, und beide seien durch das Einkommen ihrer Ehepartner:innen abgesichert. Die Überstunden im Servicebereich ließen sich nicht senken, da diese Überstunden im Rahmen des mit den Servicetechniker:innen vereinbarten Überstundenpauschales geleistet werden. Eine Beendigung der Arbeitskräfteüberlassung komme nicht in Betracht, da die Leiharbeitskraft einen höheren Ausbildungsstand aufweise und durch *Emma* nicht ersetzt werden könne. *Kate* habe sich im manipulativen Bereich bestens bewährt, wogegen *Sally* administrative Aufgaben erledigte; *Sally* bedürfte erst einer längeren Einschulung, um *Kate* zu ersetzen, und es sei zudem unwahrscheinlich, dass sie deren Leistungsfähigkeit erreichen werde. Kündigungsanfechtung

**Wie ist über die Anfechtungsklagen der drei Arbeitnehmer:innen zu entscheiden?**

**Literatur- und Judikaturhinweise:**

OGH 12.10.1988, 9 Ob A 206/88, DRdA 1991, 33 (*Schwarz*) – wesentliche Interessenbeeinträchtigung.
OGH 22.2.1989, 9 Ob A 39/89, wbl 1989, 274 – Sozialvergleich.
OGH 28.5.2013, DRdA 2014/5 (*Goricnik*) – soziale Gestaltungspflicht und Arbeitskräfteüberlassung.
*Brodil/Gruber-Risak*, Arbeitsrecht in Grundzügen[11] (2022) Rz 449 ff.
*Windisch-Graetz*, Arbeitsrecht II[12] (2023) 266 ff.

# VERFLIXTE VERTRAGSKLAUSELN (FALL 50)

Der ehrgeizige *Florian Flieger* ist schon mit 25 Jahren mit seiner Grundausbildung als Pilot fertig geworden. Er ist ganz besonders talentiert, weshalb die *Flieg-Sicher AG* auf ihn aufmerksam wird und ihm ein Angebot unterbreitet. Nachdem die *Flieg-Sicher AG* eine der bekanntesten Fluglinien weltweit ist, zögert *Florian Flieger* nicht lange und unterschreibt den Vertrag der *Flieg-Sicher AG* am 01.02.2016. Das Bruttoentgelt pro Monat beträgt 4.600 Euro. Dieser Vertrag beinhaltet folgende Klauseln:

*Arbeitsvertrag*

[…]

**2. Dauer des Arbeitsverhältnisses**

Das Arbeitsverhältnis wird auf unbestimmte Zeit abgeschlossen, beginnend mit 1.3.2016. Es wird vereinbart, dass das Dienstverhältnis innerhalb der ersten drei Monate jederzeit ohne Angabe von Gründen sowohl vom Arbeitnehmer als auch von der Arbeitgeberin gelöst werden kann.

[…]

**6. Rückersatz der Ausbildungskosten**

Der Arbeitnehmer hat der Arbeitgeberin die von ihr übernommenen Ausbildungskosten zurückzuzahlen, falls das Arbeitsverhältnis vor Ablauf einer Frist von zehn Jahren nach Beendigung der Ausbildung aufgelöst wird.

**7. Konkurrenzklausel**

Der Arbeitnehmer verpflichtet sich, für die Dauer eines Jahres nach Beendigung seines Dienstverhältnisses im Geschäftszweig der Arbeitgeberin weder selbständig noch unselbständig tätig zu werden. Der Arbeitnehmer nimmt ausdrücklich zur Kenntnis, dass der Absatzmarkt der Arbeitgeberin nicht eingegrenzt werden kann, daher bezieht sich die Verpflichtung auf den weltweiten Flugverkehrsmarkt.

[…]

*Florian Flieger* erhält in den ersten zwei Jahren (bis 1.3.2018) eine spezielle Zusatzausbildung für Passagierflugzeuge. Die anfallenden Kosten werden von der *Flieg-Sicher AG* vollständig übernommen. Am 14.4.2022 beendet die *Flieg-Sicher-AG* das Arbeitsverhältnis zu *Florian Flieger*, dabei verlangt sie von ihm unverzüglich den Ersatz der gesamten Ausbildungskosten (€ 5.670,–).

1. **Muss *Florian Flieger* die Ausbildungskosten an die *Flieg-Sicher-AG* zurückzahlen?**
2. **Wie sind die anderen beiden Klauseln rechtlich zu beurteilen?**

**Literatur- und Judikaturhinweise:**

OGH 8 ObA 211/94, ecolex 1994, 845.
*Brodil/Gruber-Risak*, Arbeitsrecht in Grundzügen[11] (2022) Rz 227 f, 402, 544 ff, 548 ff.
*Marhold/Brameshuber/Friedrich*, Österreichisches Arbeitsrecht[4] (2021) 74 f, 211 ff, 153 ff.
*Windisch-Graetz*, Arbeitsrecht II[12] (2023) 52 f, 327 ff, 290, 340 ff.

# GELATERIA BUONGIORNO – DAS ENDE DER SAISON (FALL 51)

**Wichtig:** Der Sachverhalt des Falles „Saisonbeginn“ ist unbedingt mitzuberücksichtigen!

Ende August 2020 beschließt *Paolo* nach langer Zeit endlich eine Auszeit vom Eisgeschäft zu nehmen und seinen Lebenstraum zu erfüllen: für längere Zeit mit der Familie in seine Heimat nach Italien zu ziehen. Die Geschäftsräumlichkeiten der *C.-OG* in Wien XXI möchte er jedoch nicht ganz aufgeben, sondern vermietet sie ab 1. November an einen Freund, der ein Kaffeehaus in dem Lokal führen möchte.

Die Inneneinrichtung bleibt so, wie sie war, nur einige Kleinigkeiten müssen während der zweimonatigen Renovierungsphase ausgebessert werden. Im Kaffeehaus haben genauso viele Leute Platz wie im Eisgeschäft, lediglich der Schanigarten vor dem Lokal fällt weg. Das Getränke- und Speiseangebot des Lokals ändert sich dagegen. Eis wird im Kaffeehaus keines mehr angeboten, dafür Pizzaschnitten, verschiedene Kleinigkeiten zum Essen sowie Torten und Kuchen; neben den bereits bisher angebotenen Getränken wie Kaffee, Tee und anderen antialkoholischen Getränken werden nun auch alkoholische Getränke angeboten. Der Kaffeehauspächter, *Rudi Rubel*, gehört dem Kollektivvertrag für das Gastgewerbe an, die *C.-OG* dagegen dem KV für Konditoren und Gefrorenenerzeuger.

1. **Um *Rudi* die Übernahme zu erleichtern, kündigt *Paolo* rechtzeitig alle Arbeitsverhältnisse. Die im Eissalon im 21. Bezirk beschäftigten AN wollen gerichtlich gegen diese Kündigungen vorgehen, da sie der Ansicht sind, dass ihre Arbeitsverhältnisse auf *Rudi Rubel* übergegangen sind. Werden sie damit Erfolg haben?**
2. ***Paolo*, der aus einer kinderreichen Familie stammt, zahlt bereits seit Jahren jedem AN, der Kinder hat, monatlich € 35,– an zusätzlichem Gehalt. In einer Zeit, in der es ihm wirtschaftlich besonders gut gegangen ist, hat er damit begonnen, wobei er hinzugefügt hat, dass er diese Leistung ganz freiwillig erbringt. Dann hat er diese Zusatzzahlung kommentarlos über Jahre hin erbracht.**
3. **Angenommen, die Arbeitsverhältnisse gehen tatsächlich auf *Rubel* über, wäre *Rubel* verpflichtet diese Zusatzzahlungen ebenfalls zu leisten? Müsste *Rubel* diese Zusatzzahlungen womöglich auch AN (mit Kindern) gewähren, die er erst später selbst einstellt?**
4. **Durch den Wechsel der Kollektivverträge würden sich die Entgeltbedingungen der AN mit Betriebsübergang verschlechtern. Müssen sie die Einbuße von € 100,– brutto pro Monat hinnehmen?**
5. **Auch die sonstigen Arbeitsbedingungen würden sich durch den Kollektivvertragswechsel verschlechtern. Haben die AN irgendeine Möglichkeit, sich gegen diese Verschlechterung zur Wehr zu setzen?**

**Literatur- und Judikaturhinweise:**

*Brodil/Gruber-Risak*, Arbeitsrecht in Grundzügen[11] (2022) Rz 194 ff, 552 ff, 556.
*Kietaibl,* Arbeitsrecht I[12] (2023) 229 f, 324 ff, 334 f.
*Marhold/Brameshuber/Friedrich*, Österreichisches Arbeitsrecht[4] (2021) 341 ff.
*Windisch-Graetz*, Arbeitsrecht II[12] (2023) 362 ff.

# DER BLUMENMARKT (FALL 52)

*Herr G.* betreibt in Wien Währing ein Blumenhandelsgeschäft, wo er mit zwei Arbeiter: innen Blumen, Blumentöpfe und sonstiges Zubehör wie Blumenerde und -dünger verkauft. Nach der Übergabe der Firma an seine Tochter bleibt er selbst weiterhin im Geschäft; das Unternehmen expandiert aber binnen weniger Jahre: Zunächst in Wien 23, später entstehen auch in anderen Bundesländern Blumengroßmärkte, die *Frau G.* zunächst als Einzelunternehmerin führt und mit Wirkung zum 1. Jänner in eine von ihr gegründete *Blumen-GmbH* einbringt, die die Gewerbeberechtigung für den Blumenhandel besitzt.

In den Märkten sind insgesamt 75 AN beschäftigt, deren Angelegenheiten – wie die der AN im Blumengeschäft – von einer zentralen Personalverwaltungsstelle in Währing wahrgenommen werden. Dort werden auch der Einkauf und die Kalkulation für alle Betriebe zentral erledigt.

Für diese Zwecke hat *Frau G.* mit drei Angestellten ein neues EDV-Programm entwickelt, das ihr einen großen Kostenvorteil gegenüber der Konkurrenz vermittelt. Die EDV-Abteilung befindet sich in einem Hinterzimmer des Blumengeschäfts in Währing, das firmenintern als „Denkerstube" bezeichnet wird. Um ein zweites Standbein zu besitzen, erwirbt die *Blumen-GmbH* in der Folge auch die Gewerbeberechtigung als EDV-Kauffrau und vertreibt dieses Programm selbständig.

Der für die Wartung der verkauften Programme zuständige EDV-Fachmann, *Peter H.*, lässt im März dieses Jahres nach einem Wartungseinsatz geheime EDV-Unterlagen bei einem Kunden liegen und fügt damit der *Blumen-GmbH* einen Schaden von € 14.500,– zu. *Frau G.* ist darüber sehr erzürnt und spricht am 20. März dieses Jahres die Entlassung von *Peter H.* aus.

a) **Die *Blumen-GmbH* gehört einem von einer freiwilligen Berufsvereinigung der Blumenhändler abgeschlossenen Kollektivvertrag für den Blumenhandel und dem allgemeinen Handelskollektivvertrag an, der von der Wirtschaftskammer abgeschlossen wurde und sowohl Blumenhändler als auch EDV-Kaufleute erfasst. Welchem Kollektivvertrag unterliegt das Arbeitsverhältnis von *Peter H.*?**
b) **Ist *Peter H.* verpflichtet, den Schaden im Ausmaß von € 14.500,– zu ersetzen?**
c) **Welche Rechtsfolgen ergeben sich aus der von *Frau G.* ausgesprochenen Entlassungserklärung?**

**Literatur- und Judikaturhinweise:**

*Brodil/Gruber-Risak*, Arbeitsrecht in Grundzügen[11] (2022) Rz 78 ff, 132 ff, 298 ff, 418 ff.
*Kietaibl*, Arbeitsrecht I[12] (2023) 93 ff, 233 ff.
*Windisch-Graetz*, Arbeitsrecht II[12] (2023) 243 ff, 271 ff.

# DES BÄCKERS REICH (FALL 53)

Seit mehr als hundert Jahren werden im Keller eines Hauses im 17. Wiener Gemeindebezirk jeden Morgen wohlriechende Köstlichkeiten aus Eiern, Salz, Milch, Mehl und Germ erzeugt. Die Backstube bietet neben dem Gerät 7 Personen einen Arbeitsplatz. Im ebenerdig gelegenen Verkaufslokal sind seit jeher die Frau des Bäckers und eine Verkäuferin eingesetzt; zwei Botenjungen stellten ehedem in der Früh mit Fahrrädern vorbestellte Semmeln an begüterte und gehbehinderte Bewohner:innen von Häusern der Umgebung zu; heute wird dieses Service nicht mehr geboten. Über alles wacht der Bäcker selbst, die Seele des Geschäfts.

Seit nunmehr 15 Jahren ist *Herr A.* Eigentümer der Bäckerei. Er hat den Betrieb etwas ausgebaut: neben den eigenen Produkten werden seit einigen Jahren Milchprodukte angeboten, die *A.* von der örtlichen Molkerei bezieht; seit zwei Jahren ist *A.* Detaillist eines Kaffeekonzerns und vertreibt neben dessen Kaffeeprodukten auch dessen typische Non-Food-Artikel. Im Verkaufsgeschäft musste a conto dieser Produktausweitung zusätzlich zu den beiden Verkäuferinnen, die seit zehn Jahren hier arbeiteten, noch eine dritte Verkaufskraft angestellt werden.

Der Kaffee hat auch eine zweite Funktion: Als im Anschluss an das Gassenlokal eine Wohnung frei wurde, mietete sich *A.* ein und zog in dem so erweiterten Verkaufslokal seit ebenfalls zwei Jahren einen kleinen Kaffeehausbetrieb auf, der von einer Kellnerin betreut wird.

Seit es ihm heuer gelang, den Nachbarkeller und noch eine anschließende Wohnung zu mieten, erhöhte sich das Volumen des Kaffeehausgeschäfts schlagartig. Nicht mehr nur Brote und Gebäck, sondern auch gute Mehlspeisen und Bäckereien verlassen die Backstube, in der nun 12 Personen arbeiten. Umsatzmäßig steuert das Kaffeehaus heute ca 30% zum Ergebnis des Bäckers bei; der Gewinn des Bäckers verteilt sich zwischen der Bäckerei, dem Kaffeehausbetrieb und dem Verkauf 2 : 1 : 1.

Eines Tages entsteht Streit darüber, welcher Kollektivvertrag auf das Arbeitsverhältnis der Kellnerin im Kaffeehaus anzuwenden ist: Sie meint, dass der für die Bäcker maßgebliche KV Anwendung finden müsse.

Im Zuge der Debatten stellt sich heraus, dass *A.* die Gewerbeberechtigung sowohl als Bäcker als auch als Kaffeesieder sowie die Berechtigung für den Lebensmittel-Einzelhandel besitzt. Für alle drei Gewerbe sind Kollektivverträge abgeschlossen.

Besondere Probleme bereitet auch die Zuordnung der Reinigungskraft, die jeden Tag jeweils zwei Stunden in der Backstube, im Kaffeehaus und im Verkaufslokal arbeitet.

**Nach welchem KV ist die Kellnerin im Kaffeehaus, nach welchem die Reinigungskraft zu bezahlen?**

**Literatur- und Judikaturhinweise:**

*Kietaibl,* Arbeitsrecht I$^{12}$ (2023) 229 ff.
*Brodil/Gruber-Risak*, Arbeitsrecht in Grundzügen$^{11}$ (2022) Rz 132 ff.

# GELATERIA BUONGIORNO – DEMOKRATIE-BESTREBUNGEN (FALL 54)

**Wichtig**: Der Sachverhalt des Falles „Saisonbeginn“ ist unbedingt mitzuberücksichtigen!

*Gianni* trifft eines Tages einen Gewerkschaftsvertreter, der ihm von der Bedeutung der Errichtung eines Betriebsrates erzählt. *Gianni* findet sowieso schon seit längerem, dass die Belegschaft gegenüber *Paolo* mehr Rechte durchsetzen sollte. Er organisiert daher eine Betriebsratswahl für die Produktion. Es kommt zu einem einzigen Wahlvorschlag zugunsten *Luigis*, der italienischer Staatsbürger ist. *Luigi* wird dann auch tatsächlich am 15.5.2020 zum Betriebsrat gewählt. *Paolo* ist mit dem Ausgang der Wahl zufrieden, da er aus der gleichen Gegend wie *Luigi* kommt, sie sich seit langem kennen und schon immer gut miteinander reden konnten.

Die Betriebsratswahl hat auch die AN der anderen Lokale der *C.-OG* aufmerksam gemacht. Die Belegschaft des Lokals in Wien IV, das ausschließlich im Gassenverkauf besteht, besteht aus vier AN. Die Produktion für dieses Lokal befindet sich in dem nicht weit entfernten Lokal in Wien V. Jene Arbeiten, die *Luigi* im Lokal Wien XXI erledigt, erledigt *Paolo* für diese beiden Lokale allein, dh er kauft ein, produziert, nimmt das Personal auf und kalkuliert.

Auch die Belegschaft in Wien IV wählt einen Eisverkäufer, *Bruno*, am 15.6.2020 zum Betriebsrat und verständigt *Paolo* von der Wahl. *Paolo*, der dieses Lokal selbst leitet, ist sauer. Er versteht überhaupt nicht, wieso sich eine derart kleine Mannschaft von nur vier Leuten extra organisieren muss. Er überlegt zunächst einige Zeit und bespricht die Lage mit seiner Schwester *Giovanna*. Am 1.8. möchte er gerichtliche Schritte gegen die Wahl in Wien IV unternehmen.

Auch das Lokal in Wien V möchte nun nicht mehr unvertreten sein. Die dortige Belegschaft von elf AN wählt ebenfalls einen Betriebsrat. *Paolo*, schon vorgewarnt, geht gleich fünf Tage nach Kundmachung der Wahl dagegen gerichtlich vor.

**Wie werden die beiden Verfahren ausgehen?**

**Literatur- und Judikaturhinweise:**

*Brodil/Gruber-Risak*, Arbeitsrecht in Grundzügen[11] (2022) Rz 72 ff, 98.
*Jabornegg* in FS Tomandl, Den Betrieben gleichgestellte Arbeitsstätten 81.
*Kietaibl*, Arbeitsrecht I[12] (2023) 93 ff, 118 ff.
*Marhold,* Betriebsrat ohne Betrieb, ZAS 1980, 211 ff.
*Marhold/Brameshuber/Friedrich*, Österreichisches Arbeitsrecht[4] (2021) 660 ff, 667 ff.

# WINTEREINBRUCH (FALL 55)

*Kate* ist als Kraftfahrerin bei einem Transportunternehmen beschäftigt. Am Morgen des 08.11.2019 fährt sie mit ihrem PKW aus der Garage, um zu dem etwa 50 km entfernten Ort Obsthain zur Arbeit zu fahren. Sie benützt dazu immer ihr eigenes Fahrzeug, da es keine brauchbaren Busverbindungen gibt. Nach ca 30 Metern kommt ihr eine Bekannte entgegen, hält ihren PKW an und teilt *Kate* mit, dass die Bundesstraße in Richtung Obsthain infolge überraschend starken Schneefalles sehr schlecht zu befahren sei und bereits mehrere Fahrzeuge hängengeblieben seien. Bis zu diesem Tag hat es noch nicht geschneit. *Kate* fährt daraufhin in die Garage zurück, um dort die Winterreifen zu montieren. Sie fährt dabei etwas zu weit nach vorne und kann daher zunächst die Reifen nicht wechseln. Aus diesem Grund nimmt sie den Gang heraus und löst die Handbremse. Als sie dann den Wagen etwas zurückschieben will, vernimmt sie plötzlich einen „Schnalzer" und verspürt gleichzeitig einen starken brennenden Schmerz im rechten Fersenbein. Sie wird sofort mit der Rettung ins LKH Vöcklabruck eingeliefert, wo ein Riss der rechten Achillessehne festgestellt wird.

Als ihre direkte Vorgesetzte *Simone* von diesem Unfall erfährt, fragt sie bei der Firmeneigentümerin darum an, ob sie als Repräsentantin des Unternehmens *Kate*, eine ihrer besten Fahrerinnen, im Spital besuchen könne. Die Firmeneigentümerin stimmt zu und stellt ihr zu diesem Zweck ihren von der Chauffeurin *Rosa* gelenkten Mercedes zur Verfügung. Die beiden machen sich gegen 14.00 Uhr auf den Weg ins LKH Vöcklabruck. *Rosa* überschreitet dabei ständig die zulässige Höchstgeschwindigkeit, beim Einfahren in eine unübersichtliche Kurve kommt ihr plötzlich ein anderes Fahrzeug entgegen. Ob ihrer viel zu hohen Geschwindigkeit kann sie nicht mehr rechtzeitig eine Bremsung einleiten und muss das Auto verreißen. Das Ausweichmanöver ist erfolgreich – der Mercedes bleibt unbeschädigt. Leider lässt sich dies von *Simone* nicht sagen: Sie wurde durch den abrupten Ausweichvorgang an die Seitenscheibe geschleudert und erlitt dabei einen Nasenbeinbruch und Rissquetschwunden im Gesicht. *Rosa* setzt den Weg – jetzt in Normalgeschwindigkeit – ins LKH Vöcklabruck fort, wo sie *Simone* in der Unfallambulanz abliefert.

**Fragen:**

1. **Die AUVA lehnt in der Folge *Kates* Antrag auf Versehrtenrente ab, da sich der Unfall im Privatbereich bei einer eigenwirtschaftlichen Tätigkeit ereignet habe. Außerdem beruft sie sich auf den Operationsbericht, in welchem beschrieben ist, dass die Achillessehne an der Rissstelle relativ dünn gewesen sei und außerdem degenerative Veränderungen aufgewiesen habe. Die AUVA wendet deshalb zusätzlich ein, es handle sich um einen sog „Anlageschaden", für den die UV nicht leistungspflichtig ist. Wie beurteilen Sie die beiden Argumente der AUVA?**
2. **Bezüglich *Simone* ist die Frage zu klären, welche Ansprüche sie gegen die AUVA und gegen *Rosa* hat. Kann sich die AUVA an *Rosa* schadlos halten?**

Nach ihrer Genesung vereinbaren *Simone* und die Firmeneigentümerin, dass *Simone* für einen Tag in der Woche von zuhause aus Emails beantworten und geschäftliche Telefonate führen kann. An so einem Tag im Homeoffice stolpert *Simone* auf dem Weg von der

Toilette zum Arbeitsplatz über eine Teppichkannte und bricht sich beim Sturz ihr rechtes Handgelenk.

**Frage:**

1. **Hat *Simone* Ansprüche gegen die AUVA? Hat sich die Rechtslage durch die Covid-19-Gesetzgebung verändert?**

**Literatur- und Judikaturhinweise:**

OGH 27.11.1984, 4 Ob 51/84, JBl 1985, 565 – Aufseher im Betrieb.
OGH 5.7.1995, 10 Ob S 83/95, ZAS 1997/3 (*Pfeil*) – Reifenwechsel, Anlageschaden.
*Bartmann/Ondrejka*, Home-Office in Zeiten von COVID-19, ZAS 2020, 163 (166).
*Brodil/Windisch-Graetz*, Sozialrecht in Grundzügen[9] (2021) 106 ff.
*Risak*, Arbeitsunfall im Homeoffice: Alles neu durch das 3. COVID-19-Gesetz?, CuRe 2020/29.

# Teil III: Hausarbeitsfälle und Seminarfälle

# GLEICHBEHANDLUNGSPROBLEME (FALL 56)

Die Schwestern *Patricia* und *Bea* sind auf Arbeitssuche und forsten am Samstag die Stellenanzeigen in der Tagespresse durch. Dabei finden sie folgende Anzeige:

Wir sind ein metallverarbeitender Betrieb in 1230 Wien und suchen einen ausgebildeten Staplerfahrer mit Führerschein B. Interessenten melden sich bei der *Avenger GmbH* unter 01/6100-0.

*Patricia*, die einen Staplerführerschein besitzt, ist sich nicht sicher, ob die Stelle nur für Männer oder auch für Frauen ausgeschrieben ist. Auf ihre Nachfrage bei der angegebenen Telefonnummer teilt ihr der Geschäftsführer der *Avenger GmbH* mit, dass grundsätzlich nur männliche Mitarbeiter eingestellt würden, weil die Tätigkeit Frauen nicht zumutbar sei. Es handle sich um teilweise schwere Arbeit, die „Manneskraft" erfordere und für die eine Frau „nicht so geeignet" sei. Daraufhin unterlässt *Patricia* eine Bewerbung.

*Bea* wiederum bewirbt sich um die Stelle als Revierstreifenfahrerin bei der *Defender Objektbewachungsgesellschaft mbH*. Im Zuge des Bewerbungsgesprächs wird sie nach ihren Gehaltsvorstellungen befragt, worauf sie angibt, monatlich € 1.500,– brutto verdienen zu wollen. Diesem Gehaltswunsch wird entsprochen und sie wird eingestellt. Schon von Anfang an fällt ihr auf, dass es vielen der ausschließlich männlichen Kollegen schwer fällt, sich an eine weibliche Revierstreifenfahrerin zu gewöhnen. Sie wird wiederholt mit Witzen, die auf die Unterlegenheit des weiblichen Geschlechts abzielen („Blondinen-Witze"), aufgezogen. Da *Bea* blonde Haare hat, treffen sie diese Witzeleien persönlich sehr. Mit der einzigen Kollegin bei der *Defender* mit der sie ein gutes Einvernehmen hat, der Lohnverrechnerin, sowie der Leiterin der Kfz-Reparaturabteilung spricht sie über das „sexistische Arbeitsklima" und beklagt sich bitter darüber.

Als *Bea* dann vier Monate nach der Einstellung von einem Arbeitskollegen, der zum selben Zeitpunkt mit ihr aufgenommen wurde, erfährt, dass dieser bei seinem Bewerbungsgespräch als Monatsbruttolohn € 1.600,– verlangt und bekommen habe, spricht sie sofort beim Geschäftsführer vor. Dieser erwidert ihr, dass sie nicht so gut wie ihr Kollege verhandelt habe, das wirke sich eben beim Entgelt aus. Wenn ihr das Entgelt zu wenig sei, könne sie ja kündigen. Da platzt *Bea* der Kragen: „Nicht nur, dass Sie nichts gegen die Belästigungen unternehmen, jetzt diskriminieren Sie mich auch noch beim Lohn! Ich schei*** auf diesen sexistischen Haufen. Sie werden noch von meinem Anwalt hören!"

Am nächsten Tag spricht *Bea* mit ihrer Schwester *Patricia* bei Ihnen in Ihrer Rechtsanwaltskanzlei vor und beauftragt Sie mit einer Stellungnahme hinsichtlich folgender Fragen:

1. **Was kann *Patricia* hinsichtlich der Stellenausschreibung sowie der Einstellungspraxis der *Avenger GmbH* unternehmen?**
2. **Kann *Bea* wegen des „sexistischen Arbeitsklimas" gegenüber ihren Arbeitskollegen oder gar gegenüber ihrer Arbeitgeberin Ansprüche geltend machen? Wenn ja, welche und in welchem Ausmaß?**
3. **Kann *Bea* die Differenz zum Entgelt ihres Kollegen gegenüber ihrer ehemaligen Arbeitgeberin mit Erfolg geltend machen? Wenn ja, wie viel?**
4. **War der Austritt berechtigt? Welche Rechtsfolgen hat er?**

# REISELEITER (FALL 57)

Die *Lunasol-GmbH* ist ein weltweit agierender Reiseveranstalter. Sie hat ihren Sitz in München, Prinzregentenstraße 24. Geschäftsführer der Gesellschaft sind *Christian Seeberger, Monika Weißensteiner* und *Gabriel Pronold. Lunasol* beschäftigt insgesamt 22 festangestellte Mitarbeiter:innen. *Lunasol* bietet die üblichen Sommer- und Winterarrangements an, veranstaltet aber auch Spezialreisen, wie zB wissenschaftliche Reisen nach Südamerika und in den Fernen Osten oder Opernreisen in die wichtigsten Kulturstädte Europas. Das Programm wird ergänzt durch Wochenendbusreisen in die bayerische Landschaft.

*Lunasol* vergibt als Reiseveranstalter Pauschalreisen, die sich aus Leistungen verschiedener Unternehmen zusammensetzen, wie Beförderungsunternehmen, Beherbergungsbetriebe und örtliche Reiseleitungen. Die Tätigkeit des Reiseveranstalters besteht darin, die einzelnen Reisedienstleistungen auszuwählen, sie aufeinander abzustimmen und zu einer Leistungseinheit zusammenzufügen.

*Lunasol* hat in verschiedenen Ländern Partnerreisebüros, die für eine ordnungsgemäße Abwicklung der Reisen vor Ort zu sorgen haben. In Österreich wird *Lunasol* von *Gruber-Reisen* vertreten. *Gruber-Reisen* ist als Gesellschaft mit beschränkter Haftung im Firmenbuch eingetragen (Handelsgericht Wien). Gesellschafter sind *Herta Gruber* mit 66 % der Geschäftsanteile, *Peter Gruber* mit 10 % und die *Lunasol-GmbH* mit 24 % der Anteile. Geschäftsführer:innen der *Gruber-Reisen* sind *Peter Gruber* und *Monika Weißensteiner.*

Die Partnerreisebüros haben vor allem die Quartiere und das örtliche Rahmenprogramm zu organisieren. Mit dem Kauf eines Pauschalarrangements erwirbt der Kunde von *Lunasol* den Anspruch auf Transport vom Heimatort zum Zielort, auf Unterkunft und Verpflegung sowie auf ein Freizeitprogramm am Zielort. Zu diesem Freizeitprogramm kommen noch Sonderveranstaltungen, die zwar im Katalog angeboten, aber nicht im Pauschalpreis der Reise enthalten sind. Bei Spezialreisen (zB botanische Reisen, Reisen zu Ausgrabungsstätten) gehört auch die Betreuung der Teilnehmer:innen während der gesamten Reise zum Leistungsangebot von *Lunasol.*

Für die Betreuung der Reisenden werden von *Lunasol* Reiseleiter:innen beschäftigt. Bei Wochenfahrten oder wissenschaftlichen Reisen haben die Reiseleiter:innen die Kund:innen am Flughafen oder am Busbahnhof zu erwarten, während der gesamten Fahrt zu begleiten und nach Abschluss der Reise wieder am Flughafen oder Busbahnhof zu verabschieden. Bei den klassischen Pauschalarrangements werden so genannte örtliche Reiseleiter:innen eingesetzt. Diese haben die Gäste am Flughafen abzuholen und in die Quartiere zu bringen. Die Quartiere sind von *Lunasol* vorbestellt, die örtlichen Reiseleiter:innen sind aber berechtigt und verpflichtet, andere Quartiere zu organisieren, wenn sich vor Ort herausstellt, dass die gebuchten Quartiere Mängel haben. Überdies sollen die örtlichen Reiseleiter:innen Sonderveranstaltungen organisieren, wie zB Begrüßungscocktails, Ortsinformationsrundgänge, Wanderungen, Diavorträge, Fahrten in kulturell interessante Städte mit Stadtführung oder Einkaufstouren.

*Lunasol* unterscheidet zwischen a) eigenen Angestellten, die vorwiegend oder gelegentlich als Reiseleiter:innen tätig sind, und b) freiberuflich tätigen Reiseleiter:innen. Dazu kommen noch Angestellte der örtlichen Partnerreisebüros, die für *Lunasol* tätig werden. *Lunasol* verwendet insgesamt 5 eigene Angestellte als Reiseleiter:innen, die Zahl der freiberuflich tätigen Reiseleiter:innen schwankt. In der Hochsaison sind etwa 14 bis

15 Personen eingesetzt. Die Rekrutierung der freiberuflichen Reiseleiter:innen erfolgt im Wesentlichen durch Stellenausschreibungen im Internet. Für die Betreuung der Pauschalreisenden am Urlaubsort werden überwiegend Student:innen aufgenommen, die wissenschaftlichen Reisen werden von erfahrenen Personen mit Studienabschluss begleitet.

*Gloria Kugler* ist 28 Jahre alt. Sie ist deutsche Staatsbürgerin und studiert an der Universität Wien Botanik. *Kugler* ist auch bei ihren Eltern in Regensburg, Prüfeninger Straße 54, gemeldet. In Wien bewohnt sie ein Zimmer im Studentenheim, das sie mit einer Kollegin aus Frankreich teilt. Die Ferien verbringt *Gloria Kugler* meist bei ihren Eltern, im Sommer stehen die Zimmer im Studentenheim nicht zur Verfügung, weil das Heim als Hotel genutzt wird. Im September 2023 hatte *Kugler* – während ihres Aufenthaltes in Regensburg – im Internet die Stellenausschreibung von *Lunasol* gelesen. Sie erkundigte sich telefonisch bei *Lunasol*, ob eine Beschäftigung als Reiseleiterin möglich wäre. Sie wurde mit der Geschäftsführerin *Monika Weißensteiner* verbunden. *Weißensteiner* erkundigte sich nach den Kenntnissen von *Gloria Kugler*. *Weißensteiner* war an einer Beschäftigung von *Kugler* interessiert und forderte *Kugler* zu einem persönlichen Vorstellungsgespräch Anfang Oktober in München auf. *Kugler* sagte, sie könne zu dieser Zeit nicht in München sein, weil sie in Wien studiere und Prüfungen absolvieren müsse. *Weißensteiner* antwortete, das mache nichts, *Kugler* solle sich im Oktober bei *Gruber Reisen* in Wien melden. Dort werde man dann weitersehen.

Am 16. Oktober 2023 sprach *Gloria Kugler* bei *Gruber Reisen* wegen der Stelle bei *Lunasol* vor. *Peter Gruber* war bereits informiert, dass sich jemand bei ihm wegen einer Stelle als Reiseleiterin von *Lunasol* melden werde. *Gruber* führte ein Gespräch mit *Gloria Kugler*; er erkundigte sich nach dem Studienfortgang und den erfolgreich abgelegten Prüfungen. *Gruber* teilte mit, dass *Kugler* sowohl bei den klassischen Pauschalreisen als auch bei botanischen Reisen eingesetzt werden könne. Am Ende des Gespräches erklärte *Gruber*, er werde alles mit seiner Co-Geschäftsführerin, *Frau Weißensteiner*, besprechen, die in den nächsten Tagen ohnehin nach Wien kommen werde. *Kugler* werde dann Nachricht erhalten, ob sie bei *Lunasol* arbeiten könne. Am 29. Oktober 2023 erhält *Kugler* von *Gruber* per E-Mail die Nachricht, dass sie bei *Lunasol* als Reiseleitern arbeiten könne. Sie werde in den nächsten Tagen von *Lunasol* einen Vertragstext erhalten, den sie unterschreiben und an *Lunasol* nach München zurücksenden solle. Eine Kopie des Vertrages möge sie an *Gruber-Reisen* faxen. Das Schreiben von *Lunasol* trifft am 5. November 2023 bei *Kugler* ein.

Das Schreiben enthält ua folgende Passagen:

> *„Frau Gloria Kugler, geboren am 4. März 1996, wird von Lunasol-GmbH bis auf weiteres als Reiseleiterin eingesetzt. Die konkreten Einsätze werden von Lunasol rechtzeitig, mindestens 14 Tage im Voraus, bekanntgegeben. Die Ablehnung eines Arbeitseinsatzes ist nur aus wichtigen Gründen zulässig. Wird eine örtliche Reiseleitung übertragen, hat die Vertragspartnerin den Transfer der Gäste vom Bahnhof oder vom Flughafen zum Quartier zu organisieren und die Gäste am Zielort zu betreuen. Bei der Gestaltung des Freizeitprogrammes hat die Vertragspartnerin freie Hand. Wissenschaftliche Reisen sind von der Vertragspartnerin ordnungsgemäß vorzubereiten. Während der Vertragsdauer ist eine Beschäftigung für andere Reiseveranstalter ohne Genehmigung von Lunasol nicht gestattet. Für ihre Tätigkeit erhält die Vertrags-*

*partnerin pro Woche einen Betrag von € 400,–, Sonderleistungen sind mit den Gästen direkt zu verrechnen.*

*Die Vertragspartnerin hat die Reiseleitungen selbständig auszuüben. Sie tritt zu Lunasol weder in ein arbeitsrechtliches noch in ein sozialversicherungsrechtliches Verhältnis.*

*München, 31. Oktober 2023* *Lunasol GmbH*
*Seeberger, Weißensteiner, Pronold"*

*Gloria Kugler* unterschreibt diesen Text und sendet ihn per Post an *Lunasol* nach München. Eine Kopie übermittelt sie an *Gruber Reisen* in Wien.

Im November 2023 erhält *Kugler* ihr erstes Angebot zu einer Reiseleitung. Sie soll bei einer 2-Tagesfahrt „Burgen und Schlösser in der Steiermark" die Reiseleitung übernehmen und die Teilnehmer:innen während der Busfahrt begleiten. Ende Dezember erhält *Kugler* einen weiteren Auftrag. Sie soll in Wien eine Gruppe japanischer Touristen betreuen, die im Rahmen einer Europareise vier Tage in Wien verbringen wird. *Kugler* erhält Unterlagen über Ankunft und Abreise der Gruppe sowie über die gebuchten Hotels aus München. Der Leiter der japanischen Gruppe äußert nach Ankunft in Wien den Wunsch, an einem Silvesterball teilzunehmen. *Kugler* organisiert Ballkarten mit Hilfe von *Gruber-Reisen.*

Im Februar 2024 soll *Kugler* eine Reisegruppe nach Costa Rica begleiten. Reisetermin ist der 2. bis 12. Februar 2024. *Kugler* fährt am 31. Jänner 2024 nach Regensburg, wo sie ihre Sachen für Costa Rica packt. Ihr Vater bringt sie am 2. Februar zum Flughafen nach München, wo sie die Reisenden erwartet. Die Reise verläuft zur Zufriedenheit der Teilnehmer:innen. *Kugler* wird am 12. Februar 2024 wieder von ihrem Vater abgeholt, sie deponiert ihr „Costa-Rica-Gepäck" in Regensburg und will am 15. Februar 2024 nach Wien zurückfahren. Am 14. Februar erfährt sie per E-Mail, dass sie noch im Februar 2024 die nächste Reiseleitung absolvieren soll. Es handelt sich dabei um ein „Skihappening" in Morzine, Frankreich. Teilnehmer:innen sind österreichische und deutsche Student:innen sowie „Spätmaturant:innen", die ihre Matura nicht in einem „Summer-Splash-Resort" feiern wollten. Die Reise nach Morzine wird von *Gruber Reisen* angeboten, die Teilnehmer:innen sollen in einem Club untergebracht werden, der von *Lunasol* betrieben wird. *Lunasol* stellt die Skiguides vor Ort und die Animateur:innen für das Freizeitprogramm. *Kugler* soll die Gruppe am 17. Februar 2024 am Flughafen in Genf erwarten und von dort mit einem Bus nach Morzine begleiten. Am 24. Februar 2024 soll die Gruppe wieder nach Genf gebracht werden. *Kugler* verzichtet auf eine Rückreise nach Wien. Sie bleibt bis 17. Februar 2024 in Regensburg und fliegt an diesem Tag von München nach Genf, wo sie die Gruppe übernimmt.

Am 19. Februar 2024 will die Gruppe einen Skitag außerhalb der präparierten Pisten genießen. Da ein Skiguide krank geworden ist, wird *Kugler* von *Bernhard Paul* dem Leiter der von *Lunasol* gestellten Skiguides, gefragt, ob sie die Gruppe begleiten wolle. *Paul* hatte in Erfahrung gebracht, dass *Kugler* eine gute Skifahrerin sei. *Paul* stammt aus Tirol und ist bereits seit mehreren Jahren für *Lunasol* bei Skireisen tätig. *Paul* hat seinen Wohnsitz in Sölden, Gurgler Straße 14. Vor der letzten Abfahrt kehrt die Gruppe in einer Skihütte ein. Dort wird gegessen und dem Alkohol zugesprochen. *Kugler* macht darauf aufmerksam, dass noch eine Abfahrt bevorstehe. *Paul* ist über diese Bemerkung nicht erfreut und meint, er sei der Leiter der Gruppe, *Kugler* solle sich nicht einmischen.

Für die Abfahrt wählt *Paul* eine mittelschwere Route. Bei der Abfahrt kommt ein vorausfahrender Teilnehmer zu Sturz. *Paul* war als Letzter in den Hang eingefahren.

*Kugler* hatte in einiger Entfernung von dem gestürzten Teilnehmer und etwas unterhalb von *Paul* Halt gemacht. Da sich der Teilnehmer nicht bewegte, fuhren sowohl *Paul* als auch *Kugler* los, um Hilfe zu gewähren. *Paul* – auch er hatte in der Skihütte Alkohol genossen – war schneller als *Kugler* und wollte sie überholen. Dabei stieß er mit *Kugler* zusammen. *Kugler* erlitt eine Verletzung im Knie. Sie musste mit einem Hubschrauber ins Tal gebracht und ärztlich behandelt werden. Für den Transport werden ihr € 2.436,– in Rechnung gestellt, für die ärztliche Behandlung im Krankenhaus hat sie € 3.500,– zu bezahlen. *Kugler* kann die Gruppe nicht nach Genf begleiten.

*Kugler* kehrt am 7. März 2024 nach Wien zurück. Sie meldet sich bei *Gruber Reisen* und verlangt von *Weißensteiner* die Bezahlung ihrer Auslagen. *Weißensteiner* lehnt dies ab. Sie meint, *Gruber* habe keine Ansprüche gegen *Lunasol*. *Lunasol* werde ihr für die Begleitung der Skigruppe auch nicht das gesamte Entgelt für eine Woche, sondern lediglich € 200,– bezahlen. *Kugler* habe ja nur eine unvollständige Leistung erbracht. *Kugler* verlangt, dass das gesamte Honorar für eine Woche und überdies auch ihre Auslagen bezahlt werden. *Weißensteiner* antwortet, *Kugler* habe gar nichts zu fordern. *Kugler* brauche zudem nicht damit zu rechnen, weiterhin als Reiseleiterin verwendet zu werden. Es sei „aus“.

*Kugler* möchte sich dies nicht gefallen lassen und wendet sich an einen Rechtsanwalt. Sie möchte weiterhin als Reiseleiterin tätig sein und ihre Auslagen ersetzt bekommen.

**Besteht die Forderung auf Weiterbeschäftigung zu Recht?**
**Kann *Kugler* von *Paul* Ersatz für den Aufwand an Heilungskosten und Schmerzengeld verlangen?**

# RESTRUKTURIERUNG (FALL 58)

**TEIL I: Arbeitgeberseite**

Sie sind externe:r juristische:r Berater:in, der:die von der Geschäftsführung der *BikePro Fahrradreifen Austria GmbH* (*BikePro AUT*) mit Sitz in Schwechat um Rat ersucht wird.

Die *BikePro AUT* erzeugt in einem Betrieb nahe der Stadt Salzburg Fahrradreifen und vertreibt diese im Bereich der EU/des EWR. Geschäftsführung, Lager/Logistik und Vertrieb befinden sich in einem Betrieb in Schwechat.

Die *BikePro AUT* ist die indirekte 100%-ige österreichische Tochtergesellschaft der international operierenden *BikePro Corporation* (*BikePro Corp*) mit Sitz in Delaware, USA. Eine jüngere Schwestergesellschaft, die *BikePro Fahrradreifen Produktion GmbH* (*BikePro Produktion*) mit dem Sitz in Güssing (Burgenland) betreibt seit einiger Zeit ebenfalls eine Fahrradproduktion, und zwar in einem reinen Produktionsbetrieb in Güssing. Diese Produktion ist für den Weltmarkt außerhalb des EWR.

Die Geschäftsführung hat soeben (im Monat Mai) von Seiten der *BikePro Corp* in ihrer Funktion als Gesellschafterin der *BikePro AUT* ein Konzeptpapier aus der Gesellschaftersphäre übermittelt erhalten, das umfassende Umstrukturierungsmaßnahmen in Bezug auf die *BikePro AUT* vorsieht. Die Geschäftsführung war bisher nicht in die Entwicklung dieses Konzeptpapiers involviert, wurde jedoch nunmehr damit beauftragt, dieses Konzept ehestens auf Durchführbarkeit zu prüfen, innerbetrieblich bereits erste Vorbereitungen (Berechnungen, Planungen) für die geplanten Umstrukturierungen zu treffen und einen möglichst engen Zeitplan für die insgesamt notwendigen Schritte zu erstellen. Die Geschäftsführung wurde darüber hinaus angewiesen, vorerst weder mit dem Betriebsrat (BR) noch mit den AN über das Konzeptpapier und dessen Inhalt zu sprechen.

Das Konzeptpapier sieht Folgendes vor:

*Ausgangslage*

Die *BikePro AUT* beschäftigt in Salzburg laufend ca 240 AN und in Schwechat ca 80 AN, davon (i) 20 AN in der Vertriebsabteilung, (ii) 20 AN im Bereich Lager/Logistik und (iii) 40 AN in sogenannten „Overhead"-Funktionen (zB Geschäftsführung, Controlling und Rechnungswesen, HR, Einkauf, IT, Recht etc).

In Salzburg besteht ein Arbeiter-BR; die 10 Angestellten in Salzburg haben keinen BR gewählt. In Schwechat besteht für die 70 Angestellten und 10 Arbeiter ein gemeinsamer BR. Ein Zentralbetriebsrat besteht nicht.

Die *BikePro AUT* besitzt eine Gewerbeberechtigung für die fabriksmäßige Erzeugung von Fahrradreifen, ist Mitglied im Fachverband Chemische Industrie der Wirtschaftskammer Österreich und unterliegt den Kollektivverträgen der Chemischen Industrie jeweils für Arbeiter bzw Angestellte.

Die *BikePro AUT* hat keinen Aufsichtsrat.

*Potenzielles Vorhaben*

Angedacht sind mehrere Restrukturierungsschritte:

- Der Standort Salzburg soll aufgelassen und das Produktionsvolumen soll weitgehend vom deutlich moderneren und effizienteren Betrieb in Güssing übernommen werden. Die dort schon vorhandenen Maschinen haben eine Überkapazität, werden aber nicht ausreichen, um die erforderlichen Kapazitäten abzubilden. Daher wird überlegt, von den fünf in Salzburg vorhandenen Produktionsanlagen die zwei modernsten nach Güssing zu verlagern und in die dortige Produktion zu integrieren. Güssing (derzeit ca 250 AN) wird ca 50 AN zusätzlich aufnehmen müssen. Das soll laut Konzeptpapier lokal erfolgen, auch durch die Nähe zu Ungarn sind „billige" Arbeitskräfte vorhanden, während in Salzburg idR über dem KollV bezahlt wird. Die sonstigen (drei) Produktionsanlagen aus Salzburg sollen verkauft oder allenfalls verschrottet werden. Alle 240 AN in Salzburg sollen gekündigt werden, ausgenommen ca 5 Produktions-Schlüsselkräfte, die man gerne nach Güssing übernehmen würde; ca 5 AN mit Logistik-Know-How würde man auch gerne nach Schwechat übernehmen.
- Die Vertriebsabteilung der *BikePro AUT* wird auch nach der Übertragung der Produktion auf die *BikePro Produktion* weiterhin Fahrradreifen vertreiben, allerdings nicht mehr die von der *BikePro AUT* selbst hergestellten Fahrradreifen, sondern die nun von der *BikePro Produktion* hergestellten Fahrradreifen sowie allenfalls auch Reifen, die von anderen Produktionsstandorten der *BikePro Corp* aus dem Ausland bezogen werden. Eine personelle Verkleinerung der Vertriebsabteilung der *BikePro AUT* ist derzeit nicht geplant.
- Der Bereich Lager/Logistik in Schwechat soll von ca 20 auf ca 35 AN aufgestockt werden, weil der Betrieb in Schwechat nun zum europäischen Logistik-Zentrum wird. Die Aufstockung soll durch Neuaufnahmen erfolgen, ausgenommen allenfalls die genannten 5 AN mit Logistik-Know-How aus Salzburg.
- Die Overhead-Funktionen in Schwechat sollen wesentlich reduziert werden. Konkret ist eine Reduktion von derzeit 40 AN auf ca 20 AN angedacht, quer durch die relevanten Abteilungen. Dabei sollen in erster Linie jene AN gekündigt werden, die bis Ende des Jahres schon einen Pensionsanspruch aus der gesetzlichen Pensionsversicherung haben; zT wurde mit MA auch vereinbart, dass das Dienstverhältnis auf jenen Zeitpunkt befristet ist, zu dem erstmals eine gesetzliche Alterspension beansprucht werden kann; dieser Zeitpunkt liegt für einige AN noch in diesem Jahr, und bei denen soll das DV auch entsprechend auslaufen. Zusätzlich sind noch ca 10 Kündigungen zu erwarten, dabei soll das wesentliche Auswahlkriterium die „Performance" sein.
- Angedacht ist, alle Maßnahmen bis Ende des Jahres abgeschlossen zu haben.

**Aufgabenstellung**

**Sie werden ersucht, den Sachverhalt arbeitsrechtlich zu analysieren und dabei insbesondere auf folgende Fragen einzugehen:**

1. **Welche Mitwirkungsrechte des Betriebsrates (BR) sind zu beachten? Wie und wann ist genau gegenüber dem BR vorzugehen, welche Rechte und welche Pflichten kommen der Geschäftsführung der *BikePro AUT* und welche kommen dem BR dabei zu? Welche BR-Körperschaft ist dabei hier genau zu involvieren?**

**Welche Relevanz hat es dabei, dass die Initiative aus der Gesellschaftersphäre kommt? Ist mit einer nennenswerten Verzögerung zu rechnen? Besteht die Gefahr, dass das Vorhaben an die Öffentlichkeit dringt, wenn der BR verständigt werden müsste? Wie könnte diese Gefahr minimiert werden?**

2. **Welche Fragen wirft die angedachte Übertragung der Produktion der *BikePro AUT* auf die *BikePro Produktion* für die *BikePro AUT* arbeitsrechtlich auf? Insbesondere: Ist mit Schwierigkeiten bei den Kündigungen der Produktions-AN in Salzburg zu rechnen? Können AN einen Anspruch erheben, zur *BikePro Produktion* zu wechseln? Wenn ja, unter welchen Voraussetzungen und zu welchen Bedingungen?**
3. **Ist mit Schwierigkeiten bei der angedachten Reduktion der Overhead-AN zu rechnen? Wie ist hier vorzugehen? Wie sind die angedachten Auswahlkriterien zu beurteilen? Der BR in Schwechat wird als kooperativ beurteilt, und seitens der Geschäftsführung nimmt man an, dass der BR den angedachten Auswahlkriterien betreffend die Personalreduktion zustimmen würde.**
4. **Welche sonstigen Schritte sind arbeitsrechtlich notwendig, damit der geplante Personalabbau wie geplant durchgeführt und abgeschlossen werden kann?**
5. **Mit welchem Zeitplan für die Abwicklung ist zu rechnen? Welche Ereignisse könnten den Zeitplan hinauszögern und insbesondere das Ziel des Abschlusses bis Ende des Jahres vereiteln?**
6. **Die Geschäftsführung hat gehört, dass AN in vergleichbaren Situationen Leistungen aus einem „Sozialplan" erhalten haben und fragt, was ein Sozialplan ist, welche Voraussetzungen bestehen und wie das hier relevant sein kann. Könnten sich daraus Zusatzkosten ergeben? Wenn ja, lässt sich die Höhe dieser Zusatzkosten schätzen?**
7. **Die Geschäftsführung hat auch große Sorge, dass seitens des mit der Gewerkschaft gut verdrahteten BR in Salzburg sonstige rechtliche und außerrechtliche Gegenmaßnahmen ergriffen werden können? Streik, Aufruf zum Produktboykott oder Dienst nach Vorschrift werden konkret befürchtet, aber man hat auch Sorge, dass dem BR noch andere rechtliche Maßnahmen einfallen werden, um den Vorgang mühsamer zu machen bzw hinauszuzögern.**
8. **Welcher KollV wird nach der Verlagerung der Produktion nach Güssing bei der *Bike-Pro AUT* im verbleibenden Betrieb Schwechat anzuwenden sein? Wie wird hier im Interesse des Unternehmens vorzugehen sein?**

## TEIL II: Arbeitnehmerseite

Sie sind externe:r juristische:r Berater:in, der:die vom BR-Vorsitzenden des Betriebs Schwechat der *BikePro Fahrradreifen Austria GmbH* (*BikePro AUT*) mit Sitz in Schwechat um rechtliche Analyse und Rat ersucht wird.

Die *BikePro AUT* erzeugt in einem Betrieb nahe der Stadt Salzburg Fahrradreifen und vertreibt diese im Bereich der EU/des EWR. Geschäftsführung, Lager/Logistik und Vertrieb befinden sich in einem Betrieb in Schwechat. Die *BikePro AUT* ist die indirekte 100%-ige österreichische Tochtergesellschaft der international operierenden *BikePro Corporation* (*BikePro Corp*) mit Sitz in Delaware, USA. Eine jüngere Schwestergesellschaft, die *BikePro Fahrradreifen Produktion GmbH* (*BikePro Produktion*) mit dem Sitz in Güssing (Burgenland) betreibt seit einiger Zeit ebenfalls eine Fahrradproduktion, und zwar in einem reinen Produktionsbetrieb in Güssing. Diese Produktion ist für den Weltmarkt außerhalb des EWR.

Der Betriebsratsvorsitzende hat vor kurzem (im Monat Mai) in einem Drucker im Betrieb den Ausdruck eines Konzeptpapiers gefunden, das offenbar von Seiten der *BikePro Corp* erstellt wurde und an die Geschäftsführung der *BikePro AUT* adressiert ist.

Aus dem Konzeptpapier ergibt sich Folgendes:

<u>*Ausgangslage*</u>

Die *BikePro AUT* beschäftigt in Salzburg laufend ca 240 AN und in Schwechat ca 80 AN, davon (i) 20 AN in der Vertriebsabteilung, (ii) 20 AN im Bereich Lager/Logistik und (iii) 40 AN in sogenannten „Overhead"-Funktionen (zB Geschäftsführung, Controlling und Rechnungswesen, HR, Einkauf, IT, Recht etc).

In Salzburg besteht ein Arbeiter-BR; die 10 Angestellten in Salzburg haben keinen BR gewählt. In Schwechat besteht für die 70 Angestellten und 10 Arbeiter ein gemeinsamer BR. Ein Zentralbetriebsrat besteht nicht.

Die *BikePro AUT* besitzt eine Gewerbeberechtigung für die fabriksmäßige Erzeugung von Fahrradreifen, ist Mitglied im Fachverband Chemische Industrie der Wirtschaftskammer Österreich und unterliegt den Kollektivverträgen der Chemischen Industrie jeweils für Arbeiter bzw Angestellte.

Die *BikePro AUT* hat keinen Aufsichtsrat.

<u>*Potenzielles Vorhaben*</u>

Angedacht sind mehrere Restrukturierungsschritte:

- Der Standort Salzburg soll aufgelassen und das Produktionsvolumen soll weitgehend vom deutlich moderneren und effizienteren Betrieb in Güssing übernommen werden. Die dort schon vorhandenen Maschinen haben eine Überkapazität, werden aber nicht ausreichen, um die erforderlichen Kapazitäten abzubilden. Daher wird überlegt, von den fünf in Salzburg vorhandenen Produktionsanlagen die zwei modernsten nach Güssing zu verlagern und in die dortige Produktion zu integrieren. Güssing (derzeit ca 250 AN) wird ca 50 AN zusätzlich aufnehmen müssen. Das soll laut Konzeptpapier lokal erfolgen, auch durch die Nähe zu Ungarn sind „billige" Arbeitskräfte vorhanden, während in Salzburg idR über dem KollV bezahlt wird. Die sonstigen (drei) Produktionsanlagen aus Salzburg sollen verkauft oder allenfalls verschrottet werden. Alle 240 AN in Salzburg sollen gekündigt werden, ausgenommen ca 5 Produktions-Schlüsselkräfte, die man gerne nach Güssing übernehmen würde; ca 5 AN mit Logistik-Know-How würde man auch gerne nach Schwechat übernehmen.
- Die Vertriebsabteilung der *BikePro AUT* wird auch nach der Übertragung der Produktion auf die *BikePro Produktion* weiterhin Fahrradreifen vertreiben, allerdings nicht mehr die von der *BikePro AUT* selbst hergestellten Fahrradreifen, sondern die nun von der *BikePro Produktion* hergestellten Fahrradreifen sowie allenfalls auch

Reifen, die von anderen Produktionsstandorten der *BikePro Corp* aus dem Ausland bezogen werden. Eine personelle Verkleinerung der Vertriebsabteilung der *BikePro AUT* ist derzeit nicht geplant.

- Der Bereich Lager/Logistik in Schwechat soll von ca 20 auf ca 35 AN aufgestockt werden, weil der Betrieb in Schwechat nun zum europäischen Logistik-Zentrum wird. Die Aufstockung soll durch Neuaufnahmen erfolgen, ausgenommen allenfalls die genannten 5 AN mit Logistik-Know-How aus Salzburg.
- Die Overhead-Funktionen in Schwechat sollen wesentlich reduziert werden. Konkret ist eine Reduktion von derzeit 40 AN auf ca 20 AN angedacht, quer durch die relevanten Abteilungen. Dabei sollen in erster Linie jene AN gekündigt werden, die bis Ende des Jahres schon einen Pensionsanspruch aus der gesetzlichen Pensionsversicherung haben; zT wurde mit MA auch vereinbart, dass das Dienstverhältnis auf jenen Zeitpunkt befristet ist, zu dem erstmals eine gesetzliche Alterspension beansprucht werden kann; dieser Zeitpunkt liegt für einige AN in diesem Jahr, und bei denen soll das DV auch entsprechend auslaufen. Zusätzlich sind noch ca 10 Kündigungen zu erwarten, dabei soll das wesentliche Auswahlkriterium die „Performance" sein.
- Angedacht ist, alle Maßnahmen bis Ende des Jahres abgeschlossen zu haben.

**Aufgabenstellung**

**Sie werden ersucht, den Sachverhalt arbeitsrechtlich zu analysieren und dabei auf folgende Fragen einzugehen:**

1. **Welche Mitwirkungsrechte des Betriebsrates (BR) bestehen hier, die die Geschäftsführung beachten muss? Wie (und wann) muss sie gegenüber dem BR vorgehen, welche Rechte und welche Pflichten kommen der Geschäftsführung der *BikePro AUT* und welche kommen dem BR dabei zu? Konkret, welchem BR? Wird eine Möglichkeit des BR bestehen, das Vorhaben zu verhindern oder signifikant zu verzögern? Überlegt wird seitens des BR, an die Öffentlichkeit zu gehen und gegen das Vorhaben zu protestieren, sobald man von der Geschäftsführung eine Bestätigung hat, dass dieses Vorhaben ernst gemeint ist. Wäre das zulässig?**
2. **Welche Fragen wirft die angedachte Übertragung der Produktion der *BikePro AUT* auf die *BikePro Production* für die *BikePro AUT* arbeitsrechtlich auf? Insbesondere: Welche Mittel hat der BR oder haben einzelne AN, sich gegen die Kündigungen der Produktions-AN zu wehren? Können AN einen Anspruch erheben, zur *BikePro Production* zu wechseln? Wenn ja, unter welchen Voraussetzungen und zu welchen Bedingungen?**
3. **Können BR oder AN etwas gegen die angedachte Reduktion der Overhead-AN machen? Welche Voraussetzungen muss das Unternehmen einhalten? Der BR Schwechat findet die angedachten Auswahlkriterien in Ordnung, möchte sie gerne fixieren, weil er sie für die Zukunft des Betriebes am besten hält und hat Sorge, dass andernfalls eine Diskussion „jeder gegen jeden" ausbrechen könnte.**
4. **Welche sonstigen Schritte muss die Geschäftsführung arbeitsrechtlich unternehmen, damit der geplante Personalabbau wie geplant durchgeführt und abgeschlossen werden kann?**

5. **Mit welchem Zeitplan für die Abwicklung ist zu rechnen? Welche Ereignisse könnten den Zeitplan verzögern und insbesondere das Ziel des Abschlusses bis Ende des Jahres vereiteln? Kann der BR Zeit gewinnen, und wenn ja wie?**
6. **Der BR hat gehört, dass AN in vergleichbaren Situationen Leistungen aus einem „Sozialplan" erhalten haben und fragt, was ein Sozialplan ist, welche Voraussetzungen bestehen und wie das hier relevant sein kann. Welche Arten von Ansprüchen könnten welche AN hier unter Umständen bekommen? Wie sieht das für Salzburg aus, und wie für Schwechat?**
7. **Mittlerweile hat sich auch der Arbeiter-BR des Betriebes Salzburg gemeldet, der mit allen Mitteln gegen die Schließung vorgehen möchte. Streik, Aufruf zum Produktboykott oder Dienst nach Vorschrift, alles ist am Tapet. Man sucht auch nach zusätzlichen rechtlichen Möglichkeiten, um dem Unternehmen Schwierigkeiten zu machen.**
8. **Welcher KollV wird nach der Verlagerung der Produktion an die *BikePro Produktion* anzuwenden sein? Der BR hat Sorge, dass hier Nachteile drohen und fragt sich, wie er die verhindern kann.**

# RECHTSPROBLEME DER FAMILIE RADD (FALL 59)

*Sally* ist als Werkmeisterin in einem eisenverarbeitenden Betrieb beschäftigt. In der kleinen Werkskantine wird für die Arbeiter:innen ein von der Arbeitgeberin stark subventionierter Mittagstisch zum Preis von € 2,50 angeboten. Dabei gibt es keine Speisenauswahl, sondern nur eine täglich wechselnde Speisenfolge (Suppe, Hauptspeise und Dessert). Mindestens einmal in der Woche gibt es Schweinefleisch als Hauptspeise (zB Schnitzel, Schweinsbraten, panierte Augsburger etc). *Sally* kann deshalb oft mehrmals wöchentlich diese Sozialleistung der Arbeitgeberin nicht in Anspruch nehmen, da sie Angehörige der islamischen Glaubensgemeinschaft ist. Ihre Religion verbietet ihr den Genuss von Schweinefleisch, heißt es doch im Koran [5, 3]: „Verboten ist euch das Verendete sowie Blut und Schweinefleisch." Sie fühlt sich als einzige Muslima im Unternehmen durch die Auswahl der Speisen diskriminiert und möchte, dass der Speiseplan auf ihre Religionszugehörigkeit Rücksicht nimmt. Wenn das schon nicht möglich sein sollte, müsste ihr die Arbeitgeberin ihres Erachtens zumindest einen Essenszuschuss zahlen, sodass sie an den „Schweinefleischtagen" auswärtig subventioniert essen kann.

Die Halbschwester von *Sally*, *Alexandra,* hat des Morgens erhebliche Probleme, rechtzeitig aufzustehen. Sie kommt deshalb üblicherweise um 10 bis 15 Minuten zu spät zur Arbeit. Nachdem ihre Arbeitgeberin dies über mehrere Monate stillschweigend geduldet hat, platzt ihr der Kragen und sie entlässt *Alexandra* fristlos. *Alexandra* ist in einem zwar betriebsratslosen, aber betriebsratspflichtigen Betrieb beschäftigt. Ihr Arbeitsverhältnis ist auf ein Jahr befristet, eine Kündigungsmöglichkeit ist im Arbeitsvertrag nicht vorgesehen.

Ihre andere Schwester *Kate* wiederum hat andere Probleme. Sie leidet sehr unter ihrer ihres Erachtens zu klein geratenen Brust. Ihr Hausarzt attestiert ihr „aufgrund ihres gestörten Körperempfindens einen erheblichen Leidensdruck mit stark beeinträchtigtem Selbstwertgefühl und mit emotionalen Störungen der sozialen Funktion". Sie ist der Ansicht, dass durch einen operativen Brustaufbau mit einem Schlag all ihre psychischen Probleme gelöst werden könnten. Da ihre als klein empfundene Brust einen regelwidrigen Körperzustand darstelle, der in einen regelwidrigen geistigen Zustand münde, müsste – so ihre Überlegungen – die operative Brustvergrößerung eigentlich von der Krankenversicherung bezahlt werden.

Die Geschwister sprechen in Ihrer Anwaltskanzlei vor und betrauen Sie mit der Erstattung eines Gutachtens zu folgenden drei Themenbereichen:

1. **Hat *Sally* Anspruch auf „schweinefleischfreie" Mahlzeiten in der Betriebskantine bzw auf einen Essenszuschuss an den „Schweinefleischtagen"?**
2. **Hat *Alexandra* Anspruch auf Kündigungsentschädigung? Kann sie daneben die Entlassung auch gem § 106 ArbVG anfechten?**
3. **Hat *Kate* Anspruch auf eine operative Brustvergrößerung als Leistung der gesetzlichen Krankenversicherung?**

# LITERATURVERZEICHNIS

*Achatz/Jabornegg/Karollus*, Aktuelle Rechtsfragen des Fußballsports, Wien 2000 (Linde Verlag)

*Auer-Mayer/Felten/Pfeil*, Arbeitszeitgesetz, 4. Auflage, Wien 2019 (Manz Verlag)

*Auer-Mayer/Burgstaller/Preyer* (Hrsg), Kommentar zum AngG, 46. Lfg., Wien 2023 (Manz Verlag)

*Brodil/Gruber-Risak*, Arbeitsrecht in Grundzügen, 11. Auflage, Wien 2022 (LexisNexis Verlag)

*Brodil/Windisch-Graetz*, Sozialrecht in Grundzügen, 9. Auflage, Wien 2021 (facultas Universitätsverlag)

*Burger/Mair/Wachter*, Sozialrecht Basics, 7. Auflage, Wien 2024 (Jan Sramek Verlag)

*Bydlinski*, Die Risikohaftung des Arbeitgebers, Wien 1986 (Braumüller Verlag)

*Gruber-Risak/Mazal*, Das Arbeitsrecht – System und Praxiskommentar, 43. Auflage, Wien 2024 (LexisNexis Verlag)

*Jabornegg/Resch/Kammler* (Hrsg), Kommentar zum ArbVG, 68. Lfg., Wien 2024 (Manz Verlag)

*Kietaibl*, Arbeitsrecht I, 12. Auflage, Wien 2023 (new academic press)

*Marhold/Brameshuber/Friedrich*, Österreichisches Arbeitsrecht, 4. Auflage, Wien 2021 (Verlag Österreich)

*Neumayr/Reissner* (Hrsg), Zeller Kommentar zum Arbeitsrecht, 3. Auflage, Wien 2018 (Manz Verlag)

*Reissner*, Lern- und Übungsbuch Arbeitsrecht, 7. Auflage, Wien 2023 (Manz Verlag)

*Reissner* (Hrsg), Kommentar zum AngG, 4. Auflage, Wien 2023 (Linde Verlag)

*Tomandl*, Grundriss des österreichischen Sozialrechts, 7. Auflage, Wien 2019 (Manz Verlag)

*Tomandl*, System des österreichischen Sozialversicherungsrechts, 40. Erg.-Lfg., Wien 2023 (Manz Verlag)

*Windisch-Graetz*, Arbeitrecht II, 12. Auflage, Wien 2023 (new academic press)

Im Übrigen wird auf die im Manz Verlag erschienenen Abkürzungs- und Zitierregeln (*Dax/Hopf/Mayer*, AZR, 8. Auflage, Wien 2019) verwiesen.

# STICHWORTVERZEICHNIS